ゲーム・映画・マンガがもっと楽しくなる

ファンタジー世界読本

幻想世界史研究会編

Game, Movie, and Comics become more fun!!!

Fantasy World Reader

実業之日本社

騎士と貴婦人

騎士の力を奮い起こさせる愛

甲冑に身を包み戦場へと赴く騎士。背後にそびえる城の窓からは貴婦人が無事を祈り見送る――。

その貴婦人とは騎士が仕える主の妻である。中世の騎士たちは、主の妃との間に華やかな宮廷恋愛を繰り広げた。騎士たちは主の妃に愛を捧げ、これに応える貴婦人からの想いを胸に、その力を発揮したのである。

14世紀フランスの書物『騎士道の書』でも、恋愛は騎士の力を発揮させるとして、おおいに推奨している。

とはいえ、このようなただならぬ関係が許されたのだろうか？

じつはこの恋愛はプラトニックな関係に限られた。これを超えてしまうと、『アーサー王物語』の騎士ランスロットと王妃グィネヴィアのように道ならぬ恋に苦しむこととなる。

王権と教皇権

中世ヨーロッパの歴史の潮流を造り上げた俗界と聖界のせめぎ合い

国王と教皇は、中世を通じて人々の上に君臨した2大権力である。

中世のヨーロッパではすべての人間が、「戦う者」「耕す者」「祈る者」3つの種類に分けられるとされた。

このうち、支配者階級である「戦う者」の頂点に君臨したのが、皇帝や王たちである。これに対し、聖職者たちの身分である「祈る者」の頂点に君臨したのが、カトリック教会を支配し、ローマ皇帝を戴冠する立場にあったローマ教皇であった。

両者は現実世界である俗界と、信仰の世界である聖界とを二分して支配し、その優越性を巡りおよそ1000年にわたる中世を通じて駆け引きを続けた。

中世の歴史はこの両者の力関係の変化によって動き続けたともいえる。

中世の始まり
ローマ帝国の崩壊とダークエイジの到来

　中世の始まりを告げたのは異民族の侵入である。３７５年頃、ユーラシア大陸のステップから出現したフン族に押され、ゲルマン人の一派であるゴート族が南下。これを契機にゲルマン諸部族が次々とローマ帝国領内へと移住を開始し、西ヨーロッパを支配していた西ローマ帝国は、４７６年（４８０年とも）、この混乱のなかで滅亡してしまう。

　強大な力を持つ支配者を失ったヨーロッパには、さらに多くの異民族が侵入する。８世紀には、スカンジナビア半島周辺のヴァイキングがヨーロッパ各地の都市で、破壊と略奪を繰り返した。人々は村や町に孤立し、この状況がやがて都市が現われる12世紀頃まで続く。この中世初期の時代を暗黒時代と呼ぶ。

十字軍

聖地奪還を誓い、遙か東方へと遠征した聖騎士たち

1189年、史上最強を謳われる第3回十字軍がヨーロッパを発った。フランス国王フィリップ2世（尊厳王《オーギュスト》）、イングランドのリチャード1世（獅子心王《ライオンハーテッド》）、神聖ローマ皇帝フリードリヒ1世に率いられる十字軍は、イスラム世界の英雄サラディンと矛を交えるに至る……。

9世紀以降、西ヨーロッパに誕生した国家群であったが、当時その君主たちはローマ・カトリック教会の権威のもとに服する存在であった。

1095年、教皇ウルバヌス2世はクレルモン公会議にて集まったフランスの騎士たちに、638年以降イスラム教国の手に渡っていた聖地エルサレムの奪回を呼びかけた。これが発端となって9次にわたる十字軍の遠征が始まったのである。

傭兵たち

影の主役として戦場を駆けたアウトロー集団

騎士と並んで中世の戦場の主役となったのは、無頼の傭兵たちであった。

彼らは報酬と引き換えに諸侯に雇われ、戦場を駆けた。そして、戦いが終われば自由気ままに諸国を巡り、新たな戦いの場を求めた。

また、スイスでは傭兵の輸出が大きなビジネスとして成立した。長大なパイクを操り、騎兵の突撃さえも打ち破るその実力を封建諸侯たちはこぞって求めたという。

そんな傭兵たちは、いわば戦闘のプロである。だが、同時に傭兵団はならず者集団でもあった。

戦争が終わると失業状態となる彼らは、勇猛な軍隊から野盗へと変貌して、あたりを荒らし回ったのである。

聖人信仰

人々の願いを託された信仰篤き古のキリスト者

修道士の前に顕現する聖人、洗礼者ヨハネ。ヨハネはヨルダン川の畔でイエスに洗礼を授けた人物とされ、フィレンツェの守護聖人とされた。

中世社会においては、ゆるぎない信仰心を持ち、奇跡や殉教などの功績を持つ過去のキリスト者を聖人として崇める風潮があった。

聖人たちは、神と人との間を取り持ち、特定の職業や活動、国と地域を守ってくれると考えられた。洗礼の際には守護聖人をひとり選び、やがて長じた人々はその聖人に贖罪《しょくざい》と神に対するとりなしを願ったという。

現代とも密接な関係にあり、日本にキリスト教をもたらしたフランシスコ・ザビエルは日本の守護聖人とされ、また、ジャンヌ・ダルクはガールスカウトの守護聖人とされる。

幻想世界の住人たち

中世人がリアルタイムで描いたファンタジーの世界

ワーウルフの咆哮が満月の晩に木霊し、ヴァンパイアが美女の生血を吸う。木々の間をピクシーが飛び交い、洞窟では巨大なドラゴンが財宝を守る……。

ヨーロッパの人々はギリシア神話の時代から、数多くの架空の生物を生みだしてきた。これらは現代にも受け継がれ、ファンタジー世界に登場するモンスターたちの源流となった。

彼らは東欧で生まれたワーウルフやヴァンパイアの伝説のように、近世以降、ファンタジー作家の手によってより魅力的な姿へと変容してきたのである。

人知を超えるモンスターの存在は、キリスト教がモンスターの信仰を邪教、未開と批判しても、払拭することはできなかったのである。

騎士の誕生

荘厳なる騎士叙任の式典

外套《がいとう》をまとい、真新しい鎧に身を包んだ若い騎士が女性君主の前にひざまずいている。君主は、騎士の剣を引き抜くと騎士の肩に剣を置き、数回その肩を軽く叩く。そして、その剣を騎士へと返した。

若者に楯と旗が与えられ、武器とともに人々に披露される。ここに新たな騎士が誕生した。

はじめに

映画『ロード・オブ・ザ・リング』『ナルニア王国物語』、さらにはゲーム『ドラゴンクエスト』『ウルティマ』『ファイナルファンタジー』などなど……。人類が古くから親しんできた神話や伝説の“ファンタジー”世界には、現代ならではのアレンジが加えられ、架空の世界を舞台にした映画やゲームは枚挙に暇がない。

こうしたファンタジー世界のモデルのひとつとなるのが、5世紀から15世紀の1000年以上にわたり続いた、中世ヨーロッパ世界である。

そこでは石造りの壮麗な城や大聖堂に、「皇帝」や「国王」、「教皇」が支配者として君臨し、「騎士」たちが戦場を駆け、「王女」や「貴婦人」たちが宮廷に彩りを加える。城壁に囲まれた都市に目を向ければ、商人や職人たちの「ギルド」が組織して、活気ある街を形づくる。そして、都市を一歩離れれば、冒険の舞台のモデルとなる荒野や草原が広がる……。

こうした中世ヨーロッパの景観であるが、ファンタジーの世界に少しでも触れたことがあれば、必ず一度は聞いたことのある言葉が並んでいることに気づくだろう。だが、こうしたファンタジー世界に欠かせない要素について、学校の教科書ではなかなか詳しく教えてもらえない。

そこで本書は、中世ヨーロッパ世界を構成する要素のなかから、映画やゲームなどのファンタジー世界に欠かせないキーワードを厳選し、図版を豊富に用いて解説を試みた。それは中世世界の登場人物から、戦術や武器、さらには、ファンタジー映画やゲームに登場するモンスターたちの原像までに及ぶ。同時に、この映画のココはおかしい！　こんなことができるわけがない！などという野暮な言及に走らないよう心がけた。

本書を通じてゲームや映画に現われる場面の背景を知り、より架空世界を楽しむ一助となれば幸いである。

幻想世界史研究会

ファンタジーゲームの世界を100倍楽しむ　中世ヨーロッパ事典【目次】

第四章　中世の信仰

第五章

中世の世界

第一章

中世の社会

どんな人たちが暮らしていたのか？

イントロダクション

中世の人々

知っておきたい中世ヨーロッパ社会の仕組み

中世ヨーロッパは絶対的な身分社会。人間の役割が明確に分けられ、国王と教皇を頂点とする超格差社会が築かれていた！

人々は3つの身分に分けられた

中世ヨーロッパにはどのような人々がいたのだろうか？

まず当時はすべての人間が3つの種類に分けられると考えられていた。それが、「**戦う者**」「**耕す者**」「**祈る者**」の三身分である。「戦う者」は国王、諸侯、騎士で、「耕す者」は農民、商人、職人。そして「祈る者」は教皇《きょうこう》、司祭《しさい》、修道士《しゅうどうし》などの聖職者である。社会はこれら三身分の調和によって成り立つとされた。

これら3つの身分のうち、社会の大部分を占めるのが「耕す者」である。「耕す者」がいなければどんな

中世社会を支配した三身分の概念

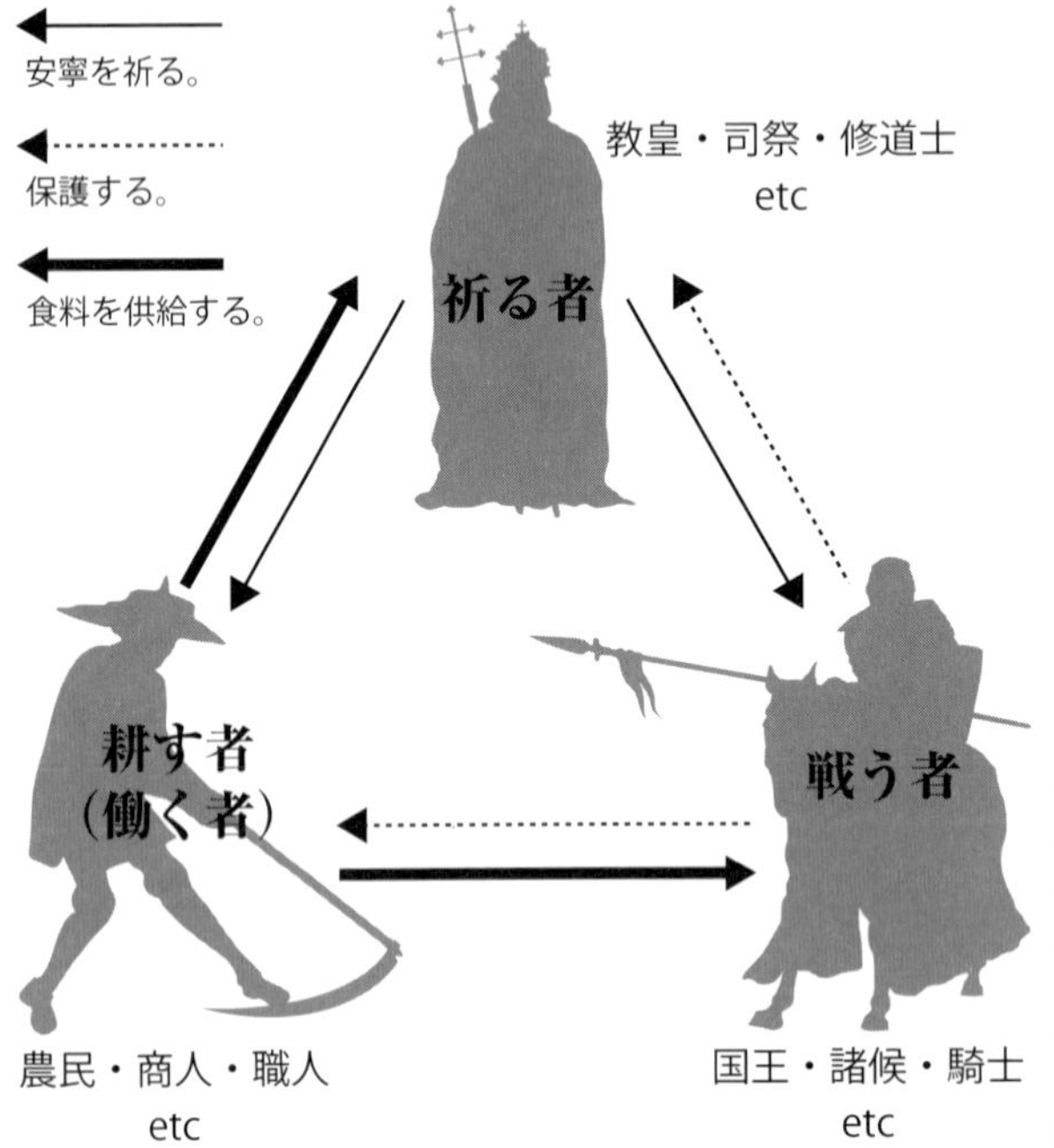

安寧を祈る。
保護する。
食料を供給する。
祈る者
教皇・司祭・修道士
etc
耕す者
（働く者）
農民・商人・職人
etc
戦う者
国王・諸侯・騎士
etc

三身分の観念は、国王を聖別し、その側に祈る者と戦う者がいて大勢の耕す者を支配するという構造になっており、不平等な社会秩序の上に成り立っていた。

POINT

- ◆人間は３つの種類に分けられ、ふたつの階級ピラミッドがあった
- ◆国王権力と教皇権力が対立し続けた

ふたつのピラミッドと中世の階級

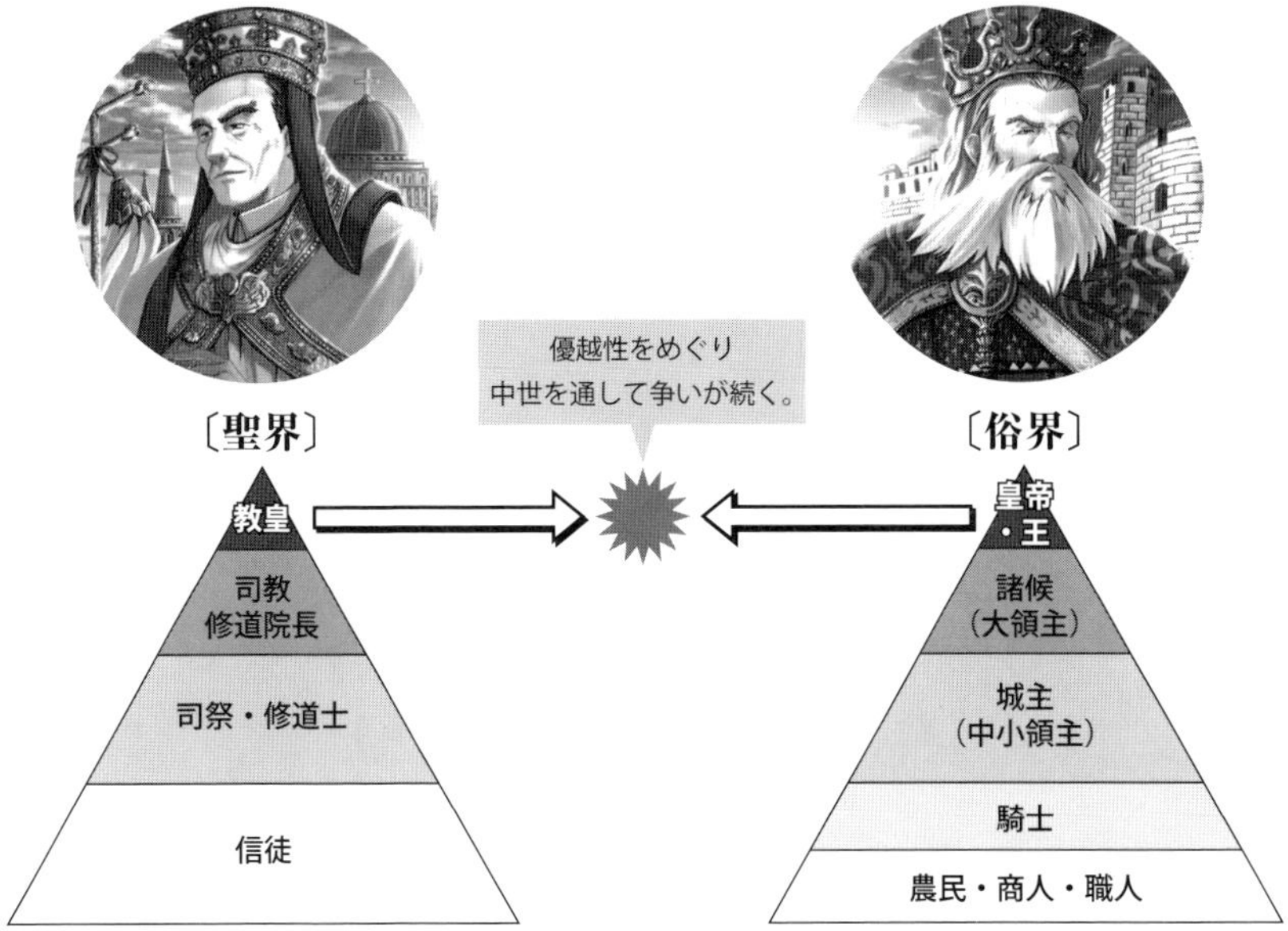
優越性をめぐり
中世を通して争いが続く。
〔聖界〕
教皇
司教
修道院長
司祭・修道士
信徒
〔俗界〕
皇帝
・王
諸候
（大領主）
城主
（中小領主）
騎士
農民・商人・職人

聖界の頂点は教皇で、その下には司教や司祭といった聖職者が位の高い順に続き、一般の信徒が寄付でもって底辺を支えた。

俗界の頂点は皇帝で、王、諸侯、中小の領主、騎士と続き、底辺は農民・商人・職人ら「耕す者」である。

俗権の階層は8世紀から9世紀に、聖界の階級は12世紀にかけてそれぞれ確立された。支配階級を被支配階級である民衆が受け入れるよう促し、中世社会観の根幹となった。

人間も食べていくことができない。そこで「戦う者」は外敵を撃退して、「耕す者」を守りつつ支配する。そして「祈る者」は、神に祈って魂の霊的な救済を行なう。これが、社会のあるべき姿だとされたのだ。

この3つの身分の人々はピラミッド型の階級を成している。ピラミッドの上にいくほど人数が少なく権威があり、下部ほど人数が多くなる。

中世ヨーロッパ社会はこのピラミッド構造で固められた身分制の社会なのである。しかもこのピラミッドはふたつあった。ひとつは王や皇帝を頂点とする俗界のピラミッド。もうひとつがローマ教皇を頂点とする聖界のピラミッドである。

中世ヨーロッパでは、あらゆる者が両方のピラミッドに組み込まれたため、頂点に立つ皇帝や王と教皇は、互いに自分の方が権威に勝ると主張し、中世を通じて諍いを繰り広げた。

王と皇帝

意外と権力がなかった中世の王様

のちに絶対的な権力を手にする国王であるが、じつは中世を通じて諸侯の代表に過ぎず、常備軍を持つまで諸侯の顔を伺い続けなければならなかった……。

王様の命令は絶対だったのか？

ロールプレイングゲームにはよく王様が登場して、「魔王を倒して世界を救うのじゃ！」などと、主人公に命令を下す。そこに描かれる王様の姿は強力なカリスマ性とリーダーシップを持ち、国の最高権力者として威厳に満ち溢れた存在である。

ところが、風格はともあれ実際の中世の国王には、このような命令を下す権力はなかった。中世では、各地の領主がそれぞれの領地を独立国のように治めていて、王はそのなかの代表程度でしかなかったのである。

だから、王と領主との関係はギブアンドテイクで、領主が王に忠誠を誓うのは、他国に攻められたりした場合に王にも軍を出して守ってもらうため。「忠誠を誓う」というと聞こえはいいが、精神的なものではなく、**相互扶助の契約を結ぶ**といった意味なのである。

王のほうから領主に兵を出すよう要請することもあった。たとえば他国が攻撃してきたので、自国の領主たちが協力して戦わなければならないときなどである。その場合でも、軍を出すのは何日間だけだの、敵から奪ったものは領主たちにどれだけ与えるだのといった約束が必要だった。

王が弱くて頼りなかったり、約束を守れない場合、領主はほかの王に乗り替えた。複数の王に忠誠を誓ったり、王の地位を奪う者もいた。

だから現実には、**中世の王は自分の領地とその周辺のことしか考えていなかった**。前述のように、世界を救えといった大きな目的の指令を出すことは不可能だったのである。

王はいつから強くなったのか？

そんな王が強い力を持ち、国家規模での命令を下すことが可能となったのは近世になってからのこと。時代が下るにつれて、王の領地が増え、常備軍《じょうびぐん》の創設も進み、王の権威は神から与えられたものであるという

POINT

- ◆王と諸侯の契約は相互扶助の契約
- ◆中世を通じて王権は弱かった

主の主に従う必要はない封建社会のしくみ

封土
忠誠
封建制
荘園制
国王
皇帝
大諸侯
諸　侯
諸　侯
諸　侯
騎　士
騎　士
騎　士
諸侯・騎士の所領は国王や皇帝に対し、不輸不入権を持つ。
領主（皇帝領・国王領・諸侯領・騎士領）
裁判・保護
貢納・賦役
農民（農奴）

支配層内の主従関係は、主君によって臣下に封土が与えられ、臣下が主君に対し忠誠を誓うという双務的関係だった。場合によっては諸侯や騎士が複数の主君と主従関係を結ぶこともあった。また、主の主君に忠誠を誓う必要はなかった。

考えが浸透したのである。

王が強い時代を「絶対主義の時代」と呼ぶのは、それまで相対的にやや強かっただけの王権が、絶対的に強くなったからである。

ただし、王の象徴である王冠、玉座、王杖といったアイテムは、中世から存在した。王権が不安定だからこそ、諸侯とは異なる権威を見せつけねばならなかったのである。

皇帝とは?

「皇帝」というと王よりエラそうだが、そのとおり。王を超越する王のなかの王が皇帝である。中世ヨーロッパでは、フランク王国のカール大帝やオットー１世が戴冠した。それもすでに滅び去ったローマ帝国の皇帝としてであった。皇帝が統治する国が帝国で、ファンタジー世界ではよく打ち倒すべき敵として登場する。

諸侯

国王と主従関係を結んだ大領主たち

イングランド王がフランス王の臣下!? 複雑に絡み合っていた大領主たちの利害と主従関係!

POINT

- ◆諸侯とは国王から土地の所有権を認められた豪族たち
- ◆中世ヨーロッパでは国家の概念がなかった

王に対する忠誠心は薄かった

ゲーム世界で主人公が立ち寄った町や城で、「〇〇伯」「△△公」などと呼ばれる人が登場することがある。これが「諸侯」と呼ばれた人々で、**国王から封土を与えられ、主従関係にある豪族たち**のことである。ほかにも、もともと自分の土地を持っていて、国王と主従関係を結ぶことでその所有権を国王から認められた豪族も諸侯であった。

主従関係を結ぶことによって、国王は有力な豪族を自分の味方としたし、豪族のほうは、領土と領内での裁判権や徴税権を認められた。

では、諸侯と貴族は、どう違うのだろうか?

貴族とは、**公爵《こうしゃく》、侯爵《こうしゃく》、伯爵《はくしゃく》、子《し》爵《しゃく》、男爵《だんしゃく》などの爵位を与えられた者のこと**で、領地をはじめ様々な特権を国王から与えられた。爵位はもともと官僚の制度から生まれたもので、宮廷や行政との関わりが深かった。

それでも諸侯と貴族の間に明確な違いはなく、諸侯=貴族ということが多かった。どちらの制度も、始まりははっきりせず、歴史の流れのなかで自然に生まれた身分である。

まとまろうとしない諸侯たち

主従関係を結んだとはいえ、諸侯は自分の領土を自力で統治し、自力で生活したため、王に対する忠誠心は薄かった。王から与えられた土地といっても、王の権威に立ち入られることはなかったし、代々それを受け継いで領地の経営をしているうちに、王から賜ったという意識はなくなる。

こうして諸侯は独立心が強くなり、よほど強い王でなければ従う意味はないと考えるようになった。

しかも中世では、フランス、イギリスなどといった国家の枠組みがあやふやだった。王権が弱いため、諸侯たちはひとつの国家としてまとまろうなどと考えはしなかった。当の

諸侯と国王の関係図

臣下の騎士に封土を与え、自分の領地を守らせる。
主君に忠誠を誓って軍事義務などを果たす。
国王
諸侯に仕える騎士に対しては保護せず命令もできない。

諸侯	
大公	王の息子や兄弟などの王族（大公）、王家に連なる一族やそれに匹敵する大貴族。
侯爵・辺境侯	領地を持った諸侯。ドイツでは辺境侯と呼ばれる。
伯爵・辺境伯	領地を持った貴族。辺境伯は国境付近に置かれた軍事拠点の領地を治める。
子爵・副伯	ドイツでは城伯と呼ばれる。
男爵・準男爵	最下位に位置する貴族。準男爵は貴族に含まれない場合もある。

騎士	位を持たない貴族。

国王でさえ、ほかの国王の臣下になったりしていたのである。

たとえば、12世紀のフランスでは、れっきとした国王がいるものの、王領は狭く、アンジュー伯、ブルゴーニュ公など、力のある大諸侯が並び立ち、その下に中小の諸侯がいる領邦国家だった。そして諸侯のなかでもっとも広い領地を持っているのが、イングランド王だったのである。

この関係は、分かりにくい。当時のイングランド王は、もともとノルマンディー公であった。このノルマンディー公が、イングランドを征服して王となり、フランス王の臣下という地位も継続したのである。

そして、ほかの諸侯も、フランス国内にありながら、イングランド王と通じていたり、反対にイングランドの諸侯がフランス王についたりと、利害に従って同盟関係が入り乱れていた。

大臣

ひと筋縄ではいかない国王側近

主の身の回りの世話をする家令職が、国を切り盛りする宰相へと成長を遂げた！

王に代わって実権を握ることも

ゲームや物語のなかで、王様のそば近くに仕える人物としてよく登場するのが大臣である。

もともと大臣は、領主の身の回りの世話や、城の内部の業務を取り仕切るのが役目で、家令《かれい》あるいは家宰《かさい》などと呼ばれていた。

領地を維持していくためには、城の管理や食糧の調達をはじめ、細々とした家事や荘園の経営など、日々たくさんの仕事がある。それぞれの仕事に割り当てられた召使いや代理人はいたものの、王家ともなるとすべてをまとめる家令が必要となった。

やがて**家令は、王領の収入と支出を把握するなど、国内行政の最高職となった**。これが「大臣」である。大臣は、対外的にも活躍した。戦時・平時を問わず他国との交渉や、政略結婚の縁談の取りまとめ、それに王が戦いで捕虜になったときなどは身代金のかき集めに奔走したりもした。

中世では、メロヴィング朝フランク王国の「宮宰《きゅうさい》」が有名である。宮宰のピピン2世が王国の実権を握ると、その子カール・マルテルを経て、孫のピピン3世がメロヴィング朝の王を廃して自ら王となり、カロリング朝を開いたのである。

ゲームの大臣は、王に忠実でときには苦言を呈する実力者だったり、腹黒い裏切り者だったりするが、中世の大臣も一筋縄ではいかない存在が多かったといえる。

だが中世の**大臣の地位は、王との私的な結びつきのみで成立**しているようなもので不安定だった。王の機嫌を損ねて地位を追われたり、謀反を企んでいると疑われたりすることも珍しくなかった。

国王の下で国政を切り盛りする以上は、汚れ役も引き受けざるを得なかったため、当然恨みを買うことも多い。王が死んだとたん、捕らえられ、殺された者もいた。

POINT

- ◆家を切り盛りしていた家令が大臣の起源となる
- ◆大臣の地位は不安定だった

家宰の仕事

領主のもとでは城の警備を担当する騎士たちのほかに、領主の身の回りの世話をする人々がいた。家令は当初そのなかのひとつであったが、次第に権限を強め、領内の庶務にあたるようになる。

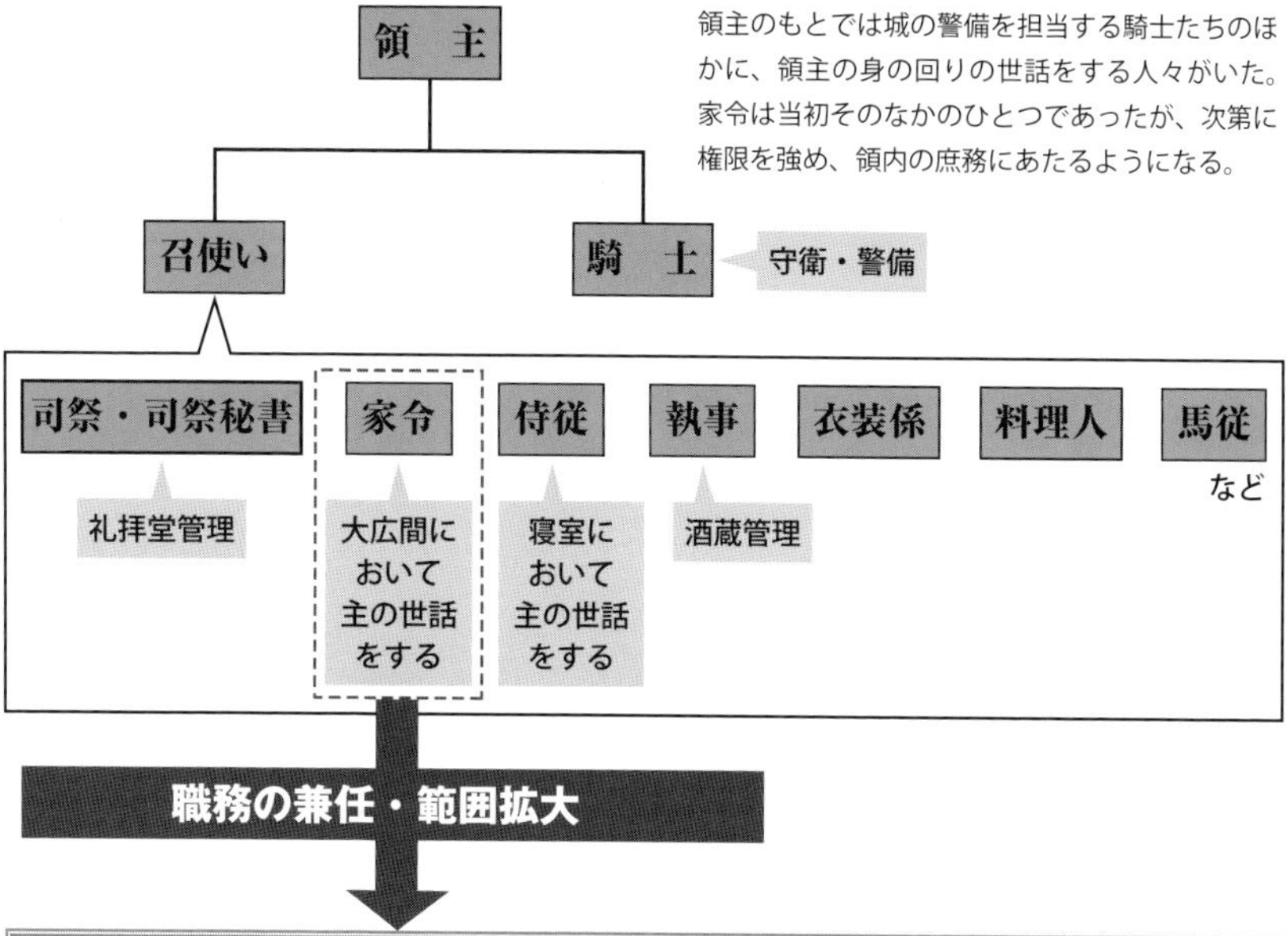
領　主
召使い
騎　士
守衛・警備
司祭・司祭秘書
家令
侍従
執事
衣装係
料理人
馬従
など
礼拝堂管理
大広間において主の世話をする
寝室において主の世話をする
酒蔵管理
職務の兼任・範囲拡大

家宰の仕事は領地全体の管理に

・城の日々の収入と支出の管理

食材や日用品など城内の支出を管理する。領地によっては領主夫婦やその子供の勘定を別々に管理するなど事細かに記帳していた。

・荘園管理

荘園を管理するための法的手続きや書類作成を行なう。この仕事は相応の知識がいるので、イングランドでは、ヘンリー３世の治世頃から、町の教師たちが荘園管理の講座を定期的に開くこともあった。

王妃と貴婦人

深窓の美女たちの真実の姿とは？

中世の習慣として認められた相続権により、財産のある貴婦人たちは未亡人になってもモテた！

じつは立場が強かった女性たち

中世の貴婦人たちは、キリスト教の倫理観に従って暮らし、結婚して子供を産むことが役割だった。結婚の自由などあるはずもなく、父親の決めた相手と、14歳前後で結婚した。

このような時代背景を考えると、ゲームや映画に現われるような、女性の権力者や女戦士など登場することはないと思うところだが、なかには男性と対等、ときにはそれ以上の権力を持った貴婦人もいたのである。

当時は読み書きのできない者が多く、国王や領主クラスでも自分の名前を書くのが精一杯という者が珍しくなかった。だが貴婦人には読み書きができる者が多く、数か国語を操る者さえいたという。家庭の管理や客人の接待、子供の教育などは、彼女たちに任されていた。こうしたなかで女性たちは中世芸術の庇護者としての役割を担うようになる。

夫に代わって軍を率いることもあった。とくに夫不在の折には、城の最高権力者として夫の代理を務めることもあった。実際に戦闘に参加した女性も古くから伝えられており、ペルシア戦争では女海賊アルテミシアの名が見られ、中世では百年戦争におけるフランス救国の聖女ジャンヌ・ダルクが名高い。

未亡人がモテたわけとは？

政治手腕を発揮した女性もいた。

エレアノール・ダキテーヌは、フランスで広い領土を有すアキテーヌ公国の領主である。彼女はフランス王ルイ7世と結婚するものの自ら不貞を働いて離婚、その後はイングランド王のヘンリー2世と結婚し、夫の死後、息子のリチャード1世（獅子心王）が十字軍で不在の際には、国内の統治を主導した。

トスカナ伯の未亡人マティルダは、広大な北イタリアを治め、所有していたカノッサ城が「カノッサの屈辱」の舞台となった。

POINT

- ◆権力者として君臨した女性もいた
- ◆中世の女性には財産の相続権が認められていた

国王を支えた王妃の仕事

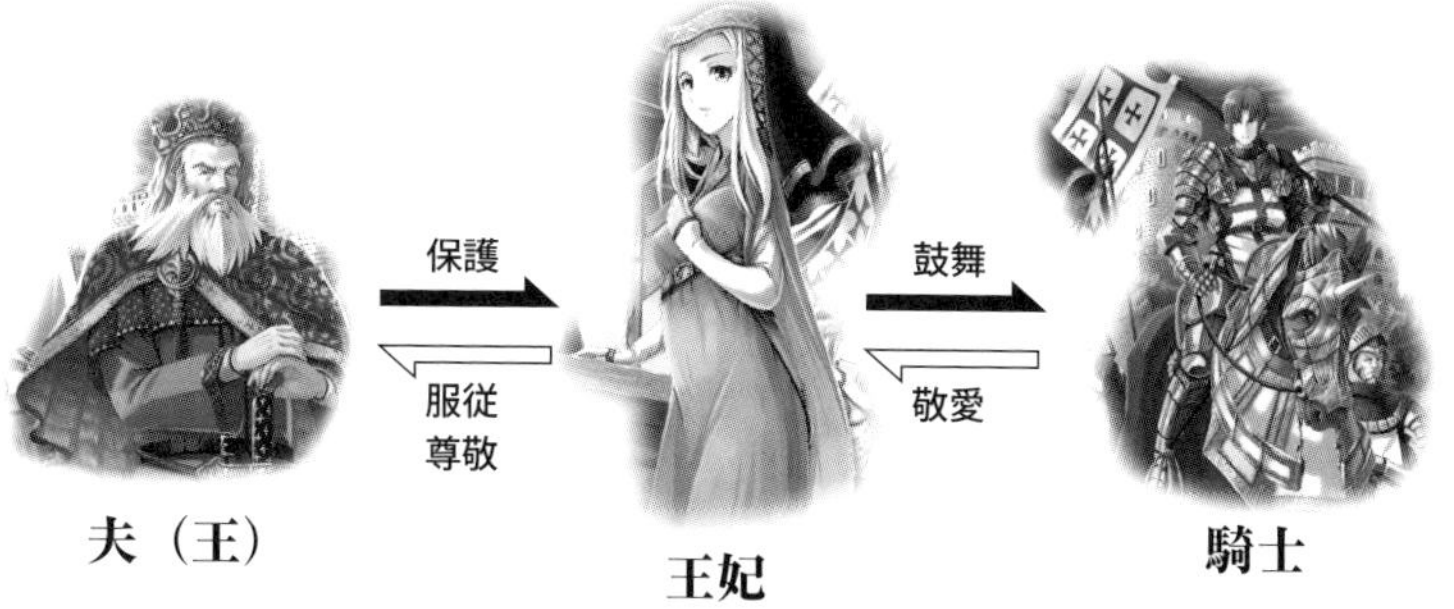

子供の出産・教育

王妃にとって何よりも重要なのは世継ぎを産むことである。領地拡大や保護のためには結婚による関係強化が最良の手段であり、子供の存在は欠かせなかった。

土地の所有・相続権

夫の保護下にありながら、土地の所有、相続、売却、譲渡は認められていた。そのため未亡人になったときにその財産を狙った求婚者が後を絶たなかった。

政治

領内で政治的手腕を発揮したり、戦場に赴き活躍する女性も現われた。彼女たちが領地の防衛を成し遂げたときは、男性からも認められる存在となった。

王妃は土地の所有や相続は認められていたが、王である夫には常に従属する立場にあり、自ら行動できる範囲は狭かった。

そんな中世の貴婦人たちをより「魅力的」にさせていたのは、**土地の所有や相続、売却などの権利を持っていたこと**である。

結婚している間は夫の庇護のもとにあっても、お金があれば自由に行動できるのは昔も今も同じ。そのため、莫大な財産を相続した娘や未亡人には、求婚者が列を成すこととなった。

宮廷恋愛って不倫!?

中世の貴婦人たちは夫の臣下である騎士たちとの間に華やかな宮廷恋愛を繰り広げた。これは不倫ではなく、あくまでプラトニックなもので、言ってしまえば恋愛遊戯。だから公然と行なわれたし、主君である夫のほうも平気だった。それどころか、騎士に愛を捧げられるような美しい妻を持ったことを自慢した。

復元 中世の宮廷

―カール大帝の宮廷と礼拝堂―

中世初期、国王の本拠地としての城や宮廷の概念はなく、フランクの王たちは、都市の修道院や教会施設、政庁などを宮廷として利用していた。こうしたなかで西ヨーロッパ世界に覇権を唱えたカール大帝は、はじめてアーヘンに巨大な宮廷を構える……。

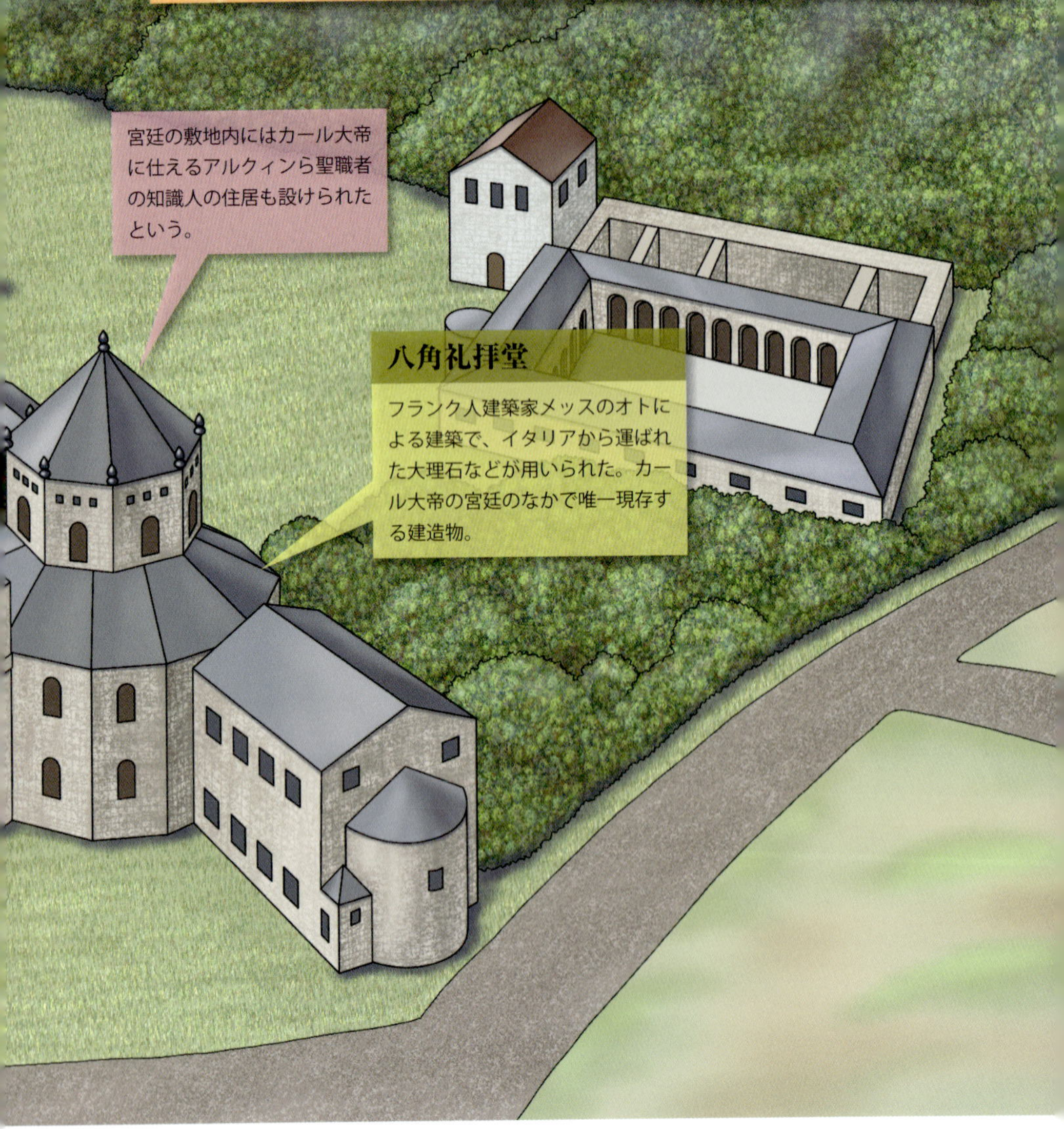

宮廷の敷地内にはカール大帝に仕えるアルクィンら聖職者の知識人の住居も設けられたという。
八角礼拝堂
フランク人建築家メッスのオトによる建築で、イタリアから運ばれた大理石などが用いられた。カール大帝の宮廷のなかで唯一現存する建造物。

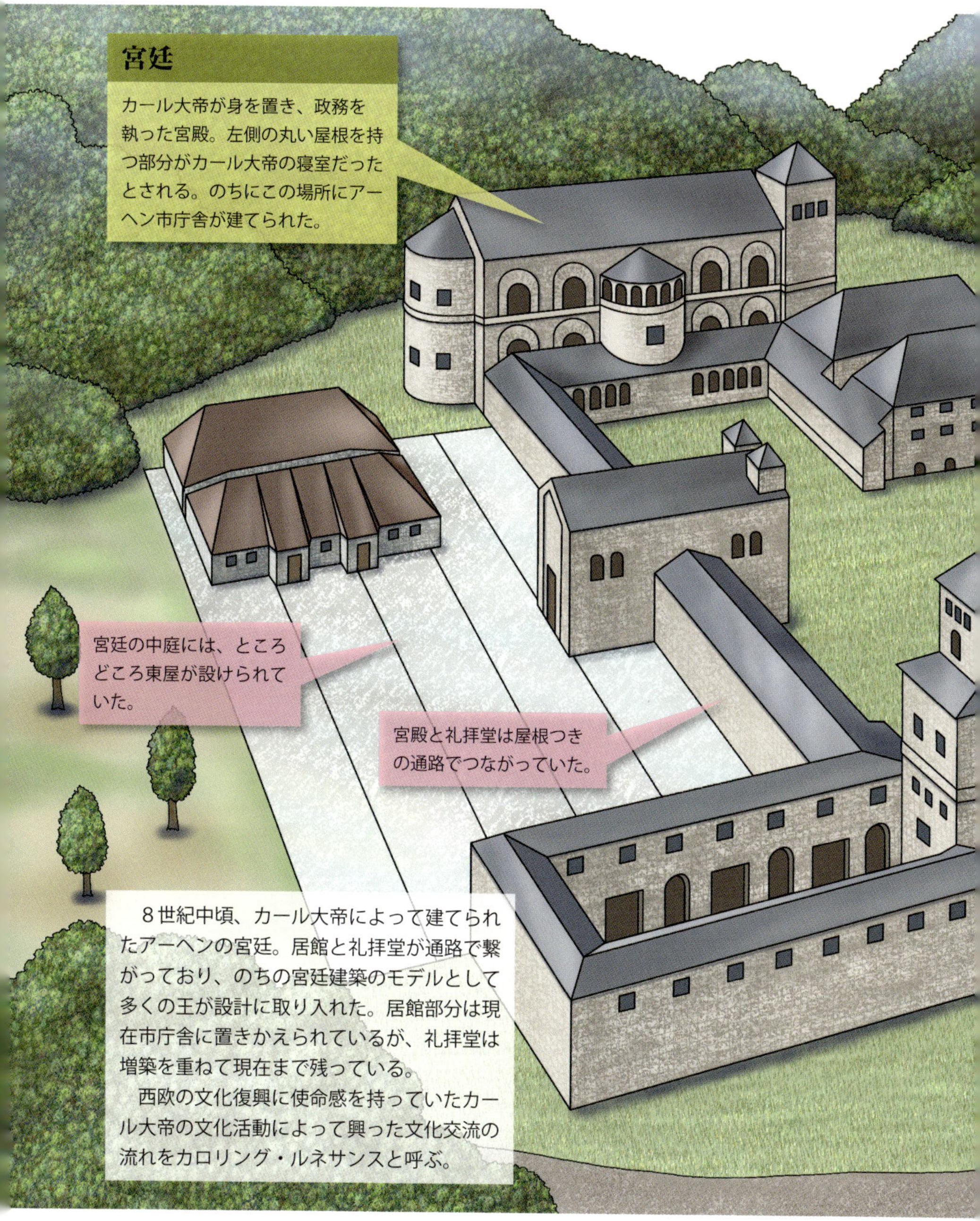
宮廷
カール大帝が身を置き、政務を執った宮殿。左側の丸い屋根を持つ部分がカール大帝の寝室だったとされる。のちにこの場所にアーヘン市庁舎が建てられた。
宮廷の中庭には、ところどころ東屋が設けられていた。
宮殿と礼拝堂は屋根つきの通路でつながっていた。

8世紀中頃、カール大帝によって建てられたアーヘンの宮廷。居館と礼拝堂が通路で繋がっており、のちの宮廷建築のモデルとして多くの王が設計に取り入れた。居館部分は現在市庁舎に置きかえられているが、礼拝堂は増築を重ねて現在まで残っている。

西欧の文化復興に使命感を持っていたカール大帝の文化活動によって興った文化交流の流れをカロリング・ルネサンスと呼ぶ。

コラム

紋章

紋章を見れば歴史がわかる?
騎士たちの楯を飾る紋章の法則

紋章のしくみ

〈楯紋の継承：結婚〉

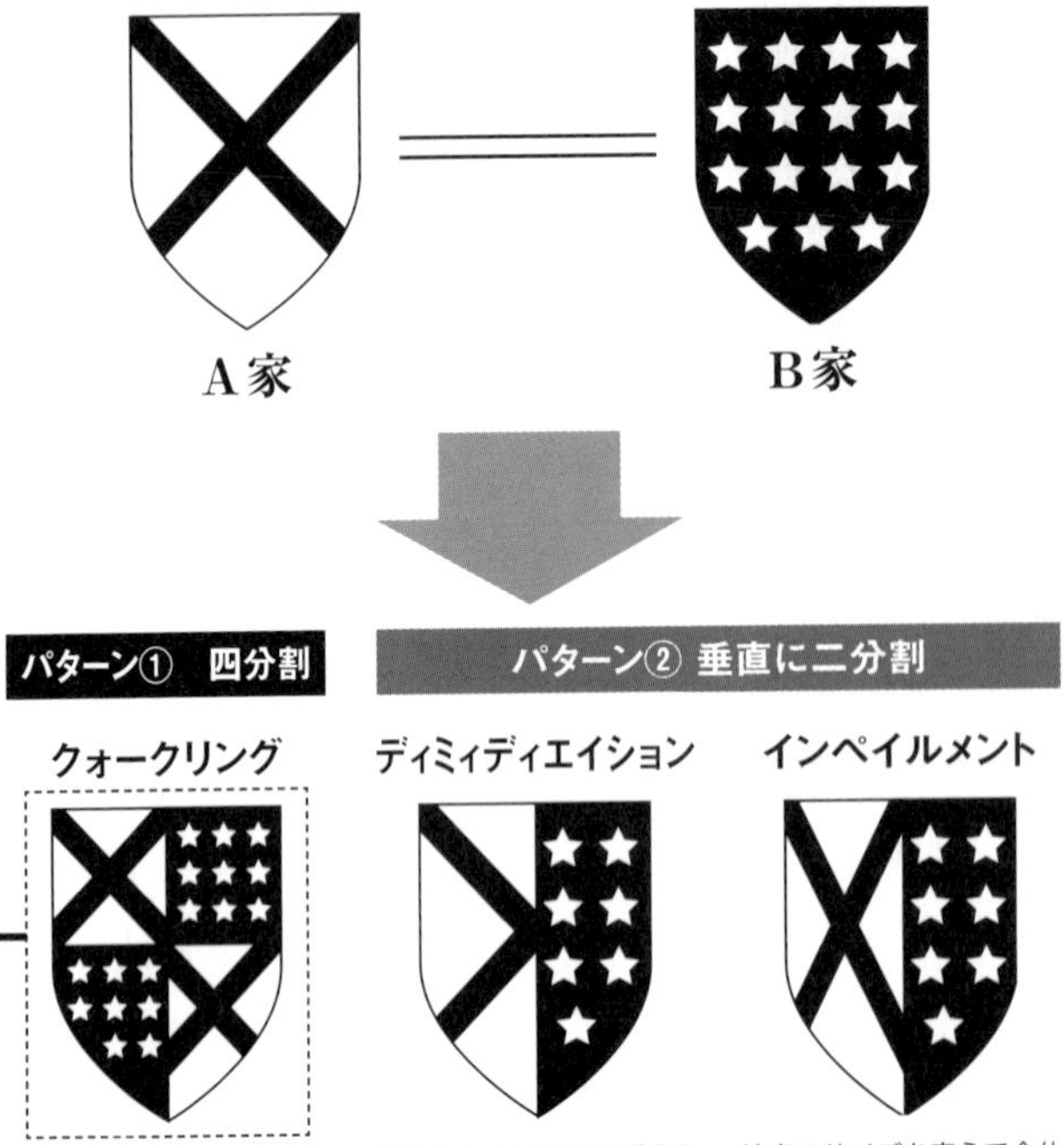
A家
B家
パターン① 四分割
パターン② 垂直に二分割
クォークリング
ディミディエイション
インペイルメント

4分割したうちの右上（向かって左上）と左下（向かって右下）にある紋章の家系が地位は高い。

紋章のサイズを変えず半分を入れるパターン。

紋章のサイズを変えて全体を入れるパターン。

紋章はファンタジー世界の意匠として欠かせないもので、背景やキャラクターの武器・防具にもあしらわれている。そしてこれは、現実の中世ヨーロッパでも重要なものだった。

もともと紋章は、騎士たちによるトーナメント（騎馬試合）で競技者を見分けるために生まれたものである。頭からつま先まで兜と鎧で覆ってしまうと、誰が誰やら分からない。実際の戦争となればなおさら、敵味方を区別する必要がある。

そこで楯にシンボルをつけ、一人一人を見分けられるにようにしたのである。

このシンボルが、旗や鎧兜《よろいかぶと》、馬具

〈楯紋の継承：子供〉

イギリス式

※楯紋に加えられるケイデンシ・マークや縁取りの色は国によって異なる。

パターン① ケイデンシマーク

父親が継承している紋章をベースに、父存命中の長男にはレイブル、次男には弦月、三男には星といったようなマークが付けられる。

ケイデンシ・マーク

長男（レイブル）
次男（弦月）
三男（星）
四男（ツバメ）
五男（環）
六男（百合）
七男（バラ）
八男（十字）
九男（八葉）

パターン② 縁取り

父親が継承している紋章をベースに、父存命中の長男にはレイブル、次男には緑、三男には赤といった縁取りが加えられる。

縁の色

長男	次男	三男	四男	五男
＝	＝	＝	＝	＝
なし（レイブル）	黄（金）	赤	青	黒

※参考：『中世騎士物語』須田武郎（新紀元社）

紋章は様々な要素が一定のルールに基づいて絡み合い、形づくられている。たとえば、貴族の家同士が結婚によって結ばれた場合、両家の紋章が組み合わされて新たな紋章が出来上がるのだ。また、子供の紋章継承についても各国ごとに異なるルールが存在し、これに基づいて紋章が作られていった。

などにも付けられ、紋章となった。

紋章は、騎士ひとりにつきひとつと定められ、当主が死ぬとその長男に受け継がれた。日本の家紋と似ているが、もっと複雑なルールがある。父が存命中の長男、あるいは次男、三男と、父親が受け継いでいる家の紋章をベースに、序列を示すデザインを加えて一族であることを示した。

また、結婚や相続によって統合されたり、戦功を立てた者がいると新たなシンボルが付け加えられることもあり、家系の来歴を物語るものでもあった。ただの飾りではないので、権利のない者が、勝手に紋章を付けることは許されなかった。

ヨーロッパには紋章学という学問がある。この起源となったのが紋章官の仕事で、紋章をひと目見ただけでその一族の歴史をよどみなく語り、トーナメントや社交の場のみならず戦場でも重要な役割を果たした。

復元 中世の戦場を席巻した軍隊

—歩兵、長弓兵、そして騎兵—

中世を通じて戦いをリードしたのは騎兵であった。弓兵・弩兵が敵軍をけん制し、歩兵同士の戦いが始まる。そして、頃合いを見て騎兵が数次に渡り突撃し、決着へと至った。このセオリーを覆したのが、百年戦争におけるイングランド軍であった。

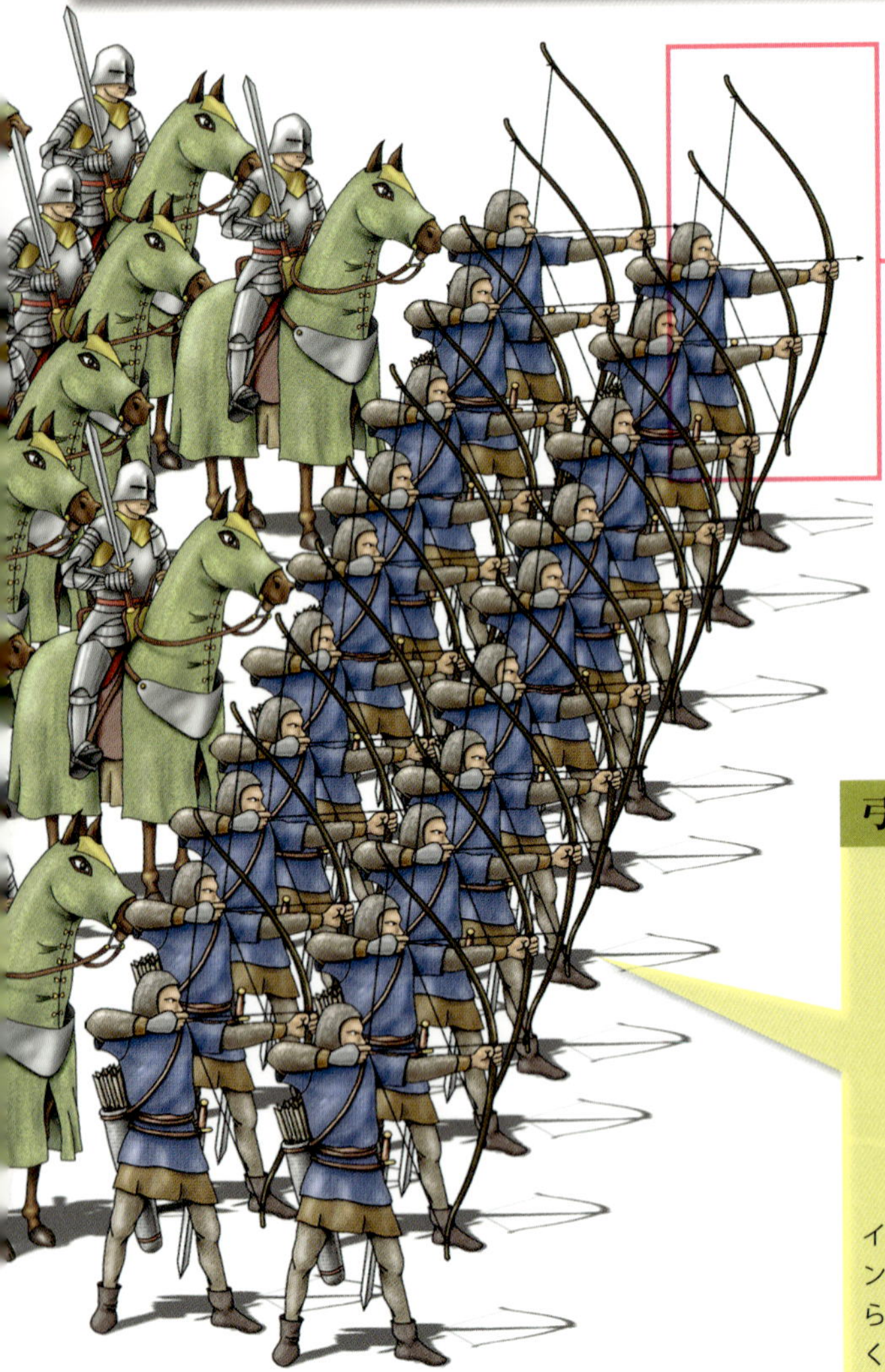

一概に「弓」といっても、「弩」「長弓」「短弓」などがあり、その特徴も異なる。百年戦争においてイングランド軍に活用され騎兵優位の常識を覆したのが長弓兵である。

弓兵

イングランドの長弓兵は、フランス騎兵の突撃に対して矢の降らせ、繰り返し攻撃を仕掛けてくるフランス騎兵をことごとく退けた。

騎兵

騎兵は馬具の改良によって安定した騎乗が可能になると、ランスを水平に構えて集団で騎馬突撃を敢行するようになった。甲冑はイタリア製ゴシック式で、ばら戦争初期のもの。

騎兵が持っているのは剣であるが、実際に戦場で活用されたのは槍の方が多い。

この歩兵が持つ武器はハルバードという。長柄の先に斧と槍がつけられている。また、5～7メートルの長さを持つパイクで武装した兵とともに密集陣形を組めば騎兵の突撃にも一定の効果を発揮することができた。

馬体は農業生産力の向上に伴って大型化し、重装の騎士を乗せることができるようになった。さらに馬具が改良され、騎兵の突撃が可能となった。

歩兵

中世初期においてこそ騎馬突撃の前に成す術なく敗れる存在であったが、次第に密集陣形を組むに至り、騎兵に対抗できる力を身につけていった。

中世の軍隊

国王のもとに集う騎士たちの軍隊

諸侯たちの寄せ集めであり、国王が召集をかけても利害が一致しない限り、なかなか言うことを聞かなかった……。

POINT

- 中世の軍隊は、古代より規模が小さかった
- 中世末期には没落した騎士

集まった軍勢もやる気はナシ

古代ローマの共和制時代には、いざ戦争となると、市民の成人男性全員が戦闘員となる皆兵制《かいへいせい》がとられていた。しかも、装備は自弁である。これは共同体の一員としての責任とされ、ポエニ戦争前には数万規模の軍隊が編成されている。

ところが中世になると、軍隊の規模はぐんと縮小する。それには中世ヨーロッパならではの事情があった。

中世初期、国王や諸侯は城砦やその周辺に戦士や騎士を住まわせて、戦時に軍を組織した。それでも足りなければ、周辺の自領内からも兵士をかき集めた。しかし、これだけでは多くても数千人しか集めることができない。そこで、規模の大きな戦闘の際には、諸侯に召集をかけた。

自分が忠誠を誓った主君から要請があったら、軍を編成して馳せ参じるのが中世諸侯や騎士たちの約束である。だが実際には、自分に利益がなければ、なかなか召集に応じようとはしなかった。

国王がやっと軍を集めたとしても、その軍は寄せ集めに過ぎない。国王自身の軍、騎士や兵士、そして何人もの諸侯が率いてきた、まとまりを欠く集団なのである。当然、統制のとれた軍事訓練などしたことがなく、場合によっては互いに言葉が通じないことさえあった。

軍を指揮するのは、通常ならば国王だが、もっとも多くの兵力を持つ領主が司令官になることもあった。だが、諸侯は自分の軍には損害を与えたくないので、戦場から逃げ出したり、危険な作戦は拒否したりした。

結果、**中世の戦争はせいぜい数千人単位で、戦法は単純なぶつかり合いが中心となった**のである。

中世ならではの戦闘もあった

中世の戦争というと、華麗な甲冑に身を固めた騎士が、馬にまたがって戦場を駆けるイメージが浮かぶ。

中世期の主な兵の種類

歩兵
歩兵は徴兵された農民や職業兵士などで構成される。とくに訓練を受けていない兵士も多かった。また、敵の領地の村や畑を襲う破壊行為も行ない、敵の長期的な弱体化を誘う任務もあった。
斧槍兵
攻守両面で使い勝手のよい斧槍を持つ。ただし柄が長すぎるため接近戦には向かない。
長槍兵
隊列を組み、密集すれば自軍の防御壁代わりにもなる兵種。
長弓兵
遠距離からの攻撃が可能で、騎馬突撃に対する有効な攻撃力となったが、長弓の扱いは難しかった。
弩兵
弓よりも格段に威力が強く、接近戦では効果が高い。しかし、装填に手間がかかるなど使い勝手の悪さを持つ。
騎兵
馬の飼育には金がかかったため、支配階級が中心の兵種。戦術は主に隊列を組んで敵に突撃する急襲戦術。ただし、我先にと突撃する騎兵が重なり合ってしまうこともあった。
中世の戦争の花形。重量のある鎧を着て集団で突撃し、敵とぶつかりあう役目を担う。
重騎兵
軽騎兵
斥候の役割に近い。自軍の進路を探したり、敵の急襲を報告するなど機動力を生かした任務をこなす。
弓騎兵
敵に近づき矢を放ち、退却するということを繰り返し、敵に圧力を加える。
槍騎兵
1対1の場面では主に剣が使用されたが、敵軍に突撃するときに用いられるのが槍である。槍を前方にかざし突撃することで敵の隊列を乱した。

これは、間違いではない。騎士は、長い槍を抱えて突撃し、身分の低い者は歩兵として、弓や槍、投石器などで騎士を援護した。時代が下るにつれて、歩兵の役割が重要になり、ことに**戦争に火器が用いられるようになると、騎士ではなく歩兵が戦力の中心となった。**

とはいえ、それぞれの国、それぞれの地方で事情は異なるし、時代によっても制度は違う。

イタリアやフランスの都市部では、敵の攻撃に脅かされると、住民が武器を手にして戦った。イングランドでも、ノルマン人の侵入に対抗して、土地を持つ自由民が武器を取り民兵となった。自分の生命や共同体が脅かされるとなると、国王に頼ってはいられなかったようだ。

国家単位の常備軍ができ、大規模な戦争が行なわれるのは、中世末期になってからのことである。

復元 近世を切り開いた軍隊

—スペインのテルシオ—

騎兵の時代に幕を下ろしたのは火器であった。騎馬突撃は、歩兵が構える火器の射撃を集中的に浴びると、もはや近づくこともできず、突撃の途中で壊滅させられる事態となった。

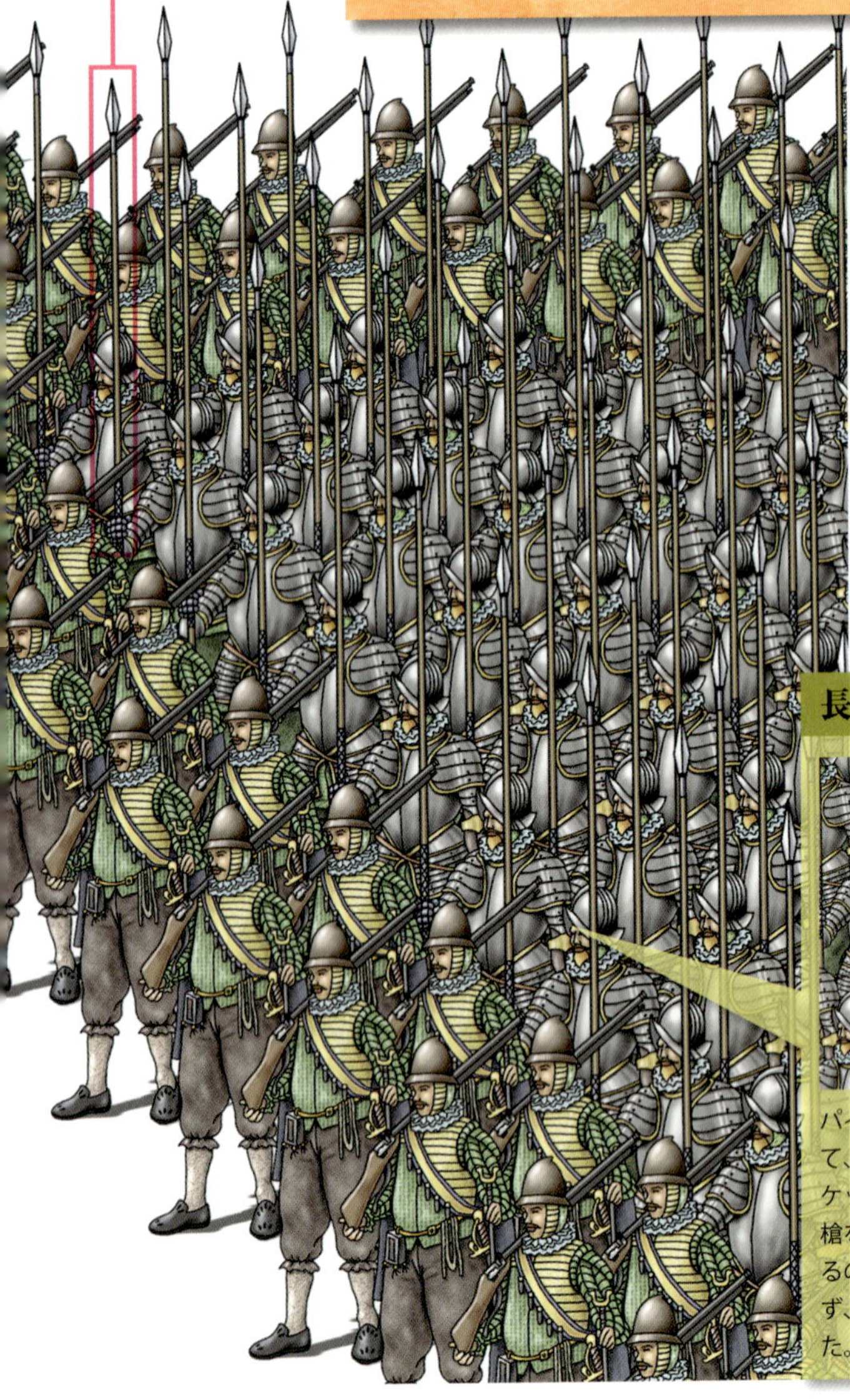

スペインのパイクは約4.2～5.2メートルであった。

中世末期から近世にかけてヨーロッパ中を席巻した隊列。マスケット銃兵が四隅に小さな方陣を形成し、中央の外縁2列にも配される。中央にはパイク兵が置かれ接近戦に備えた。マスケット銃で四方あらゆる角度への攻撃が可能。ただし、隊列を崩さず移動することが難しいため防御型の隊列といえる。

長槍兵

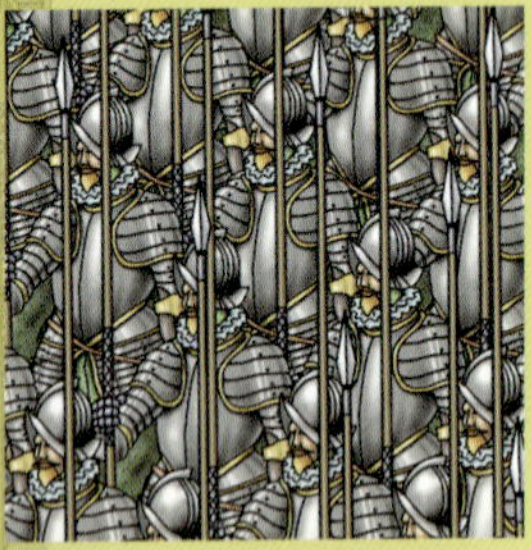

パイク兵。槍を前方に突き出して、突撃してくる敵兵からマスケット銃兵を守る。ただ前方に槍を倒すという単調な戦法をとるので、特別な訓練を必要とせず、兵を集めやすい利点もあった。

マスケット銃兵

テルシオ隊列の要。圧倒的な破壊力により、弓などの投射武器を過去のものへと追いやった。とはいえ、射撃後、装填に時間がかかり、銃自体も非常に重く改良の余地はあった。

マスケット銃は先込め式の歩兵銃で、フス戦争頃から用いられたといわれる。

騎兵

近世スペイン軍の騎兵でランサと呼ばれた。腰には広刃の剣、鞍にピストルを携帯している。

騎兵がサーベルを装備するようになったのは、騎馬突撃の衰退に伴い突くことより、斬り払う方が有効なダメージを与えられるようになったため。ファルシオンやシミターを参考にして生まれたともいわれ、のちに騎兵のシンボルとなった。

近世の軍隊

近代兵器で武装した常備軍

貴族階層の没落によって並ぶものなき権力を手に入れた国王。絶対王政のもとで初めて国家の軍隊が編成可能となる！

POINT

◆常備軍の始まりは百年戦争末期

◆シビリアンコントロールの概念が生まれる

領地を失った貴族の行く末

中世の終わりは、1453年のこととされている。この年、オスマン帝国に包囲されていた東ローマ（ビサンツ）帝国の首都コンスタンティノープルが陥落したからなのだが、じつはこの年に、英仏間で行なわれていた百年戦争も終結している。

百年戦争は、1337年から100年以上に渡り、フランスの王位継承を巡って続けられた戦いである。

もっともその間ずっと交戦状態が続いたわけではなく、休戦を挟みながら、最終的な決着がつくまで100年かかったということで、この名がついたのである。

百年戦争の過程で、フランスの貴族階層は没落し、領地や爵位を国王に取り上げられる者が続出した。生活の手段を失った貴族たちは、軍人や官僚として国王のもとで働き、報酬を得るようになった。

国王は税の仕組みを着々と変えて、それまで貴族のもとに納められていた税も自分の懐に入るようにした。その資金をもとにして、**官僚と常備軍を整備した**のである。

1455年には、シャルル7世の勅令により、フランス騎士を中核とする2万～2万5000人規模の常備軍が編成された。

官僚と常備軍で強大になった国王

官僚は国王の仕事を支え、王権をさらに強化させた。また、国王が常備軍を持つようになると、反抗的だった諸侯も国王に従うようになる。

ただし、常備軍を作り、保持していくためには、莫大な金がかかる。兵器や装備を整えるのはもちろんだが、戦争がないときでも兵士たちに食糧と住む場所を与え、生活できるようにしなくてはならないのである。傭兵を雇うのにも多額の金が必要だったが、常備軍にかかる金はその比ではない。

それでも**常備軍は、平時に訓練を**

近世期の主な兵の種類

歩兵

中世では影が薄かったが、銃火器を手にしたことで近世の戦場で主役に躍り出る。各国が常備軍を持つことで日ごろから訓練が可能になり、結束や組織力が向上した。

火縄銃兵

マスケット銃よりも前に登場した銃火器を使用。発射されるかどうかは運に頼るところが多く、不発だったときの再装填も非常に面倒だったため、マスケット銃の登場とともに姿を消す。

銃剣兵

マスケット銃の先に剣を装着できる。従来は発射するだけで防御ができなかったが、剣をつけることで突進してくる敵に対しても防御が可能になった。

擲弾兵《てきだん》

手榴弾を携帯する。襲撃の先頭に立ち、敵に投げつける役目を担う。ほかの歩兵と比べて強靭な肉体と勇敢な精神を必要としたエリート兵。

砲兵

中世の末期頃から登場し始めた大砲を扱う。だいたい2、3人がひと組となって、装填役と点火役に分かれることが多い。

騎兵

銃や歩兵の重要度が増した結果、相対的に騎兵の地位は低下。それまでの槍を持って突撃し、儀礼的に敵と一対一で戦うスタイルは過去のものとなった。

短銃騎兵

火縄を使わない銃（ホイールロック式）の誕生により、乗馬しながら銃が撃てるようになったため登場。胸甲騎兵の側で援護する。

軽騎兵

短銃騎兵より、さらに装備が軽くなった兵種。胸と背のみに鎧を装着し、分厚い皮のコートで防御力を増強した。ほかの騎兵よりも機動力が高い。

胸甲騎兵

重騎兵の名残りともいえる存在。重量は落としたものの銃の攻撃から身を守れるように頭から膝までを鎧で覆っている。武器は槍から銃に変化。

龍騎兵

戦場を馬で移動するが、いざ戦うときになると下馬する。拠点確保や撤退のときに馬を使用するだけなので、厳密には騎兵の枠からは外れる。

しており、統制のとれた作戦行動を行なうことができたし、その存在だけで敵対勢力を牽制できるというメリットがあった。

ことに近世以降、イギリスやフランスでは王権の強化が著しく、国家としてのまとまりが生じた。ドイツでは諸侯の勢力が強いままだったが、イタリア半島では、分立していた多くの都市共和国や諸侯が統合されていった。

軍の最高司令官は、政府の文民の統制下に置かなければならないというシビリアンコントロールの原則が生まれたのも、こうした17世紀頃のことである。

軍隊には規律が課せられるようになり、それぞれが行き当たりばったりの行動をとることができなくなったのである。

こうして中世は終わり、絶対王政、中央集権国家の時代が始まる。

騎士団

神の名のもとに武勇を誇った聖騎士たち

異教徒から敬虔なキリスト教徒守る役割を担い、戦い続けた三大騎士団。

POINT

- ◆騎士団は主に3種類にわかれる
- ◆実体の伴ったのは宗教騎士団のみ

騎士団は本当にあったのか?

ファンタジーの世界には、よく「○○騎士団」という集団が登場する。邪悪な敵を倒すため、正義の騎士が誓いを立てて集結し、堂々たる戦いを繰り広げるというのが定番だが、では歴史上の騎士団とはどんなものだったのだろうか。

騎士団のくくりで語られるのは、大きく分けて次の3つである。

(1)出身地や主君を同じくする一群

出身地や居住地が同じ者、同じ主君を戴く者をひとくくりにして呼んだもの。

(2)叙勲《じょくん》騎士団

勲章を与えられたなど、名誉ある者をメンバーとしたのが叙勲騎士団である。有名なのが、14世紀のイングランド王エドワード3世が創設したガーター騎士団である。王は、『アーサー王物語』の円卓の騎士になぞらえて12名の騎士を集め、黒太子エドワード（皇太子で黒い鎧をまとっていたことからこう呼ばれた）も12名の騎士を集めた。そこで24名の騎士にエドワード黒太子を加えた25名がガーター騎士団の創立メンバーとなった。以後定員を25名とし、名誉勲章となったガーター勲位は現在も続いている。

(3)宗教騎士団

メンバーは修道士、つまりキリスト教の聖職者でありながら、戦う騎士でもあるのが宗教騎士団である。キリスト教徒を異教徒から守るという目的のために結成され、団員は厳しい掟を守らなくてはならなかった。

歴史上、実体のある活動をしたのは宗教騎士団のみで、三大騎士団と呼ばれるのが、ヨハネ騎士団、テンプル騎士団、ドイツ騎士団である。

騎士団が打ち倒すべき相手とは

三大騎士団が結成されたのは、聖地エルサレムを巡ってイスラム教徒との戦いが激化した11～12世紀である。そしてエルサレムが奪われると、

中世騎士団の分布

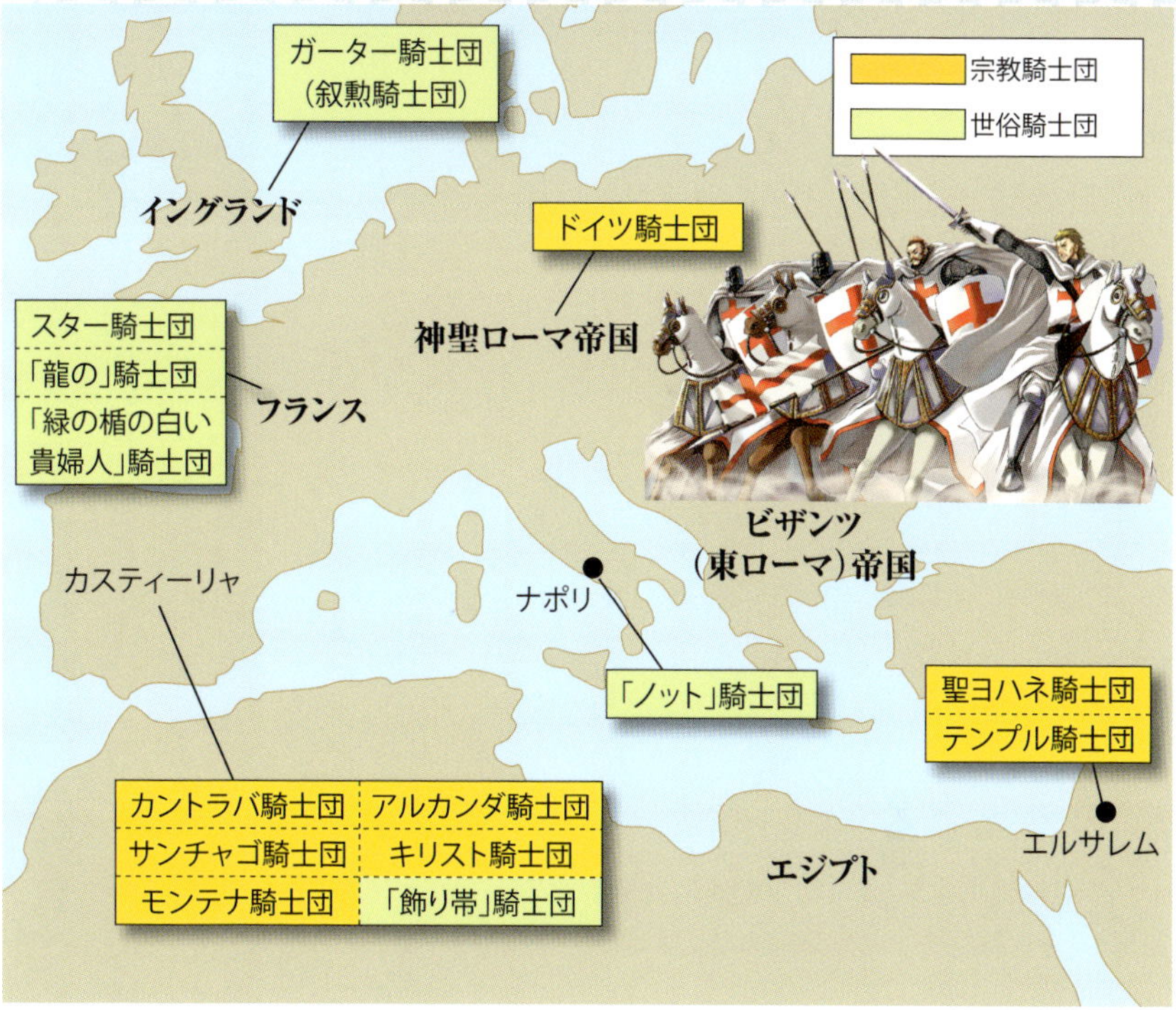

ガーター騎士団
(叙勲騎士団)
宗教騎士団
世俗騎士団
イングランド
ドイツ騎士団
神聖ローマ帝国
スター騎士団
「龍の」騎士団
「緑の楯の白い貴婦人」騎士団
フランス
ビザンツ
(東ローマ)帝国
カスティーリャ
ナポリ
「ノット」騎士団
聖ヨハネ騎士団
テンプル騎士団
カントラバ騎士団
アルカンダ騎士団
サンチャゴ騎士団
キリスト騎士団
モンテナ騎士団
「飾り帯」騎士団
エルサレム
エジプト

各国に登場する騎士団は、宗教的情熱によって結成された騎士団と、王や大領主が伝承に影響されて結成した世俗騎士団、出身地や主君を同じくする一群の名称の3つに分けられる。

それを取り戻すべく、十字軍の一翼として激しい戦いを展開した。

人々は騎士団を熱狂的に支持し、団員は尊敬と憧れの的となった。

結局、エルサレムの奪還はかなわず、3つの騎士団はそれぞれ違った運命をたどる。

ヨハネ騎士団は、もともとエルサレムにあって病を得た巡礼者を介護する団体として発足したが、その後、十字軍の軍事行動に参加。本拠地をロードス島、マルタ島と移しつつ、オスマン帝国との死闘を続けた。

テンプル騎士団は壊滅した。フランス王フィリップ4世が、1307年、突如テンプル騎士団を異端と断じ、団員のほとんどを処刑したのである。わずかに残った団員の活動から、テンプル騎士団には多くの伝説が生まれた。

そしてドイツ騎士団は、バルト海沿岸の東方への植民に貢献した。

傭兵

戦争が終わると盗賊化した戦闘のプロ

戦場において国王に重宝された傭兵たちは、戦争が終わると野盗化。戦い慣れしているため、国王も鎮圧に二の足を踏んだ！

傭兵が活躍した背景とは？

中世の傭兵というと、コミック『ベルセルク』に登場する「鷹《たか》の団」をイメージする人も多いだろう。戦場を一騎当千の猛者《もさ》たちが集い、戦場を駆けては、不利な戦局を覆す大活躍を見せる……。ファンタジーの世界でも傭兵という設定のもと、人気キャラクターが多数輩出されている。

たしかに中世の戦争で、傭兵の果たした役割は大きかった。ことに貨幣経済が浸透して国王のもとに富が集まるようになった12世紀頃から、国王は傭兵団と契約して戦争に臨むようになった。

対価さえ払えば必要なときに必要なだけ動かせる傭兵は、都合のいい存在だったのである。

諸侯や都市も、国王に軍を出す義務の代わりに、金を支払ってすませることが多くなった。国王もこの金で傭兵を雇ったため、軍隊に占める傭兵の割合が大きくなったのである。

この背景には、諸侯・騎士階級の相続事情もあった。

跡を継ぐのは長男であり、次男以降は何ももらえない。そうなると彼らには僧となるか、十字軍に参加するか、傭兵となるかしか道はなかった。また、食いつめた農民も傭兵となって糊口《ここう》を凌いだ。

傭兵隊長は、国王や諸侯などの雇い主との間に、戦場、期間、報酬、兵力、どのような武装をするかなど、細かい契約を交わした。金ではなく封土を与えられる場合もあった。

雇い主との心情的な関わりは何もない、ドライな契約である。この間まで味方だった者が、次の戦いでは敵に回ることなど当たり前だったし、同じ戦争の敵味方に、同じ傭兵団が分かれて戦っていることさえあった。

武装したならず者集団に変身

プロというと聞こえはいいが、傭兵団はならず者集団でもあった。

戦争が終わったらさっさと立ち

POINT

◆中世中期以降、国王は傭兵団を重宝した

◆戦争が終わると傭兵は野盗化し、略奪行為に走った

ファッションをリードしたスイス傭兵

スイス傭
長槍（パイク）
スイス傭兵の代名詞ともいえる武器。
白十字
スイス傭兵と認識するための記章といわれる。

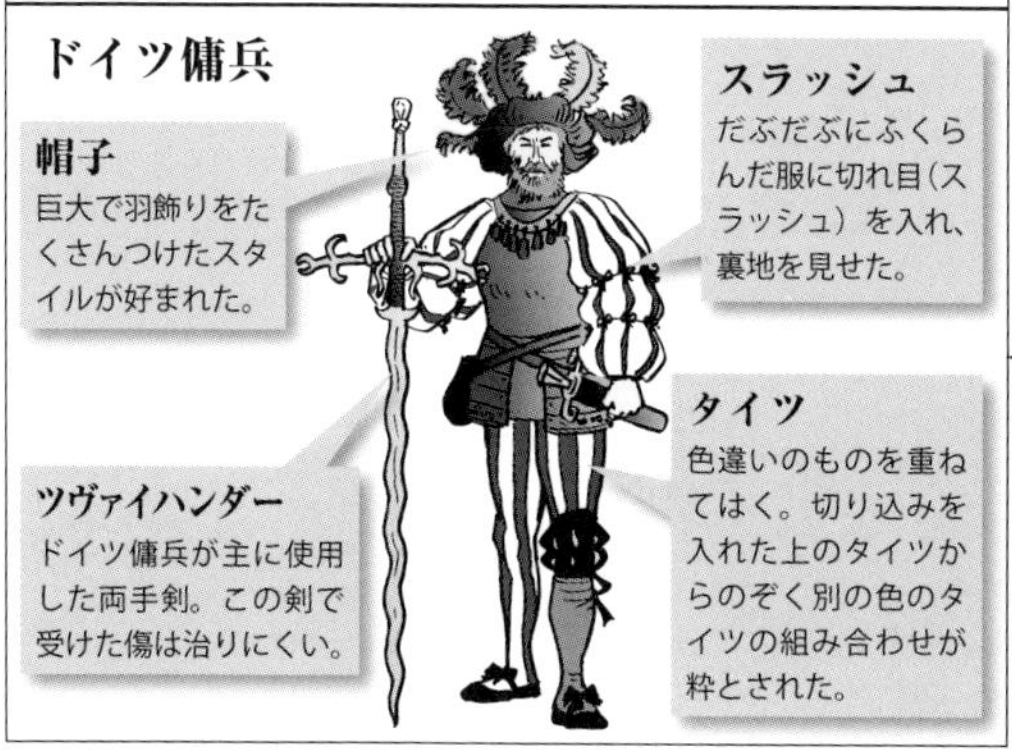
ドイツ傭兵
帽子
巨大で羽飾りをたくさんつけたスタイルが好まれた。
スラッシュ
だぶだぶにふくらんだ服に切れ目（スラッシュ）を入れ、裏地を見せた。
ツヴァイハンダー
ドイツ傭兵が主に使用した両手剣。この剣で受けた傷は治りにくい。
タイツ
色違いのものを重ねてはく。切り込みを入れた上のタイツからのぞく別の色のタイツの組み合わせが粋とされた。

傭兵ファッションの流行

スイス軍は戦利品の織物を切り刻みつなぎ合わせた。

↓

いわゆる派手な衣装が誕生。

↓

スイス兵の衣装を真似するようになる。

↓

全身にスラッシュを入れたスタイルが流行する。

↓

兵士のみならず貴族の間でも流行。

傭兵の派手な衣装は、その後宮廷に取り入れられるなどファッションとしても流行していった。

去ってほしいのだが、そうはいかない。彼らは戦争がなければ失業状態にあるのだし、故郷に帰ったところで生活の手段のない者ばかり。**勇猛な軍隊から野盗へと変貌して、あたりを荒らし回った**のである。

ついこの間まで雇われていた君主の領土であろうとおかまいなしで、強盗、殺戮《さつりく》、放火を繰り返した。しかも武装した戦闘のプロ集団なので、君主であろうと手に負えない。

当初は、見て見ぬふりをする君主がほとんどであったが、傭兵団が都市を占領する事態も起こったため、その存在を無視してはおけなくなった。

そのため、新たに対外戦争を仕掛けて傭兵を使い、ついでに始末しようという国王までいたほどである。

それでも、戦争の主体が常備軍になるにつれ、傭兵の数は減っていった。

ヨーロッパ生活誌
言語

ロマンス語にラテン語……中世ヨーロッパ上流階級はほとんどがバイリンガルだった!?

中世ヨーロッパの人々はどんな言葉を話していたのだろうか。

中世に先立つローマ帝国の時代にはラテン語が一般的であった。このラテン語は高度に洗練された書き言葉であり、当時から日常会話とは若干の違いがあったと思われる。

しかし、ラテン語が日常の会話で使われるなかで長期間にわたって変化し、各地でまったく別の言葉へと進化していった。

こうしてヨーロッパ各地で生まれた俗ラテン語が多様に変化した言語をロマンス語といい、おそらく8世紀頃までには形成されていたとみられる。これらがのちにゲルマン語の影響を受け、また、国家が形成されていくなかでフランス語やドイツ語、イタリア語、スペイン語などへと発展していく。

たとえば、フランス語はパリ付近で用いられていたロマンス語の一方言であったが、パリがフランスの中心となったためにフランスの言葉となったのである。

一方古典ラテン語も依然として中世ヨーロッパ社会で用いられ続けた。それは特権階級の間で交わされる公式文書や文学、聖職者たちの言語として。ラテン語はヨーロッパの上流階級の共通語として生き残り続けたのである。聖書や法令などはラテン語で書かれていた。

ただし、布教においては民衆にラテン語で語りかけても理解されなかったため、教会では布教の際に俗ラテン語を用いるよう取り決めも交わされている。

言語による国王・皇帝の名前の変化

英語圏	フランス語	ドイツ語	イタリア語	スペイン語
ウィリアム	ギョーム	ヴィルヘルム	グリエルモ	ギィエルモ
ギルバート	ジルベール	ギルベルト	ジルベルト	ヒルベルト
ジョージ	ジェラール	ジェオルグ	ジョルジュ	ホルヘ
ジョン	ジャン	ヨハン	ジョヴァンニ	フアン
スティーヴン	ステファン	シュテファン	ステファーノ	エステバン
チャールズ	シャルル	カール	カルロ	カルロス
フランシス	フランソワ	フランツ	フランチェスコ	フランシスコ
ヘンリー	アンリ	ハインリヒ	エンリコ	エンリケ
リチャード	リシャール	リヒャルト	リッカルド	リカルド
ルイス	ルイ	ルートヴィッヒ	ルドヴィコ	ルドヴィコ
エリザベス	エリザベート	エリザベーテ	エリザベッタ	エリザベート
キャサリン	カトリーヌ	カタリーナ	カタリーナ	カタリーナ

第二章

騎士の世界

中世の戦場の主役たちの実態とは?

イントロダクション

騎士とは何か?

中世世界を駆け抜けた戦士貴族の子孫たち

中世初期、分業制が確立するなかで集団を守る戦いを生業とする戦士貴族が登場。騎士階級へと成長する!

戦いをする者がリーダー

人間が集団で狩りをして暮らしていた頃には、外敵と戦うのはその集団の全員だった。だが、人間が農業を行なったり家畜を飼うようになったりすると分業が始まり、**外敵との戦いを専門とする者**が現われた。これが戦士である。

とくに優れた戦士は、集団のリーダーとなった。優れたリーダーは集団に富をもたらし、そうでないリーダーが率いる集団はほかの集団に吸収された。リーダーの立場は上がり、戦いのときだけでなく、人々の生活すべてを影響下に置いた。

こうして戦いを専門とする貴族階級が形成され、ローマ帝国崩壊後の混乱のなかでより強い貴族が周辺の部族を次々に制して王となった。貴族たちも上級と下級に分化し、下級の貴族は王や上級の貴族に仕え、領地を与えられるという封建関係を結んだ。11～12世紀頃までは戦場で勇敢に戦った自由民が騎士に叙任されることもあり、身分の垣根も流動的であった。

彼らは戦いの際には甲冑に身を固め、主君の下に馳せ参じ、騎士階級へと進化していく。

騎士はなぜ馬に乗っているのか

騎士といえば、馬に乗って颯爽《さっそう》と駆けてくるものと相場が決まっている。「騎」という漢字自体が馬に乗った人を表わすもので、騎士にとって、馬は何よりも大切な財産である。馬に乗っていれば素早く移動できるし、戦闘でも有利である。だがそれだけではない。騎乗は、高い身分の象徴なのである。

馬を手に入れ、飼い続けるのには、お金がかかる。古代ローマでも、騎兵として戦場に出ることができるのは裕福な者だけだった。農耕馬とて高価だったし、ましてやまたがって戦場に出ることのできる大型で頑丈な馬は、立派な資産だったのだ。

POINT

- ◆「ナイト」の起源は戦士貴族
- ◆騎士とは世襲される特権身分だった

騎士の全貌

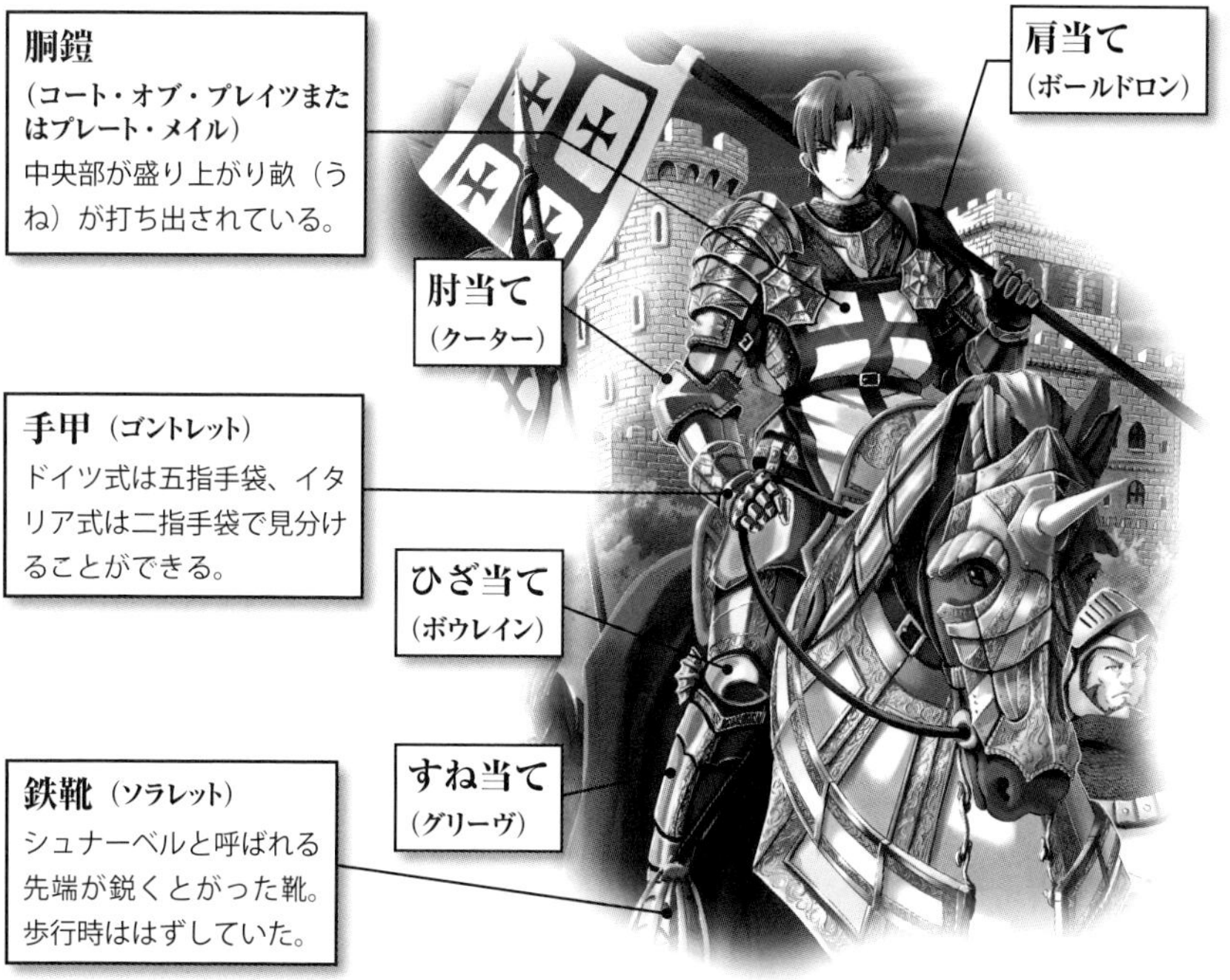

胴鎧
（コート・オブ・プレイツまたはプレート・メイル）
中央部が盛り上がり畝（うね）が打ち出されている。
肩当て
（ボールドロン）
肘当て
（クーター）
手甲（ゴントレット）
ドイツ式は五指手袋、イタリア式は二指手袋で見分けることができる。
ひざ当て
（ボウレイン）
すね当て
（グリーヴ）
鉄靴（ソラレット）
シュナーベルと呼ばれる先端が鋭くとがった靴。歩行時ははずしていた。

騎士は戦いによって主君への義務を果たすという役割があったため、馬や武器を貴重品として扱った。武器や武具は時代ごとに改良され、より動きやすく防御力の高いものへと進化した。

フランク王国の宮宰《きゅうさい》カール・マルテルは、忠誠の誓いを立てた者たちに騎兵として戦場に出る義務と引き換えに「**恩貸地**《おんたいち》」として領地を与えたが、領地の安定した経営は、馬を飼うための財源となるのである。

カール・マルテルの子孫のシャルル２世（禿頭王《とくとうおう》）の時代には、諸侯は召集されるとき、馬に乗って来るように命じられた。

また騎士は、高価な武器を持ち、高価な甲冑・兜と馬で身を固め、従者を引き連れて行動した。領地を受け継ぐことは、騎士の身分を受け継ぐことであり、**騎士身分は世襲される特権階級**ともなったのだ。

だが、これだけではまだ足りない。騎士とは、理想化された存在であり、精神的にも優れていなければならなかった。そこで彼らを騎士たる者とする根拠として**騎士道**が生まれるのである。

騎士道

戦士を騎士たらしめる崇高なる精神

ときに暴走する戦士の血を抑えるべく、忠誠・勇気・礼節・公正などを重んじる騎士の行動規範が教会によって植えつけられた。

騎士道は押しつけられた理想!?

戦う力があればそれを使いたくなるのか、中世初期の騎士たちはまだ「戦士」と呼ぶにふさわしく、横柄にふるまい、相手かまわず暴力をふるう者も多かった。主従関係においても別の主に利益を感じれば平気で裏切る者もいた。これでは、周囲の者はたまったものではない。

武力は、敵に対してだけ向けられればよいし、主のほうも平気で裏切る部下など信用できるものではない。

そこで**騎士たちの度の過ぎた行為を抑制するために**、何らかの規範が必要と考えられるようになった。それが、「騎士道」である。

この騎士道の浸透にひと役買ったのが教会であった。まず教会は、巡礼者や婦女子を襲ったり、聖域を荒らしたりしないよう、聖域で暴力行為に走ることを禁じた。

そして教会は、騎士とは強いだけの野蛮な戦士ではなく、信心深くて礼儀正しい人物であると唱えた。騎士になるためには誓いを立ててそれを守り、異教徒や異端との戦いを究極の目的とせよと教えたのである。

こうして騎士は、**忠誠・勇気・武芸・慈愛・礼節・奉仕・公正**などの価値観を植えつけられていった。

さらに中世に流行した騎士道物語がこれを後押しした。もっとも広く知られ、多くの騎士たちに影響を与えたのが、フランス最古の叙事詩《じょじし》『ロランの歌』と、アイルランドの「アーサー王伝説」である。

教会の努力はやがて実を結び、騎士たちは名誉を重んじ、騎士であることに誇りを持つようになった。そして、見境のない暴力を慎むようになったのである。

もっとも、現実は騎士道物語のようにはいかなかった。戦争では殺戮《さつりく》と略奪がつきもので、これらは当然の権利として考えられていた。騎士道精神が発揮されるのは、同じ身分のなかだけに限られていたのである。

POINT

- ◆騎士道は教会によって植えつけられたもの
- ◆騎士道精神が発揮されるのも、同じ身分のなかだけ

“騎士”を誕生させた騎士道の徳目

忠誠
君主に対する厳格な服従。

奉仕
教会の教えに対する不動の信仰。

公正
弱者と共に生き、生活すること。

礼節
上を敬い、下を侮らない心。

勇気
いかなる場合でも強者へ立ち向かう力。

寛容
分け隔てなく与えること。

武芸
優れた戦闘能力と技術の鍛錬。

慈愛
社会的弱者、婦女子に対する敬意と愛情。

騎士は幼いときから騎士としての道徳（＝騎士道）を学び、理想の騎士になるために精進した。キリスト教会によって植えつけられたこの精神により、戦士ははじめて騎士となった。

主な騎士道物語

『ロランの歌』	仏	カール大帝の甥ロランとイベリア半島のイスラム教徒との激闘を、ロランの死とともに描いた叙事詩。
『アーサー王物語』	英	イギリスのケルト民族の伝説をもとにアーサー王や、彼の騎士の活躍を描いた騎士道物語。
『ランスロットまたは荷車の騎士』	仏	円卓の騎士ランスロットと王妃グィネヴィアの不倫関係や、ランスロットの聖杯探求の原因を描いた散文騎士物語。

騎士道物語は、異教徒と対峙する内容の武勲詩が主だったが、口承による伝播のなかで恋愛の要素も含まれるようになった。

古代の騎乗戦術

騎兵の機動力を生かした名将たちの戦術

斥候として活用されていた騎兵は、アレクサンドロス大王、ハンニバルらによって、一瞬の隙を突き相手を崩壊させる戦術に欠かせない存在となる！

POINT

◆ローマの時代まで安定した騎乗ができなかった

◆騎兵の立場を変えたカンナエにおける活躍

騎士は戦場の脇役だった？

騎士といえば、戦場の花形である。古代から勇者は馬にまたがって敵に挑んだことだろうと思いきや、さにあらず。エジプト、バビロニア、ギリシアと、**紀元前7世紀以前の古代の戦場の主役は戦車であった。**

戦車といっても、現代のタンクとはもちろん違う。軽量で屋根のない車を2～4頭の馬に引かせる「チャリオット」で、戦士はそこから槍や弓矢で敵を攻撃した。

だが騎兵に比べると、速度は劣るし小回りもきかない。それなのに、どうして戦車を用いたのだろうか。

これは、古代ヨーロッパや地中海世界では、乗馬の習慣があまりなかったためである。

その地方にいた馬は小型で、現在のポニー程度の大きさしかなく、武装した成人男性を乗せるには向かなかった。しかも馬具も不十分で、鞍《くら》も鐙《あぶみ》も蹄鉄《ていてつ》もまだ発明されていなかったのである。

だから乗馬は両脚の太股で馬体を挟んで乗るという不安定なもので、相当な鍛錬を要した。ゆえに、馬に乗ったまま重い武器を手にして戦うなど、不可能に近い。そこで騎兵の役割は、機動力を生かした偵察や斥《せっ》候《こう》、伝令などに限られていた。

騎兵を活用した者が勝利する

だがアレクサンドロス大王は、紀元前３３１年のガウガメラの戦いで、騎兵部隊の機動力を巧みに活用し、宿敵アケメネス朝ペルシア軍を撃破した。敵歩兵部隊の隙をついて騎兵をペルシア軍本陣へと突撃させ、打ち破ったのである。

また、紀元前２１９年に始まったローマとカルタゴの第2次ポエニ戦争では、カルタゴの将軍ハンニバルが騎兵の機動力を生かした包囲戦術を展開した。

紀元前２１６年のカンナエの戦いで、ローマ軍の兵力はおよそ9万、

戦史を変えたカンナエの戦い（紀元前216年8月）

イベリア半島を発したハンニバルは、アルプス山脈を越えてイタリア半島へ侵入。ローマ軍を各地で撃破しつつ、カンナエに着陣した。

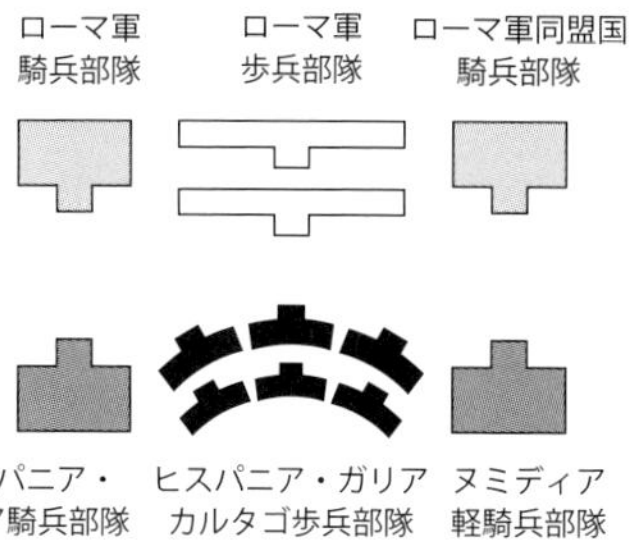

ローマ軍
騎兵部隊
ローマ軍
歩兵部隊
ローマ軍同盟国
騎兵部隊
ヒスパニア・
ガリア騎兵部隊
ヒスパニア・ガリア
カルタゴ歩兵部隊
ヌミディア
軽騎兵部隊

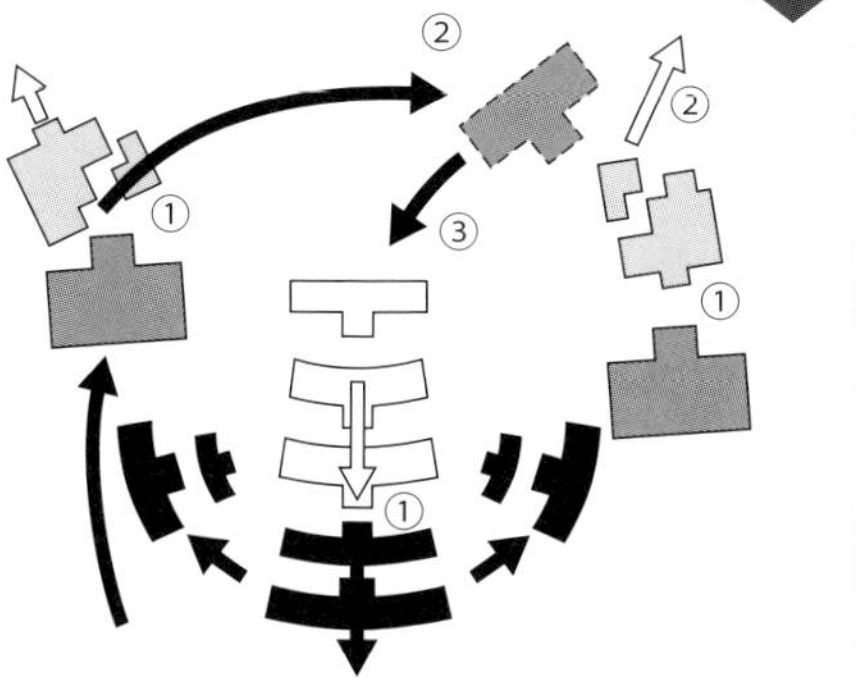

①
②
③

①両翼の騎兵部隊、中央の歩兵部隊が激突し、開戦。中央戦線はローマ軍優勢で展開する。

②カルタゴ側の左翼騎兵部隊がローマ軍を退け、右翼騎兵部隊の援護へ。ローマ両翼騎兵部隊が撤退する。

③両翼のカルタゴ騎兵部隊はそのままローマ歩兵部隊を包囲。ローマ軍は四方を囲まれ、壊滅状態に追い込まれた。

古代の戦争は歩兵が中心となって戦っていたが、カンナエの戦いでは騎兵の機動力がカルタゴ軍の勝利に大きく貢献し、騎兵戦術の有効性が証明される契機となった。

カルタゴ軍はおよそ5万だった。両軍の布陣は、中央に重装歩兵部隊、両翼に騎兵部隊とほぼ同じ。ただカルタゴの歩兵部隊は、弓なりに張り出した形をとっていた。

戦闘は、すべての隊でほぼ同時に始まった。中央の歩兵部隊同士の戦いはローマ軍が優勢で、カルタゴ側はじりじりと後退し、戦列はU字型に変形していった。一方、両翼ではカルタゴ軍左翼の騎兵部隊がローマ軍右翼の騎兵部隊を撃破し、さらにローマ軍左翼の騎兵部隊を挟撃《きょうげき》して撃退していた。

これによってローマの歩兵部隊は後方を騎兵に、前方を歩兵によって包囲されてしまったのである。この後は一方的な殲滅《せんめつ》戦へと移り、ローマ軍は5万の死者を出したという。

騎兵の機動力によって両翼包囲が完成されたこの戦い以降、騎兵は戦場の花形として台頭するのである。

中世の騎乗戦術

突破力によって勝敗を決した中世の騎兵たち

中世になり安定した騎乗が可能となると、騎兵を整列させ敵陣めがけて突撃させる騎馬突撃が戦場を席巻する！

正面から果敢にぶつかる騎士たち

　ハンニバルの劇的な勝利などにより、騎兵の有効性は認識されたものの、依然として中世初期には、騎士といえども戦場に着くと馬から降り、歩兵として戦うことが多かった。

　しかし、馬具の進化に伴い状況は一変した。まず、8世紀には鐙が使われるようになった。それまで乗り手は、いちいち飛び上がるようにして馬に乗っていたのだが、鐙に足をかけると乗り降りがぐっと楽になる。また、馬をコントロールしたり、何より**足を踏ん張って武器を振り回すことも可能になった**。

　鞍《くら》の改良は遅れ、**乗り手の体を支える部分が前後についた鞍が登場す**るのは12世紀頃と思われる。それまでの乗り手は、ちょっとしたはずみで落馬する危険に常にさらされていたのだが、新しい鞍によってその不安がぐっと減り、馬を全力疾走させることも簡単になった。

　そして、**馬そのものも大型化**した。品種改良や飼料が豊かになった結果、馬体が大きく丈夫になり、甲冑《かっちゅう》で身を固めた重装備の騎士を乗せられるようになったのである。

　安定した騎乗ができるようになると、戦術の幅も広がる。こうして、騎士たちの攻撃力を見せつけた、「**騎馬突撃**」が生まれる。

　これは大勢の騎士が隊列を組み、槍を構えて敵陣に突っ込むというものである。単純な戦術だが、騎槍を水平に構えた騎兵の大部隊が突撃してくるのだから、その破壊力は凄まじい。敵の守りが固ければ、突撃した騎兵は散開して自軍の後ろに戻り、もう一度整列する。これを続けて、相手を消耗させたのである。

　騎兵の突撃によってバラバラになった敵の戦列へ歩兵が襲いかかり、あとは白兵戦となった。こうして、騎兵部隊が戦いの帰趨《きすう》を決定づけるようになった。同時に騎兵たる騎士の地位も向上していくのである。

POINT

- ◆8世紀から12世紀にかけて馬具が改良される
- ◆中世の戦闘は騎馬突撃による決着がセオリー

中世の騎乗戦術

乗馬の技術革新

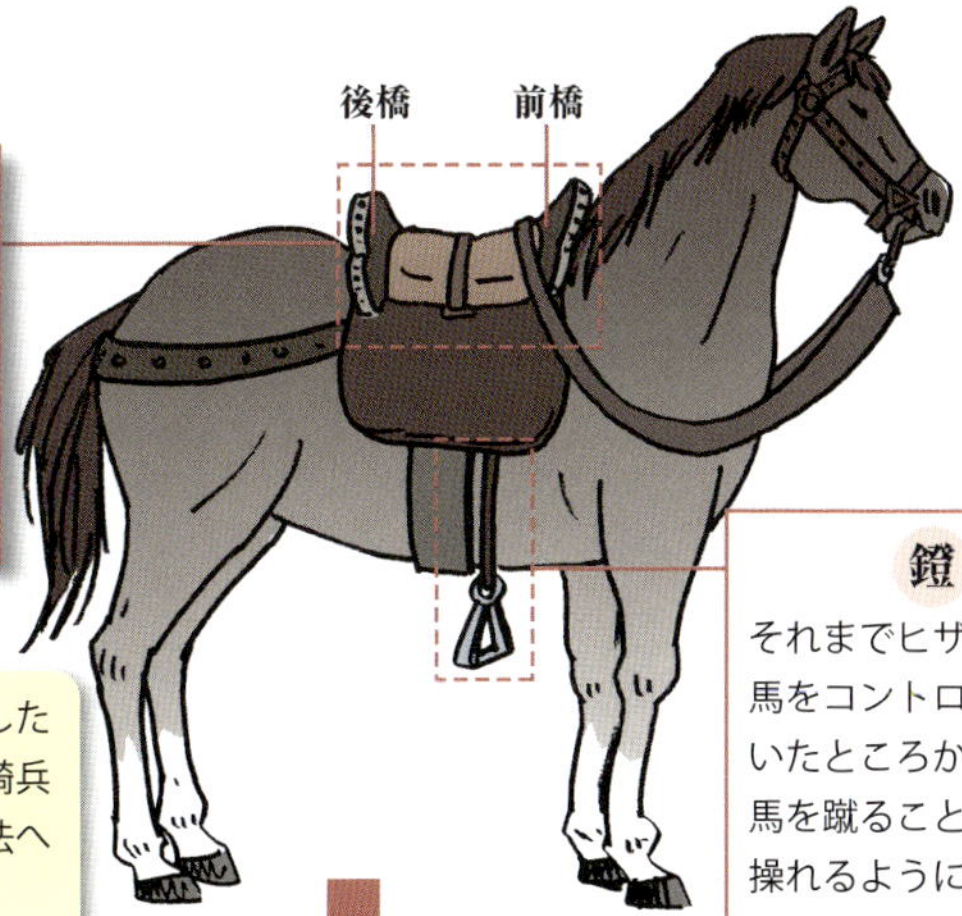

鞍

それまでの鞍は落下防止しか働きがなかったが、高い前橋と後橋によって落下防止のみならず安定性が格段に増した。

鐙

それまでヒザを使って馬をコントロールしていたところから、足で馬を蹴ることで簡単に操れるようになった。

鐙と鞍の技術改革は安定した乗馬を可能としたため、騎兵の突撃を戦場の主要な戦法へと押し上げた。

騎馬突撃が可能に

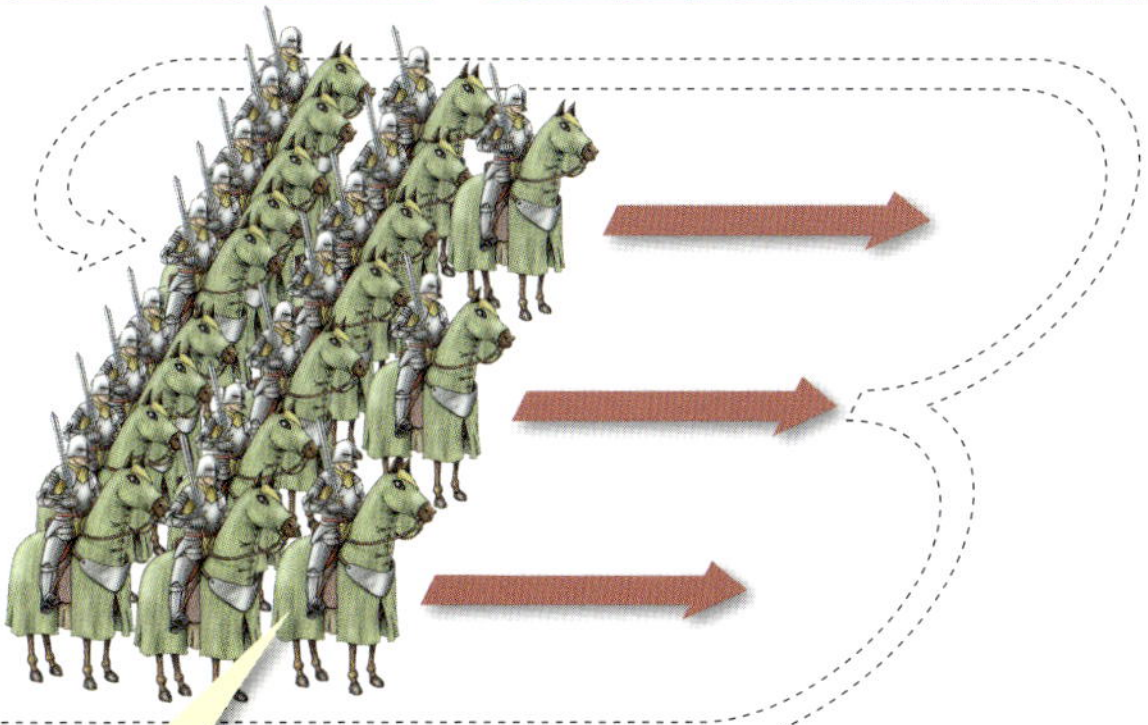

槍を持って突撃した後は状況を見てそのまま白兵戦に突入するか、一旦後方に下がり、次の騎兵の突撃を開始するかの2パターンあった。

中世初期、カール大帝は「巡礼使勅令」を公布し、貴族の肩書を持つ者に対して鎧や武器、馬の所持を命じ、軍隊の規律を厳格に定め、高度な組織化を図った。

近世の騎乗戦術

火器の前に無力化された騎兵の突破力

騎馬突撃の凋落によって、近世の騎士たちは、槍から銃へと得物を変えることを余儀なくされる……。

POINT

◆騎兵は銃を持ち、龍騎兵となった

◆ヨーロッパを席巻したスペインのテルシオ

銃兵には近づくこともできない

中世の花とうたわれた騎士たちだが、戦場の主役の座を奪われるときがやってきた。とって代わったのは、火器である。

中世末期に登場した火器は、ハンドガン、あるいは火縄銃である。たしかに火器としては原始的で、まだ性能が悪く、弾丸の装填に時間がかかるなどの欠点はあったが、威力は騎兵にとって驚異的だった。

騎士たちは弾丸を跳ね返すような厚くて重い板金の鎧をまとって対抗したが、密集した火器部隊からの射撃にさらされると、とても歯が立たなかった。

こうして騎兵の優位は覆されたのである。

16世紀にスペイン軍が採用した、テルシオという陣形が、その象徴である。

長大な槍を持った歩兵が四角い密集陣形を作り、その縁にぐるりと銃兵を配するというものだ。四角の四隅にも、また銃兵が小さな四角い陣形をとっている。

騎兵は、この陣形に接近することさえ難しく、運よく弾丸をかわして斬り込んだところでパイクと呼ばれる長槍を手にした歩兵の餌食となった。

従来の騎兵がテルシオを破るためには、これを包囲するほどの大兵力でテルシオにあたるか、あるいは密な隊列を組んで突撃し、大勢の死傷者を出す覚悟でテルシオの戦列を破るまで突撃を繰り返すしかなかった。

こうして騎兵が戦いを決める存在ではなくなると同時に、騎士の時代は終わりを告げたのである。

龍騎兵となった騎兵

戦場での主役の座は奪われたものの、それでも、騎兵の機動力は相変わらず必要とされた。

そのため**騎士はランスの代わりに短銃を持ち、軍用剣のサーベルを装**

火器によって無力化された騎兵

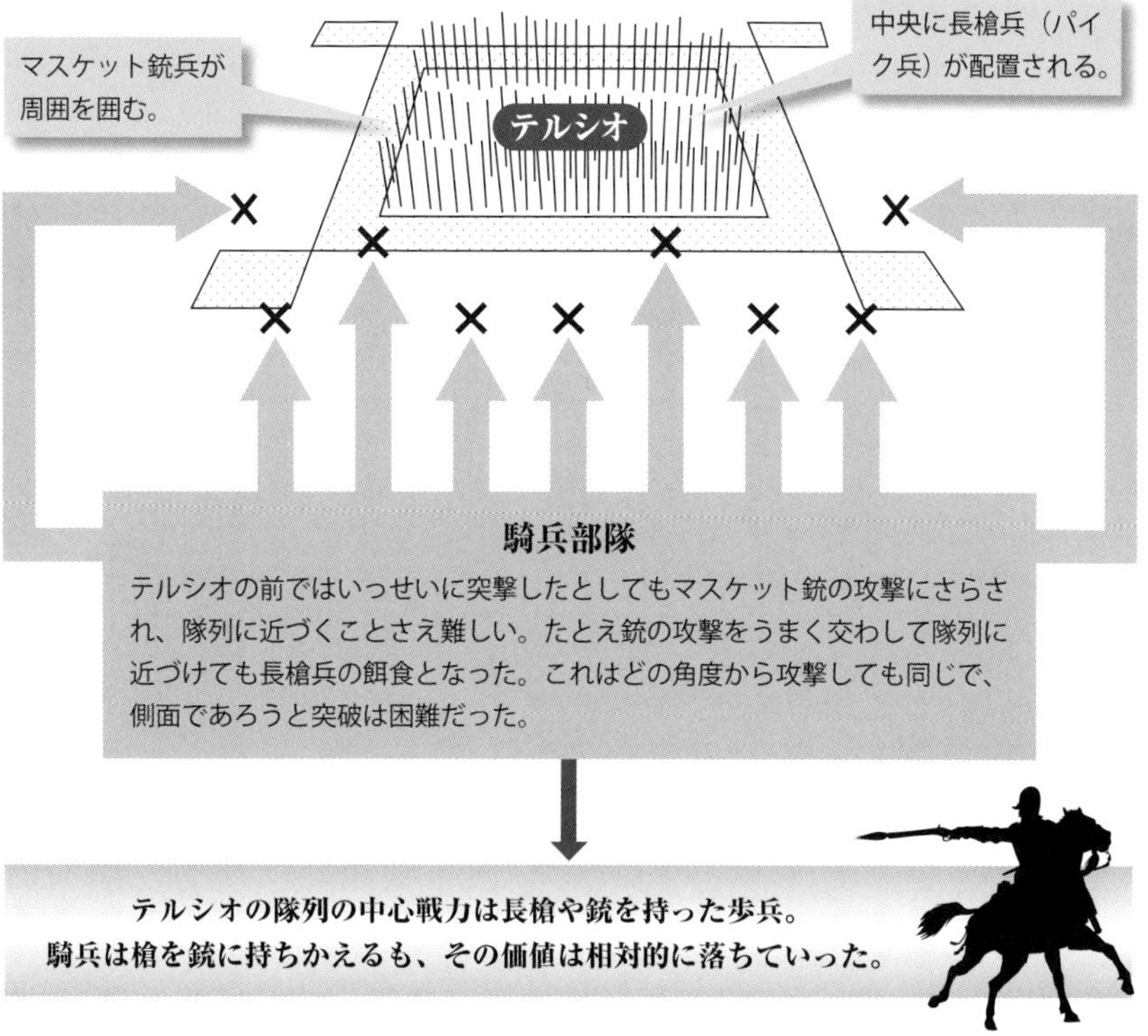
マスケット銃兵が周囲を囲む。
中央に長槍兵（パイク兵）が配置される。
テルシオ
騎兵部隊
テルシオの前ではいっせいに突撃したとしてもマスケット銃の攻撃にさらされ、隊列に近づくことさえ難しい。たとえ銃の攻撃をうまく交わして隊列に近づけても長槍兵の餌食となった。これはどの角度から攻撃しても同じで、側面であろうと突破は困難だった。
テルシオの隊列の中心戦力は長槍や銃を持った歩兵。
騎兵は槍を銃に持ちかえるも、その価値は相対的に落ちていった。

備して戦いに出るようになったのである。

かつては弓や銃などの飛び道具を使うのは下級兵士と見なされ、騎士は彼らと一線を画していたのだが、戦闘のあり方が変わってしまったのだからしかたがない。

短銃を持った騎士は、馬を駆って移動し、適当な場所で馬から降りて銃を撃つと、また馬に乗って移動した。横列単位で順次前進しながら敵に発砲する旋回射撃という戦法も発明されたが、これを実践するには人馬ともに相当な鍛錬を必要とした。

銃を手にした騎兵は龍騎兵と呼ばれるようになり、近世の戦場を疾駆することとなる。

これはこれで大きな威力を発揮したが、もはや戦いの中心勢力ではなかった。

戦いから騎士は消え、騎士階級は没落してゆくのである。

騎士の生涯①騎士見習い

7歳で親元を離れた騎士の子供たち

騎士の子供たちは幼い頃より親元を離れる。親以外の騎士のもとで小姓として仕え、騎士として必要な技量とマナーを身につけていった。

まずキリスト教徒として

中世の戦場における花形であり、貴婦人との宮廷恋愛や冒険譚などロマンに満ち溢れる騎士の世界――。ファンタジーの世界でも、ヒーローとして登場することの多い騎士たちは、どのような一生を送ったのか？

騎士の子供は生まれてすぐに洗礼を受けた。

これは、洗礼を受けないままだとキリスト教徒になっておらず、死んでも天国に行くことはできないと信じられていたためである。医療の発達していない時代ゆえ乳幼児の死亡率が高く、どの親も急いで洗礼を受けさせようとした。

そして騎士の子供は、城内で母親や乳母《うば》の手で育てられる。母親は先祖の武勇や徳を語って聞かせ、子供は戦いのまねをして遊ぶ。ただし、村の子供たちと一緒に遊ぶことは、まずなかった。

こうして、階級意識と騎士としての心がまえを自然と身につけていく。

教育をするのは親ではない

7歳くらいになると、両親と同じ食卓につくことを許されるが、それも束の間。**騎士の子供は7歳くらいで、父親と親しい領主などのもとへ小姓として出される**のである。騎士の間では、父親は自分の子供をひいき目に見るので、他人に教育を委ねるのがよいとされていた。

小姓は、騎士や貴婦人に仕えて給仕や家事をする。騎士の子供といっても使い走りで、城の者から雑用を言いつけられたりした。

その一方で、礼儀作法や馬の乗り方、武器の扱い方、狩りの方法、ラテン語、音楽、詩歌、ダンスなども学ばなくてはならない。幼いうちから他人の家に出されるとはかわいそうなようだが、当時は7歳にもなるともう働き手と見なされた。

14歳くらいになると、今度は騎士見習いとなり、従者として騎士に仕

POINT

- ◆騎士を育てるのは、親ではない
- ◆小姓・騎士見習い・騎士とたどるステップ

騎士の修行メニュー

0才

誕生 → **洗礼**（キリスト教世界に迎え入れられる。）

7才

小姓 騎士としての礼儀作法や馬術・武芸・ダンスなどを学ぶ。

騎士教育スタート

①乗馬訓練
②剣さばきの練習
③狩猟
④馬槍（ランス）の練習
⑤クォータースタッフ（ペアになり、２mほどの木を持って攻防を繰り返す練習）
⑥クィンティン（案山子を使った騎槍の訓練）

クィンティンの様子

的は正確に突けば回転する仕組み。少しでもポイントがずれると転倒の危険があった。

14才

騎士見習いとして騎士に仕える

騎士の家に誕生した子供たちは、幼少より騎士道の精神や武器の扱いを学び、また団体で訓練を受けることで騎士の連帯感や同期意識を育てていった。

えることになる。騎士見習いは「スクワイア（楯持ち）」とも呼ばれた。

従者の仕事は、主人の馬具や甲冑の手入れなどで、主人がトーナメントや戦争に参加する際にはついて行き、主人が甲冑を着るのを手伝ったり、落馬した主人を助けたりと、戦場がぐっと身近になる。

だから騎士見習いたちはいつ戦いに出てもいいように、武芸の訓練に明け暮れた。実際より2倍の重さがある武器を振り回して立木に切りかかったり、図のようにクィンティンを用いたり、石を持ち上げたりと、絶えず体を動かしていた。

鍛錬は食卓での肉の切り分けにも及ぶ。中世ヨーロッパでは、肉を切り分けて家族に与えたり客人にふるまうのは、一家の主の権利なのだ。

騎士見習いを勧め上げれば、いよいよ騎士となる。だいたいは、21歳くらいで騎士となった。

騎士の生涯② 騎士叙任式

騎士の誕生を告げる荘厳なる儀式

ゲルマン戦士の成人儀礼に起源を持つ騎士叙任式は、キリスト教によって格式が備えられ、厳かな儀式へと変化を遂げていく――。

騎士になる者はぶん殴られる⁉

　小姓、そして騎士見習いの修行期間を終えた者は、いよいよ騎士として叙任される。その際に行なわれる儀式が騎士叙任式である。もともと騎士叙任式は、一人前になった戦士に武器を与え、それを身につけた姿を人々に見せて一人前になったことを示す成人式のようなものだった。

　武器を与えるのは、その若者を騎士に推薦する人物で、騎士見習いとして仕えていた主ということが多かった。新米騎士は、兜《かぶと》と鎖帷子《くさりかたびら》、剣、肩帯《けんたい》、拍車などを身につける。馬を御するのに用いる拍車は、しばしば騎士のシンボルとされた。

　そして次には、なんと**頬に平手打ちを喰らう**のである。この不思議な習慣はコレまたはポメーと呼ばれた。ほかにも、拳か平手でうなじを打つなどの行為があり、どちらにせよ新米騎士は強烈な痛みを強いられる。

　さらに新米騎士は、参列者に乗馬や槍の腕前を披露して、騎士にふさわしい力があることを証明した。

　叙任式は古代ゲルマンの影響を受けており、平手で打つ行為もゲルマンの風習だったと考えられている。

派手になっていった叙任式

　11世紀以降、叙任式は、キリスト教の介在により複雑になった。

　騎士となる若者は、叙任式の前夜に礼拝堂へ籠って祈りのうちに過ごしたり、騎士となる誓約を福音書《ふくいんしょ》にかけて行なったりした。

　叙任式では、王や有力な領主など叙任者臨席のもと、騎士に叙任される者は外套《がいとう》を身にまとい、肩帯と拍車を身につけさせられる。さらに、叙任者によって剣を腰に佩かせてもらう。その剣を叙任者が抜き放ち、ひざまずく**騎士の肩を剣の平で軽く叩き、騎士に叙任する**のである。

　こうして晴れて騎士となった騎士見習いは、楯と旗を与えられ、武器とともに披露されるのである。

POINT

- ◆騎士叙任式はゲルマン文化を源流に持つ
- ◆王侯貴族も騎士叙任を望み儀式は派手になっていった

騎士叙任式の様子

叙任者
騎士の位を授ける存在で、見習いとして仕えた騎士や国王・諸侯などが務める。
叙任の儀式
①剣の平で肩への一打ち。
②平手で頬への一打ち。
③拳で首の付け根への一打ち。
①、②、③のいずれかが行なわれる。キリスト教の介在によって①が主流となる。
21才の若者
騎士の叙任を受ける。
楯、旗を受け取り披露へ。

21歳くらいの騎士見習いが臨む騎士叙任式では、それまでの訓練の成果として肉体的強さや武器を扱う技術などを披露した。見習い騎士はそれらの成果を王や先輩の騎士たちに認められて初めて騎士を名乗ることができた。

叙任式の記録で最古のものは、1128年、アンジュー伯ジョフロワが騎士に叙せられたときのものである。

ジョフロワは入浴し、きらびやかな衣装に身を包む。そして豪華な武具や甲冑を着けて、儀式は進行した。

ジョフロワの同輩30人も、同時に騎士に叙任され、トーナメントと祝宴が7日7晩続いたという。

従士制とは?

古代ゲルマン人の若者は、族長や長老など、尊敬する年長者に忠誠を誓って従士となった。同じ主に仕える従士たちは団結し、主人の方は、従士に戦利品を分配し、食料や家畜を与えて養った。

この制度が騎士を生みだす素地のひとつとなったと考えられている。

騎士の生涯③トーナメント

新米騎士たちが仕官の足がかりとした模擬戦闘

遍歴する騎士たちは、各主要都市で開催される騎馬試合で活躍し、有力諸侯の目にとまることを願った！

華々しい舞台には危険がいっぱい

叙任式を終えた新米の騎士は、仲間とグループを組んで修行の旅に出る。現実の騎士も、ゲームの騎士のように冒険世界を遍歴するわけである。だがこれには、父親が元気なら息子は城に居場所がないという事情があった。相続権のない次男、三男ならなおさらである。

彼らは、トーナメントに参加して腕を磨いた。中世のトーナメントは現代の勝ち上がり方式のことではなく、各地で開催される騎馬試合を指す。トーナメントを主催するのは王や大領主で、12世紀にはヨーロッパ全域で行なわれるまでに流行した。

勝てば賞金や賞品を獲得できたし、負けた者の武具や馬も手に入ったので、強い騎士なら一財産築くことができた。しかもトーナメントで目立つ働きをした騎士には、その場で仕官の声がかかることもあった。

王侯や貴婦人が見守り、庶民が見物に押しかけるなか、紋章官が高らかに騎士の名前を読み上げるという華やかな舞台だが、初期のトーナメントは、ほとんどが集団による乱闘だった。しかも実戦そのままの装備で戦ったため、よく人が死んだ。一度に80人が命を落とした試合もあり、トーナメント禁止令が出るほどだった。そのため次第にルールが整えられ、切っ先をつぶした競技用の武器が用いられるようになった。

後期には1対1の騎馬試合がさかんになった。これは、**ランスを構えた互いに馬を全力疾走させ、ぶつかり合う**というものである。重い槍を正確な角度で構えて馬を走らせるには、強い力と技術を要するし、衝撃に耐えうる体力と勇気を必要とした。

16世紀になっても、フランス王アンリ2世が一騎打ちで命を落とすという事故が起きている。危険とわかっていても、王でさえも熱中した。トーナメントは、人々の血を沸き立たせたのである。

POINT

- ◆諸侯はトーナメントで有望な騎士をスカウトした
- ◆アンリ２世は騎馬試合で命を落とした

馬上槍試合の流れ

初期のトーナメントは団体戦の“乱闘”に近い、実戦さながらの光景が繰り広げられた。

死者続出

殺傷能力のない武器を使用し、参加する兵士の数も制限。より興行的な内容に変化した。

トーナメント開催の通達 → 参加騎士の歓待（前日） → 朝、教会のミサに参加（当日） → “円卓会議”で対戦相手を決定 → お披露目パレード

1対1の馬上槍試合（ジョスト）

柵を隔てて両者が突撃し、すれ違いざまに相手を槍で突く。落馬させれば勝ちとされた。また激突の衝撃で槍が折れると観客は沸いた。

トーナメント（団体戦）

騎士は重装備で、馬にも豪華な飾りをつけて登場。合図と同時に参加者全員が攻撃を開始。敵を降伏させ、最後のひとりになるまで勝負は続くものもあった。

騎士トーナメントは12世紀になると盛んになった。勝者には多額の賞金と、敗者の武具が与えられるなどしたため、当初は武者修行のみならず、賞金稼ぎの場という印象が強かったが、後に娯楽化していき、競技大会という性格へと変化していった。

騎士たちが好んだ狩猟

山林に分け入って、弓や銃で得物を狩る狩猟は、騎士たちの娯楽であると同時に、武勇を発揮する場でもあった！

POINT

- 狩猟は上流階級の娯楽だった
- 中世の森林は王侯によって管理されていた

騎士も貴婦人も狩りに熱中

騎士たちは、ふだんどんな生活を送っていたのだろうか。

平時の騎士たちが遊んでばかりいたわけではない。まず気が抜けないのは自分の領地の管理で、ほかにも、王に指名されると官僚としての仕事をしなければならなかった。地方の裁判官や監督官、それに犯罪者を捕まえるのも騎士の仕事だった。

騎士たちの間で盛んに行なわれた娯楽は、狩猟である。食用の肉を得るという実用的な面もあるが、なにより高貴な者のスポーツとされ、武術の鍛錬にもなると考えられていた。

狩猟はしばしば、客人たちを招いての一大イベントとして行なわれた。一行は夜明け前に起き出すと、愛馬にまたがり森に向かう。貴婦人たちも、夫とともに馬を駆って狩りに参加した。婦人用に、馬の背に横向きに腰掛けて座れる鞍も作られていた。

騎士はたくさんの勢子《せこ》を雇い、猟犬を飼っている。猟犬の訓練と世話を専門とする家臣もいた。

猟犬が獲物を発見すると、勢子も一緒になって、騎士たちのいる方へ追い立てる。合図の角笛が吹き鳴らされ、緊張と興奮が一気に高まる。

獲物を仕留めるのは弓が多かったが、勇気と力を示すために槍や剣を使って肉弾戦を挑むこともあった。仕留められた獲物はすぐさま解体されて、その肉が食卓に登った。

狼、熊、鹿、狐、兎などが、狩りの獲物となった。もっともランクの高い獲物とされたのが、美しい角を持つ雄鹿である。猪狩りも人気があったが、鋭い牙にかけられて命を落とす者もいた。

また、11世紀のイングランド王ウィリアム2世は、狩りの最中に流れ矢に当たって命を落とした。このように命を落とすほどの事故もつきものであった。

狩猟のための**森は**、**立入禁止あるいは禁漁区**とされ、それを破った者

狩猟の対象となった動物たち

騎士にとっての狩猟＝スポーツ・武芸の鍛錬

主な獲物

鹿

雄の鹿が最も高貴な獲物。もし禁猟区で鹿を狩った場合、手足の切断や鞭打ちといった刑に処された。

鷹

捕らえた鷹は訓練され、鷹狩りに用いられた。そのための手引書まで存在している。

猪

雄鹿に次いで高貴な獲物。猪狩りには大量の犬を同行させるなど費用がかかるため徐々に敬遠されていった。

兎

最も下級とされる獲物。ウサギに関しては小作人が罠を仕掛けて獲ってもよいことになっていた。

※時代が下るにつれて開墾が進み、狩猟地が減少。狩猟を楽しめる身分は貴族や騎士といった上流階級に限られていった。

騎士にとって狩猟は平時における娯楽であった。同時に自分の武芸を確かめることもできるため、単純に娯楽目的のみで狩猟を行なったわけではない。

は厳しい罰を下された。王侯貴族のみならず、聖職者でさえ狩猟をしており、森の領有を巡るいざこざも絶えなかった。

まだまだあった日常の娯楽

鷹狩りも、上流社会ならではの楽しみだった。鷹を慣らして狩りをさせるには、高度な技術を要する。その難しさゆえ、かえって熱中する者も多く、13世紀の神聖ローマ皇帝フリードリヒ2世は、鷹狩りに関する詳しい書を著わしているほどである。狩りのできる鷹は、王侯の間で、格式の高い贈答品にされた。

屋内の娯楽で人気だったのは、チェスである。チェスの駒は、ナイトやビショップなど、中世の騎士の世界そのままのキャラクターでできている。チェスをする人々は、盤の上で作戦を立て、実際の戦争のように攻防を展開して楽しんだ。

騎士の生涯⑤出陣

戦場に赴く騎士たちの思惑

配下の騎士と従卒を伴って主君のもとに馳せ参じ、忠誠を誓う騎士たちであるが、その腹の内は様々であった。

戦争に行っても報酬は出ない

戦争になると、主君は諸侯や騎士らに召集をかける。それを受けた者は、配下の兵士を引き連れて城を後にし、出陣することになる。そして、主君の前で臣従の礼を取った。

ただし、封建社会の契約では、騎士がひとりの諸侯に臣従を誓い、その諸侯が国王に臣従を誓っていても、その騎士が国王に臣従していることにはならない。諸侯に仕える騎士は国王の命令を無視することもできた。

また、**出陣したからといって主君が報酬を出すわけではない**し、費用は自分持ちである。なぜなら、すでに領地をもらっているからである。

何かと理由をつけては出陣しようとしない者もいたが、大方は参戦した。諸侯や騎士の存在意義は戦うことなのだし、それより何より、彼らは戦争を好んでいたのである。

勝てば戦利品を得ることができるし、**敵を捕虜にすれば多額の身代金が手に入る**。目立った働きをして手柄を立てれば、うまい話が転がり込んでくるかもしれない。

ひとりの騎士には、1〜2人の従者がついていた。騎士の身の回りの世話や馬の手入れをし、いざとなったら戦うこともあった。従者は、騎士の領地の農民か、古くからの使用人が多かった。

中世では、戦争といっても全軍の人数はたいしたものではない。国同士の戦争でも、騎士の数ならばせいぜい200〜300人といったところだ。それぞれが連れて来た兵士や従者の数を加えても、数千人を超える軍になることは珍しかった。

領主など高位の騎士はランスに長方形の旗を結びつけており、「旗騎士」と呼ばれる。その旗騎士のもとに数人の臣下の騎士が従う形で出陣する。その際、銀の拍車をつけた、騎士見習いも従者として従軍する。

集まってきた騎士たちは、こうして開戦を待つのである。

POINT

- ◆騎士たちはそれぞれ1〜2人の従卒を従えて出陣する
- ◆騎士の参戦は戦利品目的だった

階級が決めた戦陣生活の快適さ

戦陣では、指揮官となる王侯や上級貴族の豪華な天幕を中心に、騎士たちのテントがこれを取り巻いた。

戦陣が快適か否かを決めるのは、やはり身分であった。公爵《こうしゃく》クラスは豪華なテントを並べ、食料やワインはもちろん、家具や装飾品まで持ち込むことができた。

騎士階級は、そうはいかない。ことに貧乏な騎士は、自分と従者の最低限の生活物資を用意するだけで精一杯。しかも、**テントを張る場所を巡って、主の異なる従者同士がケンカを始める**始末だった。

長期に渡る攻囲戦では、攻撃側でも戦意が低下する。

そのため王侯はトーナメントを開いたりして、兵士の士気を持続させるよう工夫した。

中世の戦陣宿営地

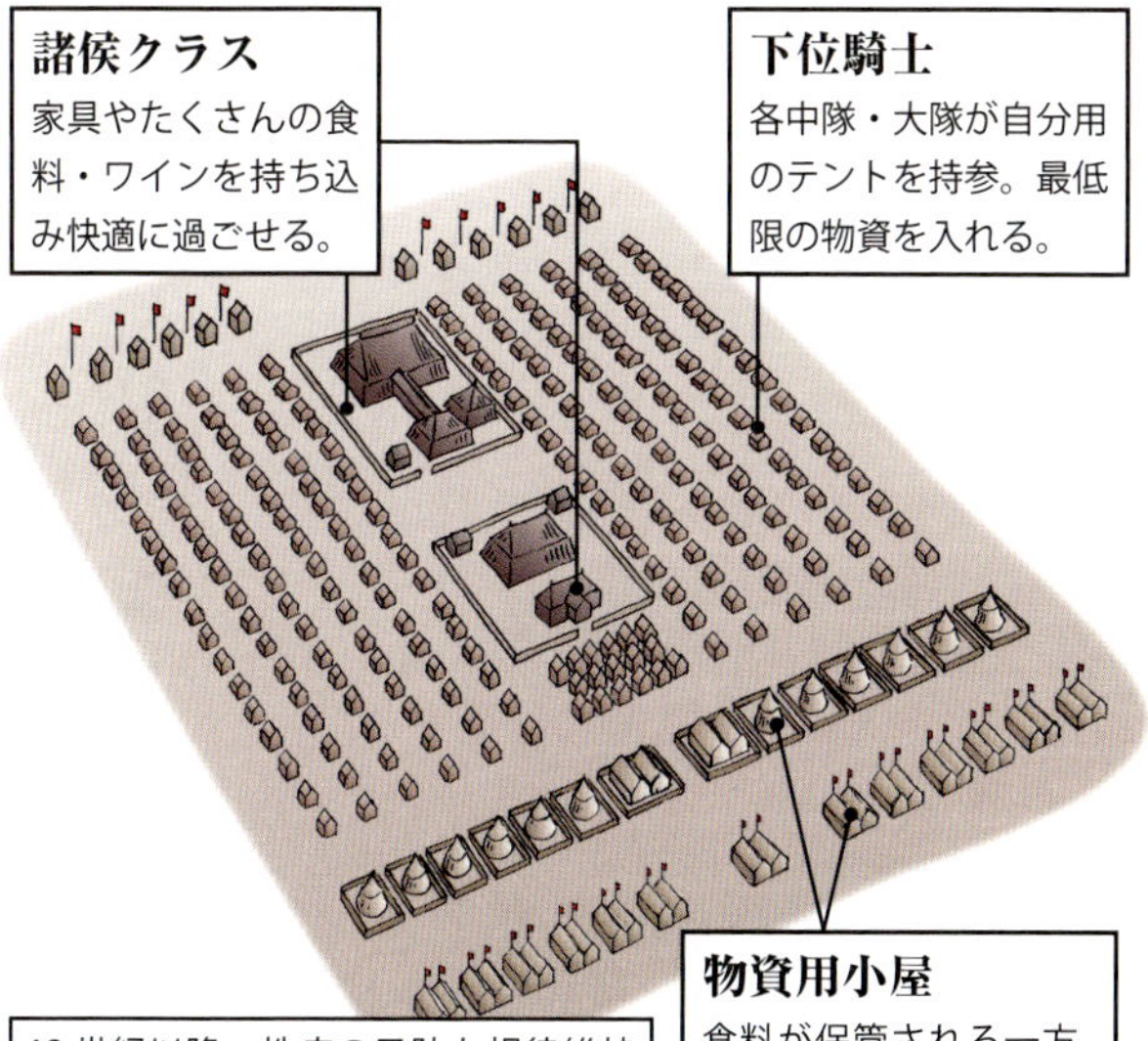
諸侯クラス
家具やたくさんの食料・ワインを持ち込み快適に過ごせる。
下位騎士
各中隊・大隊が自分用のテントを持参。最低限の物資を入れる。
物資用小屋
食料が保管される一方、攻城兵器の組み立て作業も行なわれた。

13世紀以降、性病の予防と規律維持のために公認の売春婦が陣に入ることが許されるようになった。ほかにも軍隊には甲冑職人や刀剣職人が随行していたし、商人もさかんに出入りした。

古代ローマ時代以来、戦陣の構成にほとんど変化はなく、中央に公爵クラスの階級が陣取り、その周囲を騎士や一般兵士が囲んだ。

POINT

- ◆騎士の従者同士がテントの場所を巡り縄張争いをした
- ◆戦陣に入り込んだ「戦わない者たち」

中世の戦いにおける基本的な流れ

戦場に参集した騎士たちは騎兵部隊として編成され、戦いの決着をつけるべく、歩兵部隊めがけて騎馬突撃を敢行する！

やみくもな突撃は総崩れのもと

いよいよ戦闘を目前に控えると、作戦会議が開かれる。

諸侯や騎士たちが連れてきた兵士らも兵種別に編成し直され、騎士と歩兵が分けられた。騎士と歩兵は移動する速度も、持っている武器も違うので、戦闘で果たす役割も異なるのだ。さらに歩兵は、弓や弩の長距離投射兵器を扱う者と、近距離用武器を持つ者に分けられた。これらを上位階層の経験のある人物が率いる。

中世の基本的な戦術は、両翼包囲や、陽動攻撃、側面攻撃などで、いずれも古代と変わらぬ基本的なものだった。もっとも中世の戦いでは信頼できる地図もなく、諸侯の思惑がバラバラなので、協調行動をとるのが難しいという側面もあった。

戦闘の火ぶたが切られると、歩兵が自軍の騎兵隊を守りながら戦い、一瞬の好機を捉えて騎兵隊が突撃を敢行し、勝敗を決する形で展開した。

10～13世紀頃の戦闘では、騎士たちの突撃が大きな戦力だったが、これは重装騎兵に対抗できる兵器や戦術が開発されていなかったという事情が大きい。

13～14世紀のスコットランド軍は、シルトロンという隊形を用いて、イングランドの騎兵隊を撃退した。これは、密集した歩兵集団が、立った者、ひざまずく者、しゃがむ者の3段になり、それぞれが槍先の角度をそろえて、構えるというものである。ここにやみくもな突撃をしかけても、槍の餌食になるだけだ。

さらに百年戦争で長弓隊が活躍すると、歩兵優位の時代の到来がはっきりした。

じつは、騎士の甲冑が時代を追うごとに強化されたのは、これらの武器に対応するためである。歩兵の方も騎兵との戦いのなかで戦術に改良が加えられ、スイスの密集隊形や、近世スペインのテルシオなどが生まれることとなる。

POINT

◆戦場で再編成される騎士と従者たち

◆13世紀頃から揺らぎ始めた騎兵の優位

歩兵隊形の変遷 ―長槍の時代から火器の時代へ―

年代	主な戦闘隊形
BC 7 C AD 1 C	**ファランクス** 古代ギリシアで用いられた重装歩兵による隊列。正面 10 人 × 奥 8 人のユニットが 2 個並ぶ隊列が基本。右手に槍、左手に楯を持ち、肩がぶつかるほど密集する。側面や背面の攻撃には弱い。 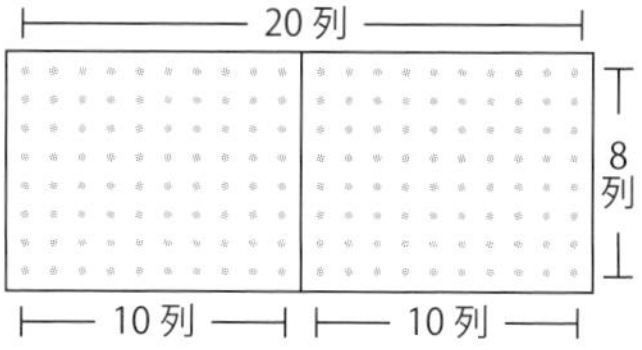 20 列 8 列 10 列 10 列
	レギオン ファランクスを受け継ぐかたちで古代ローマで用いられた。正面 12× 奥 10 の 120 人の小隊（マニプル）を基本とし、マニプルを横に 10 隊並べ、奥にも列を加えた総勢 4000 人を超える密集隊形。 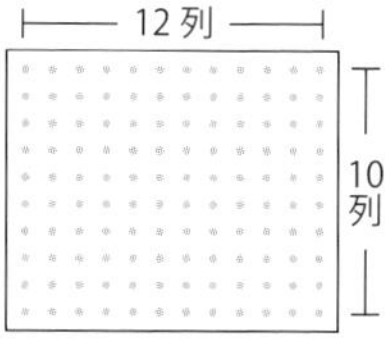 12 列 10 列
9 C	**スイス方陣** スイスの傭兵が用いた方陣隊形。中央に斧槍を持った兵を置き、その周囲を 5 列の長槍兵で囲む。全体では 900 人を基本とした。長槍兵は槍を前方に倒し、突撃した敵が落馬したら斧槍兵がとどめをさす連携を戦術とした。 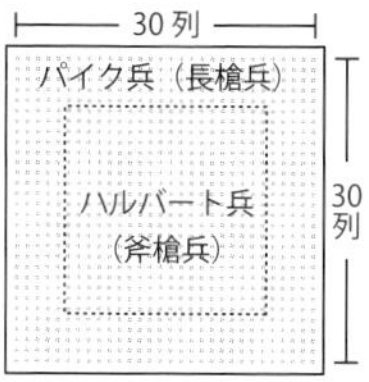 30 列 パイク兵（長槍兵） ハルバート兵 （斧槍兵） 30 列
15 C 16 C	**テルシオ** スペイン軍発祥の隊形。基本は正面 5 × 奥 6 人のマスケット銃兵を四隅につけ、核になる隊列に正面 100× 奥 15 人を置く。各部分の中心には長槍兵を配置し、彼らが槍を倒すことで銃兵を守る仕組みになっている。  100 列 6 列 15 列 パイク兵（長槍兵） 5 列 マスケット銃兵

古代から戦闘の効果を上げるため密集隊形が採用されていた。一時、騎馬兵の台頭で密集隊形は衰退するが、中世の後半になると再び脚光を浴びるようになる。

騎士の生涯⑧騎士の結婚

ロマンティックな騎士の恋愛とその終着点

主の妃と宮廷恋愛を繰り広げた騎士たちであったが、生涯の伴侶を決定する際は、一転してシビアな判断が下された……。

POINT

- ◆意外に積極的だった姫君たち
- ◆結婚を無効にする方法が存在した

姫君からの危険なアプローチも

騎士は、宮廷で主君の妃に崇高な愛を捧げ、トーナメントでは愛する人の前で正々堂々と戦う。ファンタジーの世界でも姫君と騎士のロマンスは物語に欠かせない要素である。14世紀のフランスの書物『騎士道の書』でも、恋愛は騎士の力を発揮させるとして、おおいに推奨している。

だが現実の結婚は、ロマンティックとはほど遠かった。

騎士たちの結婚は、ほとんど親によって決められた。もちろん政略結婚で、階級が高いほど政治的・経済的判断が重視される。

身もフタもない言い方だが、**騎士の結婚は財産の移動であった**。中世では財産すなわち領地であるが、花嫁は持参金を持って嫁ぐし、夫の死後は遺産を相続する。生まれた子供の相続権もからんでくる。

稀に自分が望んだ相手と結婚する者もいたが、その場合も親の許可を取らねばならなかった。

親の財産を受け継ぐ長子はそれほど結婚に苦労はなさそうだが、次男以降は騎士として身を立て、ひたすら腕に磨きをかけるしかなくなる。

姫君の方だって、ぼんやりしてはいられない。中世の姫君といえば深窓の令嬢というイメージが強いが、実際は逆である。騎士たちは叙任されると、武者修行の旅に出ることになるが、城を訪れた騎士をもてなし、甲冑を脱がせ、風呂やベッドの用意をするのは姫君の役目だった。

これは親の後押しあってのことで、優れた騎士を射止めようという積極的なアプローチなのだ。親の方も婿選びには真剣で、トーナメントでよい騎士がいないか物色した。

この結婚は無効だった？

縁談がまとまると、婚約が宣言され、婚約式から結婚式という段取りになる。教会が結婚に関わるようになったのは、12世紀頃になってから。

騎士の結婚の理想と現実

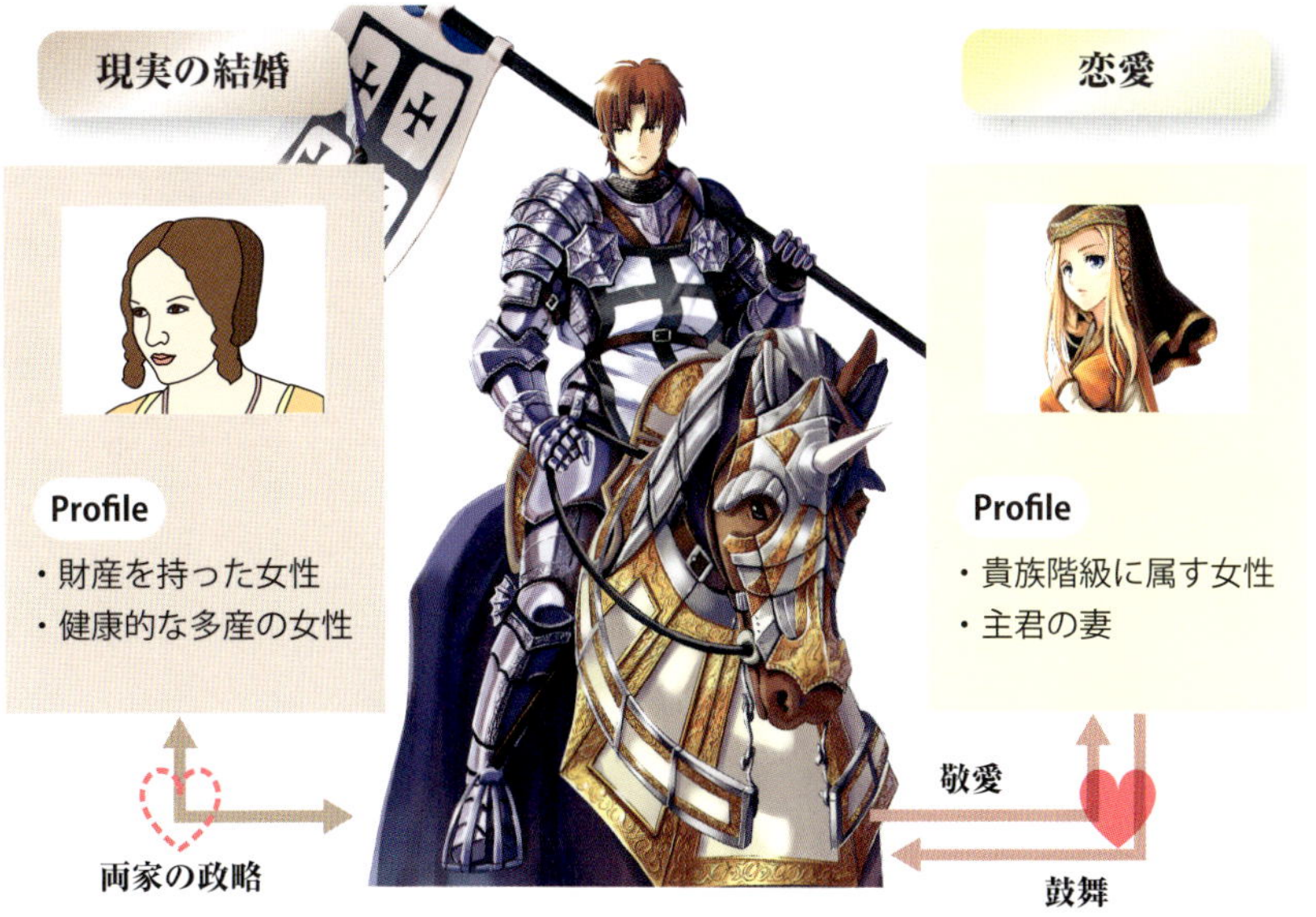

現実の結婚
Profile
・財産を持った女性
・健康的な多産の女性
両家の政略
恋愛
Profile
・貴族階級に属す女性
・主君の妻
敬愛
鼓舞

現実の結婚は一族の繁栄を前提とした両家の政略結婚。恋愛感情はないに等しい。

理想の恋愛は宮廷恋愛。プラトニックな関係を維持しながら、気持ちを昇華させていく。

宮廷恋愛も結局は叶わぬ恋だったので、中世において相思相愛の関係からの結婚はほとんどありえなかった。

それまでの結婚式は世俗の行事で、司祭が立ち合うこともなかった。

一転して12世紀以降、教会は、結婚にまつわる問題にも積極的に介入した。結婚は神によって祝福されるものだから、離婚はできないという教えも生まれた。

しかし、何にでも抜け道はある。**この結婚はそもそも無効だったと申し立てる**のである。無効の理由としては、夫婦の交わりが成立していない、あるいは夫婦がじつは血縁関係だったなどがある。それが真実かどうかは、どうでもいい。要は教会に認めさせればいいのだ。

このように、騎士の結婚も、あくまで現実的だった。ただし、そこにまったく愛がなかったかといえば、そのようなことはない。ローウィックのグリーンモニュメントのような永遠の愛を誓う騎士夫婦の墓の彫像の例も残されている。

騎士の生涯⑨騎士の死

騎士の生涯が終わるとき

騎士たちは戦場での死をいかにして迎え、どのように送られたのか？ そこには中世ならではの非情で凄惨な現実があった！

POINT

- ◆戦傷死が大きな割合を占めた戦場
- ◆紋章を目印に探し出された騎士の戦死体

外科医に手当てされたとしても

戦場に身を置く騎士は、死と隣り合わせに生きていた。ベッドの上で生涯を終えることのできた者がいる一方、多くの騎士が戦場に斃《たお》れた。しかも当時のヨーロッパの医学は、同時代のイスラムの医学に比べてもずっと遅れていたから、**戦傷死も相当な割合を占めた**のである。

戦闘には、外科医が雇われて同行していた。矢傷や槍・刀による傷を負った者に対し、当時の医師たちは、よく患部の切断という荒っぽい手を用いた。だが、細菌に関する知識に乏しく傷口を清潔にするという考えがなかったので、小さな傷であってもすぐに化膿した。そのため、戦場で負った傷はたいしたことがなかったのに、化膿がもとで後に死亡するというケースが多かった。

猛威をふるったのが、疫病である。戦場はひどく不衛生なうえ、大勢がひしめき合って暮らすので、疫病が発生しようものなら、ひとたまりもない。騎士も兵士も身分の上下を問わず、バタバタと死んでいった。

十字軍の場合は、戦死者よりも病死者の方が多かったという。13世紀のフランス王で、聖王と呼ばれるほど信心深かったルイ9世も、十字軍遠征中に赤痢《せきり》で没している。

死んでからも身分の差別が……

ケガであれ病気であれ、動けない者はそのまま置き去りにされた。身分のある騎士ならば、従者がかつぎ出して助けてくれることもあった。

置き去りにされた兵士は、生きていようが死んでいようが、敵に見つかれば、殺されて武器と鎧をはぎ取られた。騎士の場合は、身代金を目当てに捕虜にされることが多かった。

騎士は戦死した場合も、それなりの扱いを受けた。戦争が終わると、従者あるいは一族の者が、死体を探しに来るのである。見分けがつかないほど損傷が激しい死体でも、**衣服**

中世ヨーロッパの相続方法

長子相続制

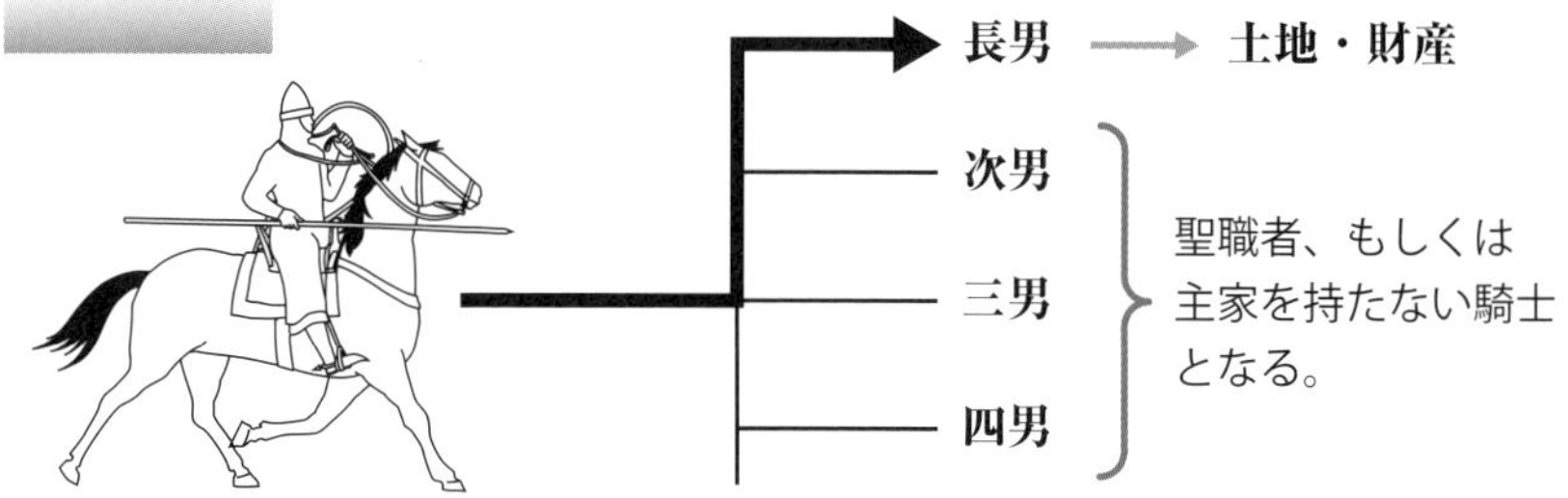
長男
土地・財産
次男
三男
四男
聖職者、もしくは主家を持たない騎士となる。

兄弟相続制

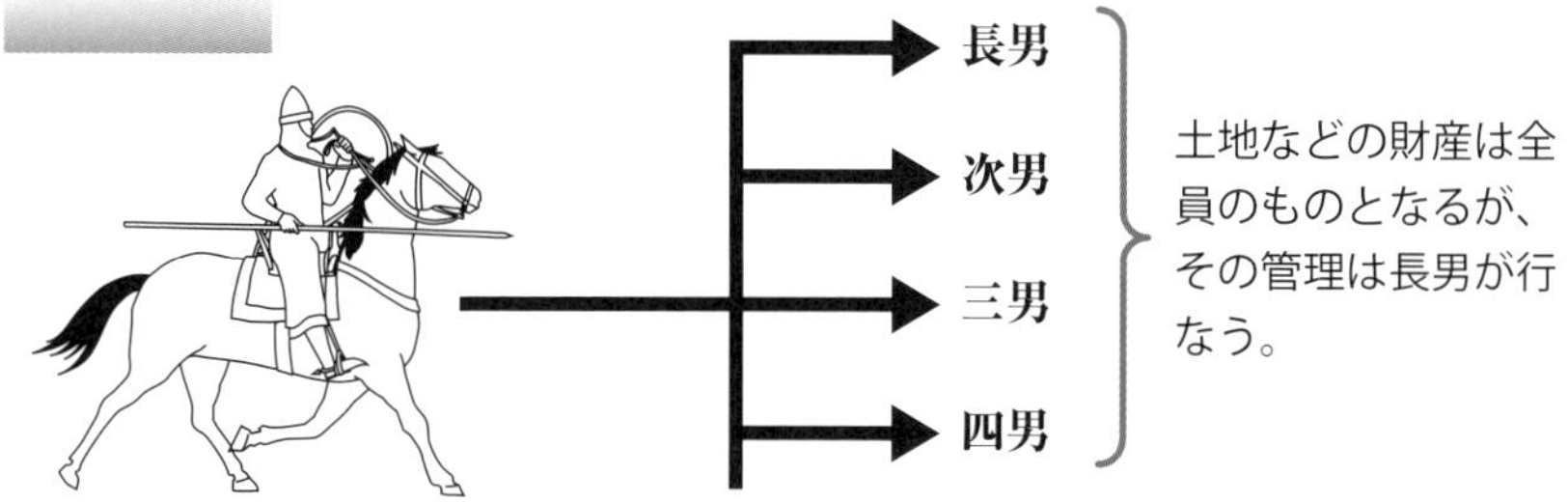
長男
次男
三男
四男
土地などの財産は全員のものとなるが、その管理は長男が行なう。

子どもたちに平等に財産や土地を分けていくと、結果的に騎士の身分を維持できないほど減ってしまう。そのため、あらかじめ長子だけが相続する長子相続制か、長子が財産を管理する兄弟相続制どちらかの方法が取られるようになった。

に縫いつけた目印が頼りになった。紋章官もやって来て、どこの誰が死んだという記録を取った。これは、勝利者側の戦果の確認にもなるのである。

騎士の死体は、領地に運ばれて埋葬されるか、あるいは現地の墓地に葬られた。戦場には、戦死者の魂に祈りを捧げるための礼拝堂が建てられることもあった。

騎士の隠棲と死

晩年を迎えると、隠棲する騎士もいた。城を息子に譲って小さな館に移ったり、修道院に隠遁したりするのである。修道院の敷地内には、身分の高い者のための客室、が設けられていた。修道院は食事と住居を保障する代わりに、多額の寄付を受け取る。こうして騎士はベッドの上で一生を終える。

甲冑

騎士たちを守った鋼《はがね》の鎧

一見動きにくそうに見える中世騎士たちの甲冑であるが、じつは鉄壁の防御力を備えながらも動きやすいスグレモノだった。

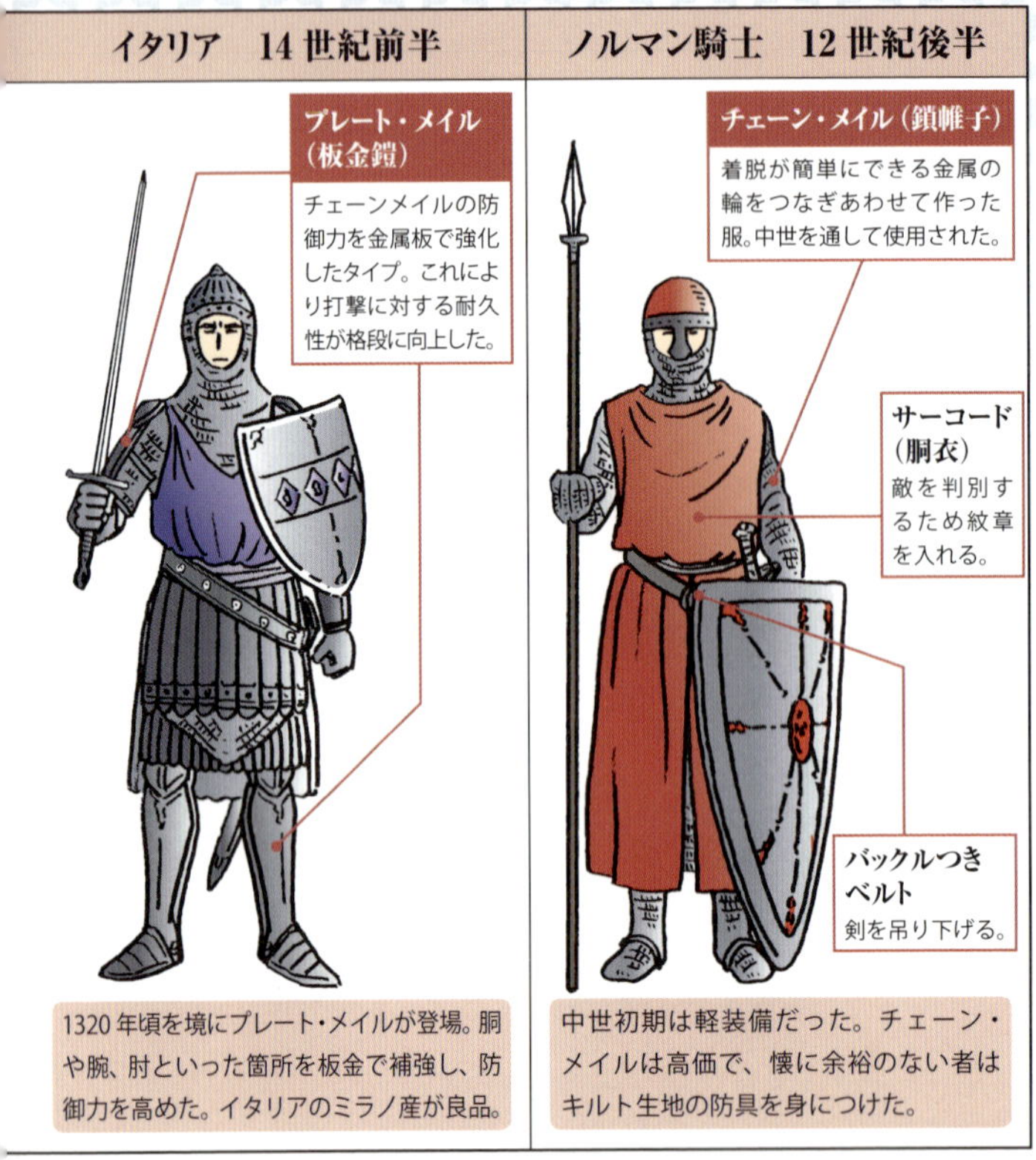

イタリア　14 世紀前半
プレート・メイル（板金鎧）
チェーンメイルの防御力を金属板で強化したタイプ。これにより打撃に対する耐久性が格段に向上した。
1320 年頃を境にプレート・メイルが登場。胴や腕、肘といった箇所を板金で補強し、防御力を高めた。イタリアのミラノ産が良品。
ノルマン騎士　12 世紀後半
チェーン・メイル（鎖帷子）
着脱が簡単にできる金属の輪をつなぎあわせて作った服。中世を通して使用された。
サーコード（胴衣）
敵を判別するため紋章を入れる。
バックルつきベルト
剣を吊り下げる。
中世初期は軽装備だった。チェーン・メイルは高価で、懐に余裕のない者はキルト生地の防具を身につけた。

最強の鎧はプレート・アーマー

見るからに重そうな中世の甲冑。あれでは歩行もままならないのではと配になるが、それは一時期に限られる。戦場に出るからには機能性も考えて設計されていたのである。

中世初期の鎧は比較的軽装で、革や厚い布で編まれた襦袢《じゅばん》に鋲《びょう》や金属片を付けたホーバークや、チェーンメイル（鎖帷子《くさりかたびら》）が主流だった。

やがて冶金技術と製造技術が向上し、14世紀初頭にはチェーン・メイルを金属板で覆って強化したプレート・メイルが登場する。

そして15世紀初頭、金属の板を蝶《ちょう》

POINT

- 甲冑が動きにくかったのは、中世の一時期のみ
- トーナメント用の甲冑と戦場用の甲冑が使い分けられた

甲冑の変遷

マクシミリアン様式　16世紀前半

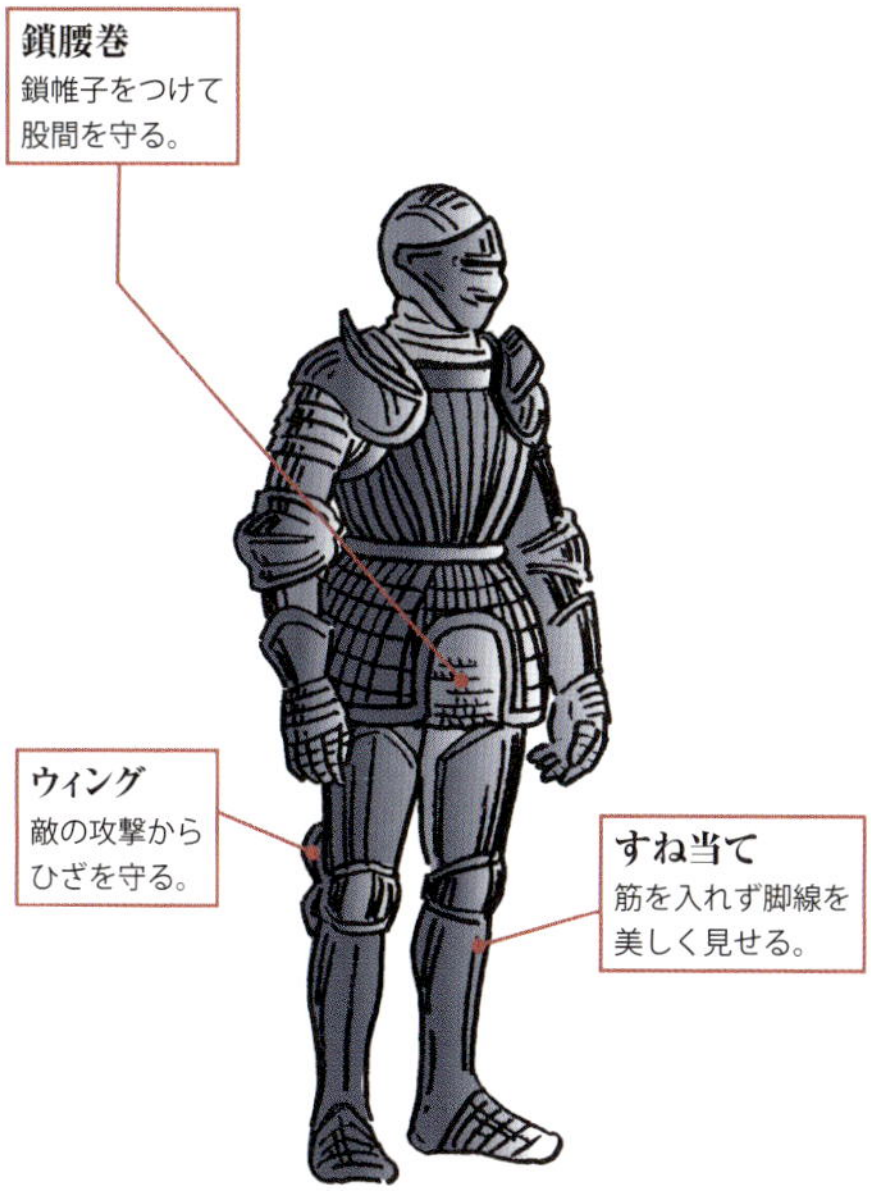
鎖腰巻
鎖帷子をつけて股間を守る。
ウィング
敵の攻撃からひざを守る。
すね当て
筋を入れず脚線を美しく見せる。

16世紀に入って30年ほど主流となった、神聖ローマ皇帝の「マクシミリアン様式」。板金鎧に垂直の筋を入れたもの。丸みを帯びた形状が特徴。

イタリア　15世紀前半

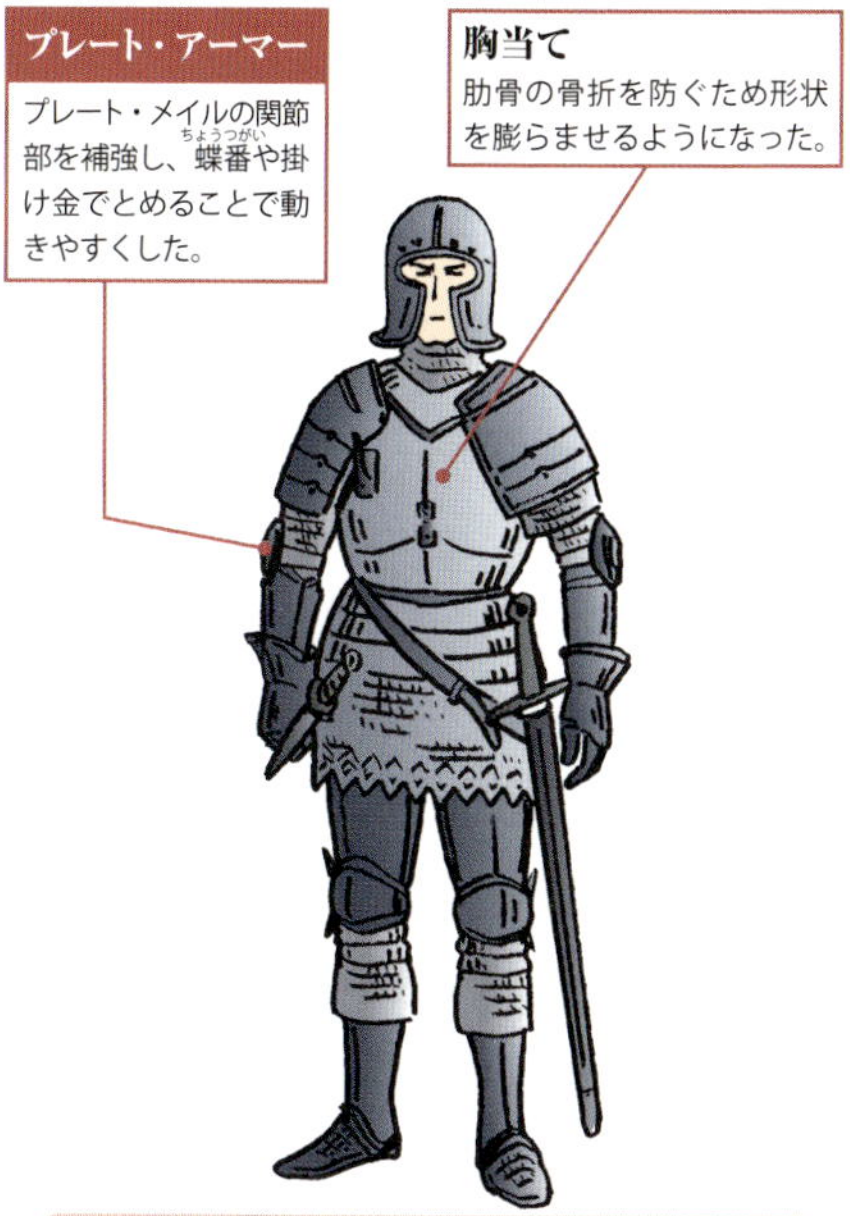
プレート・アーマー
プレート・メイルの関節部を補強し、蝶番《ちょうつがい》や掛け金でとめることで動きやすくした。
胸当て
肋骨の骨折を防ぐため形状を膨らませるようになった。

15世紀に入ると、板金鎧が完全なものへと移行。関節部分など消耗が激しい箇所を補完するかたちになった。

番《つがい》などで接合したプレート・アーマーが登場する。鎧としてこれ以上の防御力を持つものはなく、マスケット銃の弾さえ跳ね返すことができたという。確かにプレート・アーマーは重く、これを着た騎士が落馬して動けないという事態も生じた。

しかし、これには事情がある。騎士たちはそれまでの習慣から、プレート・アーマーの下にチェーン・メイルまで着込んでいたのだ。プレート・アーマーは重さが体全体に等しくかかる構造になっているので、チェーン・メイルを着たりしなければ動きやすかったのである。

トーナメント用の鎧もあった。競技用なのだから派手なだけと思いがちだが、そうではない。突撃してくる槍を繰り返し受けられるよう分厚い板金を追加し、顔や首の部分も補強されていた。そのため、通常の鎧より重く分厚かった。

兜

騎士の頭部を守るヘルムのメリットとデメリット

通気の十分でない中世中期のヘルムは、戦闘中に窒息する危険性もはらんでいた！

中世初期の兜は、頭部をすっぽり覆うものではなかった。12世紀頃になると、急所である頭部を守るバレルヘルムが登場した。

ところが、単に頭を覆えばよいというものではない。視界がひどく限られることによって閉所恐怖症に陥る騎士がいた。また、通気が悪いので、兜のなかに二酸化炭素が充満して酸欠状態となり、**窒息する危険もあった**。

そのため13世紀には、バイザーを上げ下げでき、尖った面頬に呼吸穴のついたバシネットが広く用いられるようになる。またその後は、球形のアーメットの時代となった。

中世の兜の種類

バレルヘルム
12〜14 世紀の間に使用されたバケツのように天辺が平で、頭からすっぽりかぶる兜。視界確保のために目の位置にスリットが入り、口の部分には呼吸用の小さな穴がたくさん開いている。

ノルマンヘルム
8〜12 世紀にかけてヴァイキングがかぶっていた兜で、特徴は鼻を保護する面当て（ネーザル）。製造に手間もお金もかからず重宝された。ヴァイキングと言えば角の生えた兜をイメージするが誤りである。

バルビューダ
14〜15 世紀のイタリアで流行し、ヨーロッパ中へ広まった。頂上が丸く、そこからへりにかけて曲線を描いて広がる形状。古代ギリシアのコリント式の兜から着想を得ているといわれる。

アーメット
15〜16 世紀にかけて全盛を迎えた兜。首付近までかぶって守ることができる。スズメの嘴と呼ばれた面当て部分は両脇を鋲留めされており、上にあげて視界を広げることも可能。

バシネット
13〜15 世紀にかけて使用された兜。くちばしのように口の部分がとがった形状が特徴で、頭部の曲線によって敵の打撃をそらすなど防御面での工夫が施されている。

近世以降は、火器を扱うために都合のいい、視界の広いハット型兜が主流となった。

POINT

- ◆兜のなかで閉所恐怖症になったり、窒息する者もいた
- ◆13世紀に登場したバシネットがヘルムの欠点を克服

楯

攻撃にも用いられた基本の防具

鉄や鋼の楯は戦いに不利？　中世の戦いでは、軽くて振り回しやすい木製の楯が定番だった。

楯の変遷

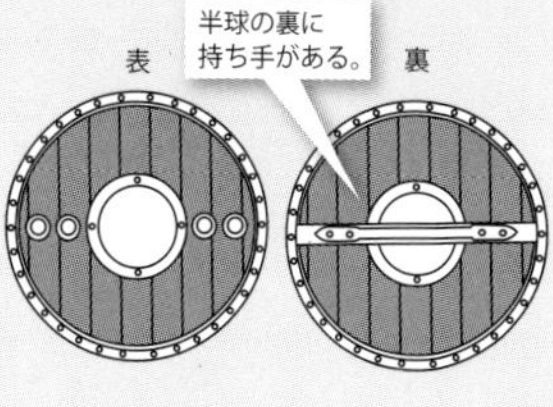
表
裏
半球の裏に
持ち手がある。

ラウンドシールド

古代ゲルマン人が使用していた楯で、その後ヨーロッパ全土へ広まった。厚さ 3cm ほどの丸い木の板の中心に穴を開け、そこにオーブと呼ばれる半球の鉄版を取りつけている。板の周囲を金属で縁取ったり、表面に革を貼るなどして補強された。

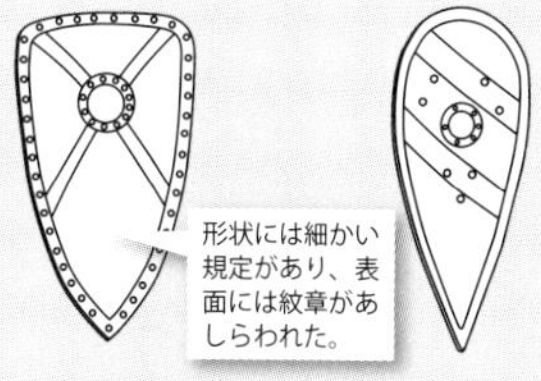
形状には細かい
規定があり、表
面には紋章があ
しらわれた。

カイトシールド

中世全期に渡って、とくに騎兵がよく使用した楯（右）。騎乗の際、無防備になりがちな脚を防御するための縦長の作り。左は歩兵が主に用いた楯。両方とも表面を金属板で補強し、さらに紋章を入れるために革や布を貼った。

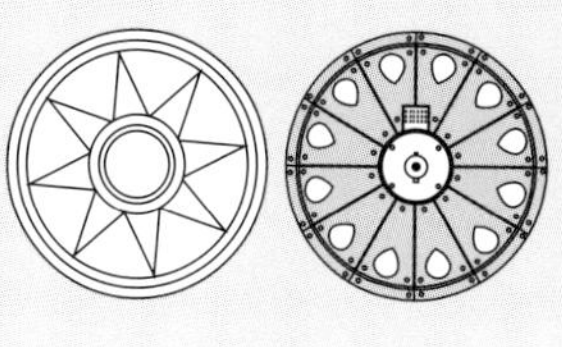

バックラー（右）ガンシールド（左）

中世末期から近世にかけて使用された楯。身体の前に突き出して敵の攻撃をはらうような使い方をした。ガンシールドはバックラーの中心に銃を取りつけた特殊な楯。タイミングを見計らい銃を撃った。

騎士の楯はほとんどが金属や革の縁取りで補強された木製だった。これは、穴が開いたり壊れてもかまわないという考えによるものである。

楯は人間を守るためにあり、敵の攻撃を食い止められれば、それで十分だった。鉄の楯、鋼の楯などはゲームに良く見られる防御力の高い楯であるが、厚い金属の頑丈な楯の場合、持ち手はその重さで自由に動けなくなってしまう。**むしろ軽めの楯を自在に動かして武器と一緒に用いるケース**が多かった。

一方騎士は、三角形や凧型の楯を好み、表面に紋章を描いた。鎧が頑丈になるにつれて用いられなくなった。

POINT

- ◆わざと弱く作っていた手軽な防具
- ◆騎士は三角形や凧型の楯を好み、表面に紋章を描いた。

剣

接近戦のみに使われたステータスシンボル

ファンタジー世界のシンボルともいえる剣であるが、中世の戦場では二次的な武器であり、あまり実戦向きではなかった……。

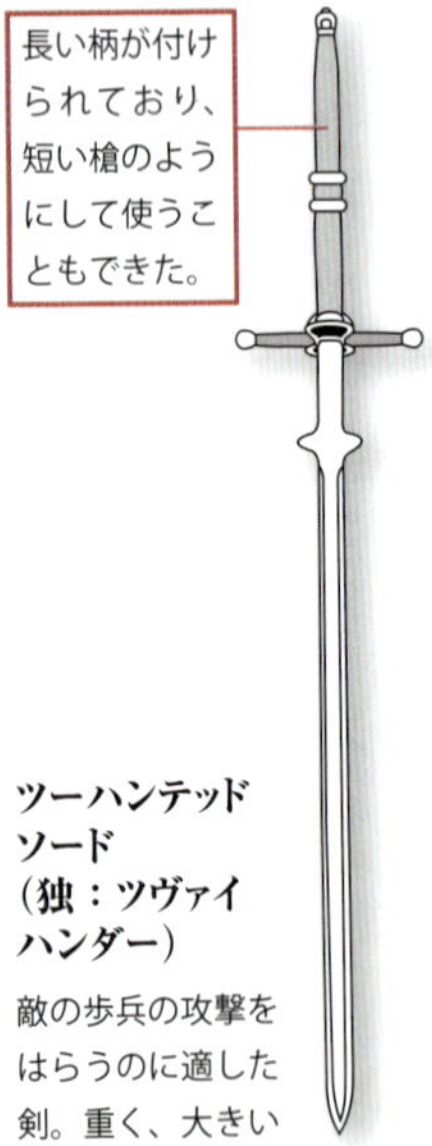
長い柄が付けられており、短い槍のようにして使うこともできた。

ツーハンテッドソード（独：ツヴァイハンダー）

敵の歩兵の攻撃をはらうのに適した剣。重く、大きい剣なので両手で扱うことからその名がつけられた。柄が長く、大きな力で振りかざすことができるため威力も大きい。長さ180cm前後。重さ4kg。

サーベル

東方で広く使用された弓なりに曲がったシミターなどをもとにつくられ、近世騎兵の武器となった。。曲線は軽装備の敵を攻撃するのに適しており、刃のどの部分が当たってもそのまま刃を流すように切ることが可能。長さ 70〜120cm。重さ 1.5〜2.5kg。

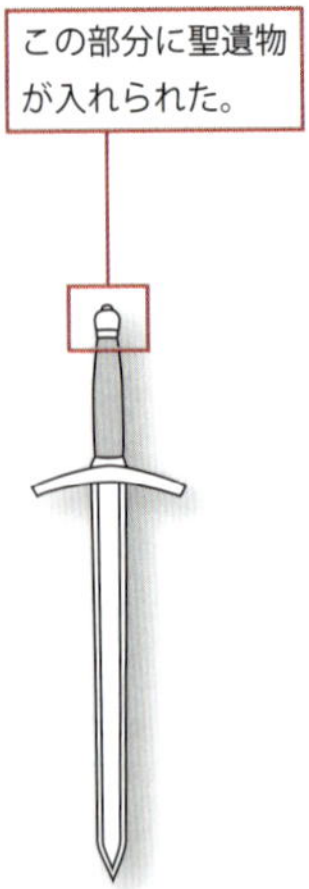
この部分に聖遺物が入れられた。

ショートソード

中世全期で広く使われた、主に歩兵が用いた剣。騎士のロングソードに対してショートソードと呼ばれた。長さは 70〜80cm。重さは1〜1.5kg。

長大な剣は意外に使えた！

ファンタジー世界でもっともポピュラーな武器が剣である。ところが現実の戦闘ではもっぱら接近戦で用いられる二次的な武器であった。

それでも、アーサー王のエクスカリバー、ロランのデュランダルなど、名を残す剣は多い。これは、**剣がステータスシンボルだったから**である。長く強靭な刃を造るには高度な技術を要するため、長剣は高価だった。そのため、名家に代々伝えられることが多かったのだ。

長剣は全体が十字形を成しており、柄頭に聖遺物を入れて武運を祈る風

POINT

- 高価な長剣は名門のシンボルとして伝えられた
- 剣の用法は斬り払うよりも突く殴る

剣の種類

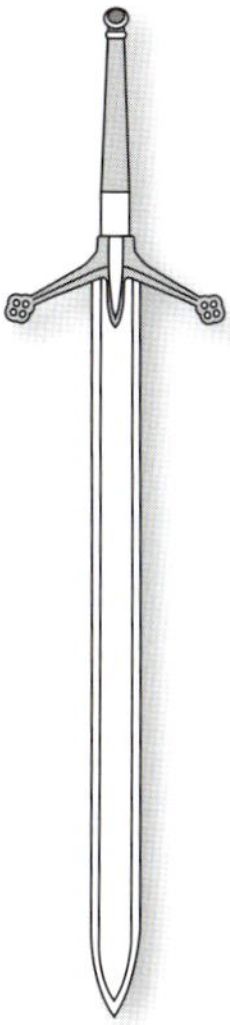

クレイモア

中世後期から近世にかけて主にスコットランドで使用された剣。特徴は刃が広く、柄の先に四葉のクローバーが飾られていること。両手で使用する剣だが、重量はほかの両手剣より軽く、その分素早く振ることができた。
長さ 120cm。重さ 3kg。

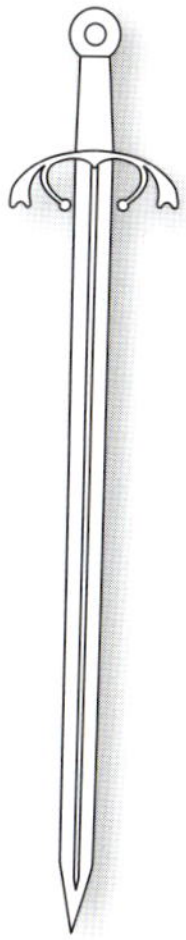

ラピエール

16 世紀以降近世にかけて使用された剣。刃は細身だが、突き刺しても曲がることは少なく、頑丈に作られている。長さ 80〜100cm。重さ 800g。

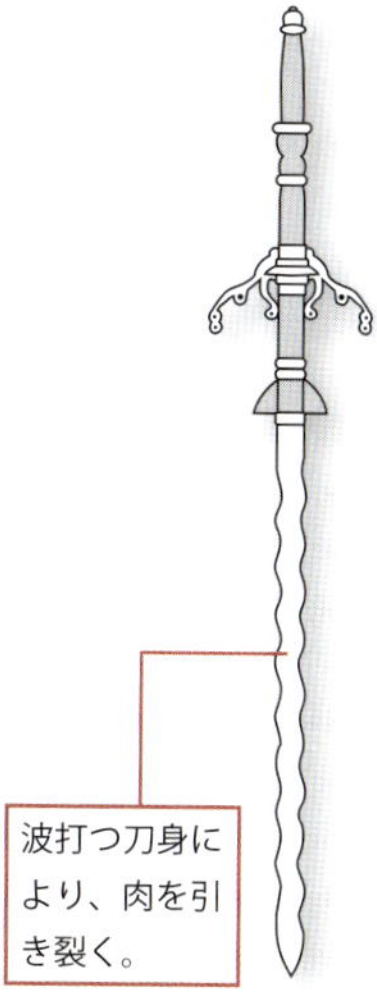
波打つ刀身により、肉を引き裂く。

フランベルジュ

中世後期に登場する刃が波形の剣。フランス語で炎を意味するフラムが名前の由来。この剣で斬られた傷は治りにくく、威力は絶大だった。長さ 130〜150cm。重さ 3〜3.5kg。


習もあった。

　剣と刀にははっきりした区別がある。まず刀とは、片刃で多くは刀身にそりが入っており、斬るために用いる。日本刀やイスラム教徒の偃月刀《シミター》などが、これである。

　一方の剣は両刃で真っ直ぐ、斬るよりもむしろ突いたり殴ったりするのに適しているのだ。鎧を着た敵を殴ってダメージを与えるために、戦場で使う剣は重く、頑丈に造られた。

　ツヴァイハンダーやクレイモアのように、人の背丈ほどもある長大な両手剣は、見た目以上に使える武器だった。慣れた者なら敵の馬の足を払ったり、槍として使ったりできた。

　近世になると、刀身のそったサーベルの出番が多くなった。これは火器が普及して甲冑を着る者がいなくなり、斬り払う方が有効なダメージを与えることができるようになったためである。

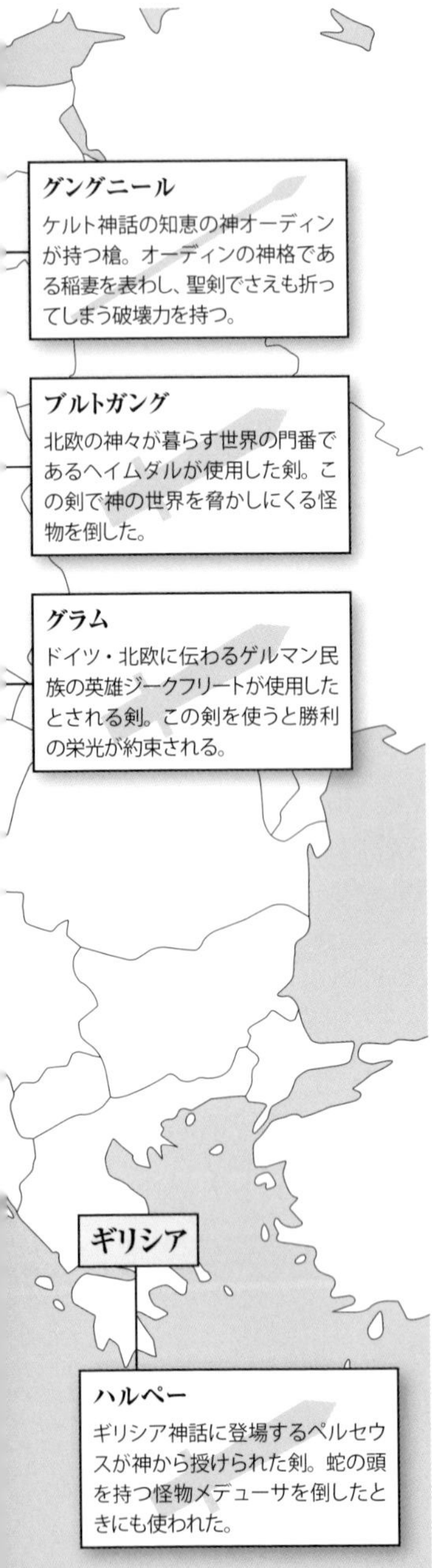
グングニール
ケルト神話の知恵の神オーディンが持つ槍。オーディンの神格である稲妻を表わし、聖剣でさえも折ってしまう破壊力を持つ。
ブルトガング
北欧の神々が暮らす世界の門番であるヘイムダルが使用した剣。この剣で神の世界を脅かしにくる怪物を倒した。
グラム
ドイツ・北欧に伝わるゲルマン民族の英雄ジークフリートが使用したとされる剣。この剣を使うと勝利の栄光が約束される。
ギリシア
ハルペー
ギリシア神話に登場するペルセウスが神から授けられた剣。蛇の頭を持つ怪物メデューサを倒したときにも使われた。

コラム

聖剣伝説

西洋各地で語り伝えられてきた聖剣・聖槍伝説

世界各地にはギリシア神話や北欧神話、ケルト神話など数多くの伝説が残る。これらの神話の見どころのひとつが戦いの描写である。それは神と神の戦いであったり、英雄が魔物を倒す戦いであったりと様々である。こうした描写に欠かせないのが伝説の武器である。古くはギリシア神話に登場するペルセウスが神から授かったハルパーや、ローマ建国の英雄ロムルスの槍が伝えられ、また、キリストの死を確かめた槍も聖遺物として伝えられている。

さらにはアーサー王の剣として名高いエクスカリバーや、オーディンの得物であるグングニルの槍など、神秘的な力を発揮する武器は、物語をより一層魅力的にしているといえよう。

また、日本においても同様に、草《くさ》薙剣《なぎのつるぎ》として知られる天叢雲剣《あめのむらくものつるぎ》があり、神の力を帯びた武器にまつわる物語は、洋の東西を問わず語り伝えられてきたといえる。

そしてこれらの武器はファンタジーの世界においても欠かせない要素のひとつとなっている。

ヨーロッパの聖剣・聖槍伝説

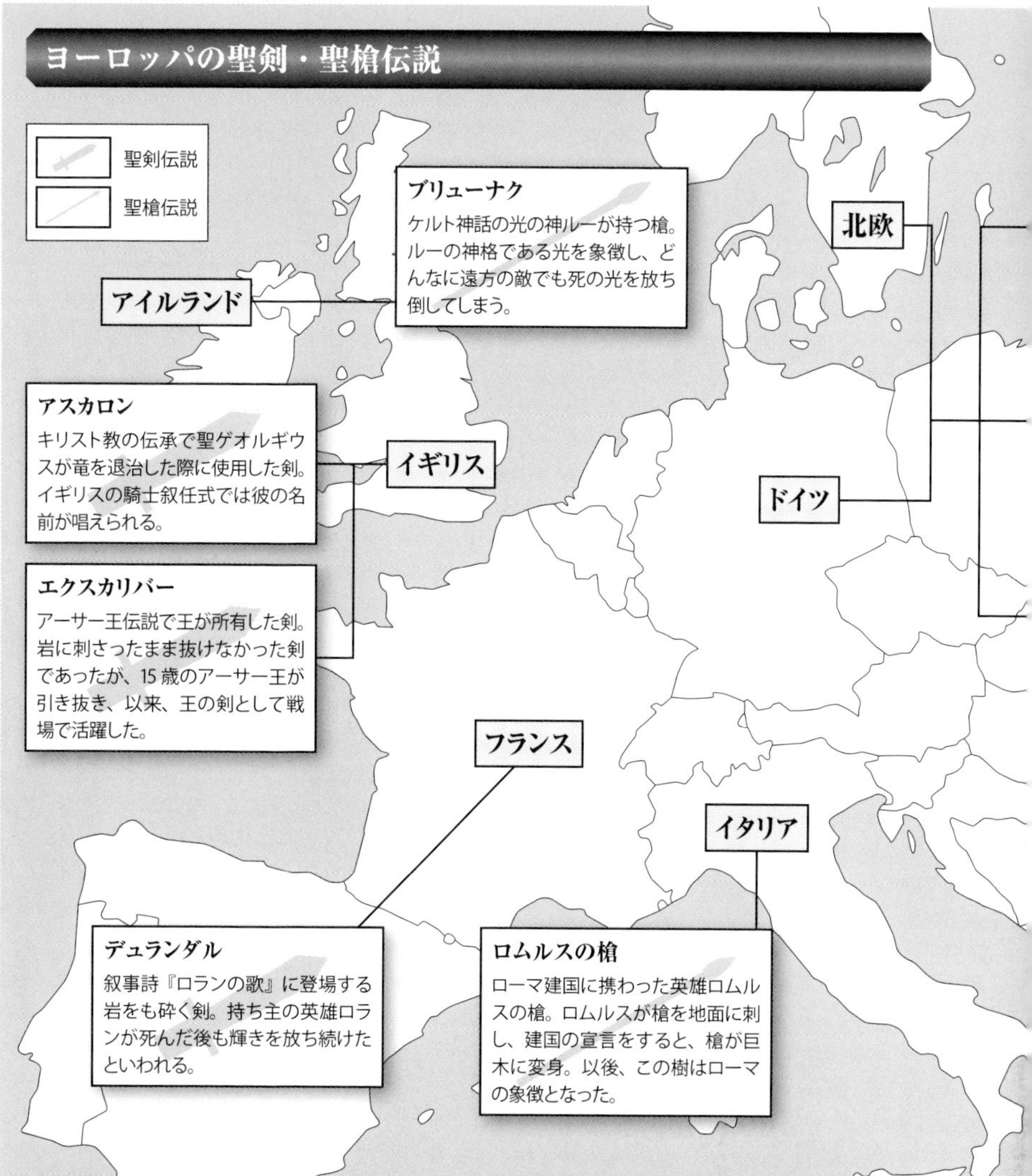
聖剣伝説
聖槍伝説
アイルランド
イギリス
北欧
ドイツ
フランス
イタリア

ブリューナク
ケルト神話の光の神ルーが持つ槍。ルーの神格である光を象徴し、どんなに遠方の敵でも死の光を放ち倒してしまう。

アスカロン
キリスト教の伝承で聖ゲオルギウスが竜を退治した際に使用した剣。イギリスの騎士叙任式では彼の名前が唱えられる。

エクスカリバー
アーサー王伝説で王が所有した剣。岩に刺さったまま抜けなかった剣であったが、15 歳のアーサー王が引き抜き、以来、王の剣として戦場で活躍した。

デュランダル
叙事詩『ロランの歌』に登場する岩をも砕く剣。持ち主の英雄ロランが死んだ後も輝きを放ち続けたといわれる。

ロムルスの槍
ローマ建国に携わった英雄ロムルスの槍。ロムルスが槍を地面に刺し、建国の宣言をすると、槍が巨木に変身。以後、この樹はローマの象徴となった。

日本の聖剣伝説	
天叢雲剣（草薙剣）	ヤマトタケルの帯剣。スサノオがヤマタノオロチを切り倒したとき、その体内から出て来た。「三種の神器」のひとつとして熱田神宮に伝わる。
布都御魂剣	初代天皇神武天皇が東征の道中、熊野の神を退治したときに使用した剣。奈良の石上神宮に祀られている。
十拳剣	『古事記』『日本書紀』に登場するスサノオの帯剣。スサノオは乱暴な気質から神の世界を追放されるが、勇猛さを買われヤマタノオロチ退治に向かい、この剣で仕止めた。

世界中の神話や伝説に登場する武器もまた伝説として語り継がれてきた。

長柄武器

刺す、そしてぶん殴る……最も使用頻度が高かった武器

中世ヨーロッパの戦闘において、最も実用的だった槍には様々なバリエーションが生まれ、戦場の主役となった！

多彩な戦法が可能

中世の戦いで主役となった武器は、剣よりも槍などの長柄武器だった。なかでも**騎士になくてはならない武器が、ランスである**。小脇に抱えるようにして持つのだが、片手で使う武器としてはもっとも長くもっとも重く、これを水平に構えて馬を疾走させるのだから、並々ならぬ筋力を要する。

トーナメントの一騎打ちでも用いられる花形の武器であり、ランスを構えた騎馬突撃は、敵の隊列を一瞬にして崩壊させる突破力があった。

このランスと同じ長柄武器には数多くの種類がある。長さも先端に取りつけた刃物もさまざまで、使い方もさまざま。突くだけではなく、ぶん殴ったり、敵の頭上から勢いよく振り下ろしたり、敵の体をひっかけて引き寄せたりと、工夫しだいで戦法が無限に広がる。

柄が長く敵と距離を保ったままで戦うことができるため、兵士として未熟な者にも好まれたし、馬に乗った敵をも攻撃しやすかった。

ことに集団で使うと威力を発揮するのが、極端に長い柄を持つパイクである。密集隊形を組んで先端を上に向ければ槍ぶすまとなり、騎兵とてうかつに近づけない。

ただし柄の長さが接近戦では邪魔になり、かえって不利である。そこで、いざとなったらパイクを捨てるか、別の武器で戦う戦法がとられた。

5~7メートルという長大なパイクと、先端に斧をつけたハルバードを用いた戦術でヨーロッパを席巻したのがスイス軍である。

14~15世紀のハプスブルク家からの独立戦争では、密集隊形の中心部にハルバード兵を置き、それを取り囲むように5列のパイク兵を並べた陣形を取った。そして、突撃してくる騎士をパイクで突き、さらにハルバードで馬から引き落として倒すという戦術で成功を収めた。

POINT

- ◆長柄武器は殴り、突く、引きずりおろすなど様々な用途がある
- ◆密集陣形の槍衾が騎兵を破った

槍の種類

パイク

中世のスイス傭兵が使用し、瞬く間にヨーロッパ中へ広まった槍。とにかく長く、遠方の敵でも攻撃が可能。また前方に突き出して敵の突撃を防ぐこともできる。長さ５〜７ｍ。重さ４〜５kg。

ハルバード

中世から近世にかけて全ヨーロッパで使用された槍。刃の部分が斧とかぎ爪の形になっており、突き刺すほかに、斬る、引っかけるなどの攻撃が可能。その分、使いこなすには訓練が必要だった。長さ２〜３ｍ。重さ 2.5〜４kg。

槍の長さが伸びる。

攻撃力に優れる。

騎士の騎乗用に特化する。

防御面でも威力を発揮する。

ショートスピア

古代から近世まで全時代で用いられた槍。使いこなしやすい長さなので、歩兵、騎兵問わず使うことができた。長さ１〜２ｍ。重さ１〜1.5kg。

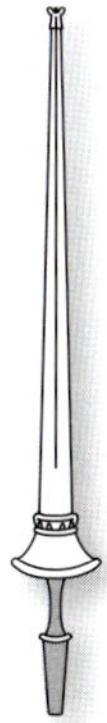

ランス

中世の騎士が使用した槍。騎兵が脇に抱えて突撃し、敵に接近したところで突き刺す。その際、敵に突き刺さり過ぎないようにストッパーをつけていた。長さ 2.5〜４ｍ。重さ４〜10kg。

フォーク

干し草などの農作物を運ぶ農具から発展してできた武器。刃が二股に分かれており、敵の攻撃を受け止めることができる。長さ２〜2.5m。重さ２〜2.5kg。

打撃武器

鎧をもへこますもっともシンプルな武器

"血を見なくて済む武器"という名目のもと、殺生を禁じられた聖職者も唯一使用を赦される武器とされた!

打撃武器は、有史以前から棍棒がある様に、もっとも古い武器で、使い方も敵をぶん殴るだけというシンプルさを持つ。だから誰でも使えるし、相手を鎧の上から殴り、鎧をへこませて失神させたり、骨折させたりすることもできる、意外に強烈な武器なのである。

とくに先端に金属の塊を取り付けたメイスは、ゲームのなかでもたびたび登場している。よく僧侶などの聖職者系のキャラクターが用いているが、これは聖職者の誓いに、敵であっても血を流させないというものがあったため。刃物ではないため、赦されているのだという。

主な打撃武器

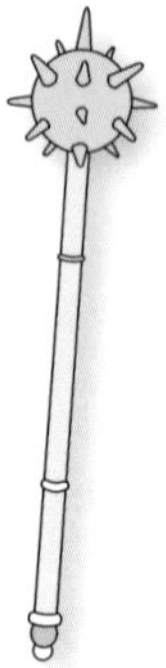

モーニングスター

柄の先にとげのついた金属球がついており、打撃のみならず装備が薄い敵には突き刺すことも可能。金属球を鎖につないで振りまわすタイプはモーニングスターフレイルと呼ばれる。長さ 50～80cm。重さ2～3kg。

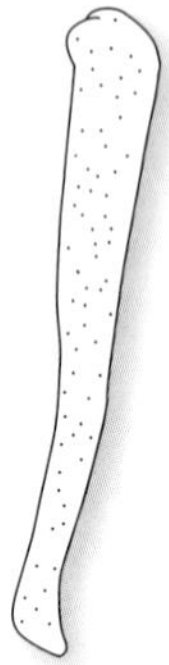

クラブ

木や骨などで作られた棍棒。鎧を着た敵でも十分ダメージを与えられるほど威力は高い。地域や時代によってバリエーションがあるが、基本は先にかけて太くなる作り。長さ 60～70cm 重さ 1.5kg前後。

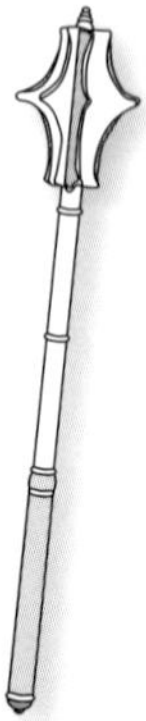

メイス

柄の先に球状や放射状の金属を取りつける。鎧を貫くことはないが、敵を骨折させたり、失神させたりできるほど威力は抜群。長さ 30～80cm。重さ2～3kg。

ウォーハンマー

巨大なかなづちに似た武器。片手タイプと両手タイプがあり、片手タイプは騎兵が主に用いるため、ホースマンズハンマーと呼ばれた。長さ 0.5～2m。重さ 1.5～3.5kg。

POINT

- ◆意外に効果的な打撃武器
- ◆聖職者はメイスを用いた

弓・銃器

最強の呼び声が高い遠距離攻撃

百年戦争でイングランド軍が用いたロングボウは、騎兵に寄せ着く隙を与えず、歩兵を戦場の主役へと押し上げた！

中世最強の武器とされたのは、剣でも槍でもなく、弓である。なんといっても遠距離攻撃が強力であった。

古代から威力を示していたのがクロスボウである。日本では弩＝いしゆみと呼ばれるのだが、板バネの装置の力で矢を飛ばす武器である。

百年戦争初期に、イングランド軍が使ってフランス軍を圧倒したのが、ロングボウである。その名のとおり長い弓なので射程も長く、矢の威力も大きい。

やがて中世末期、**火縄銃が登場して、火器が弓に代わるようになる。**そして、戦争のあり方そのものが大きく変わっていった。

主な投擲武器

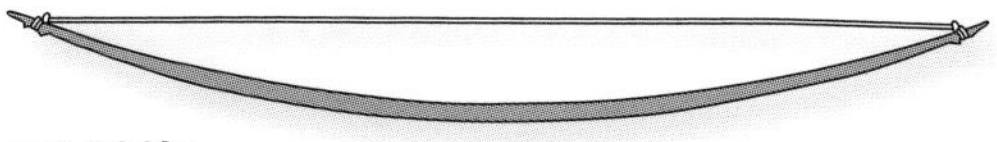

ロングボウ

紀元前から使用され続ける弓。その後、より短いショートボウが作られた。ロングボウは射程距離も 300m近くあり、威力も大きいが、弓を引くのに力がいるうえ、扱うのには訓練が必要。長さ 1.5m前後。重さ 1 kg。

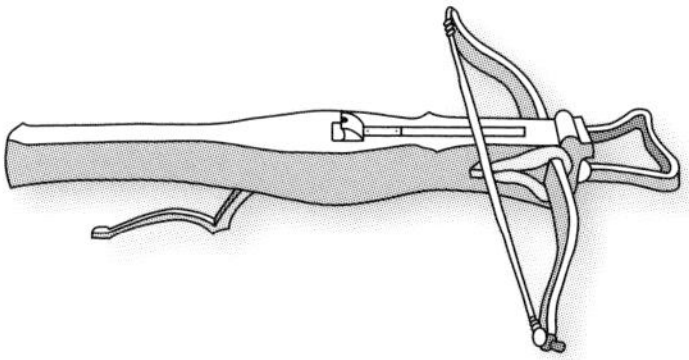

クロスボウ

ロングボウ同様、古代から使用される武器。木と鉄を組み合わせて作った弦にバネをかけて矢を飛ばす。その威力はときに鎧を貫通する。長さ 1 m以上。重さ 1 kg 以上。

ハンドガン

木製の握り部分に鉄の筒をつけた簡単なつくり。使い方は銃頭から火薬をつめ、さらに球を装填し奥まで詰める。側面の火皿に火薬を入れ、火縄に火をつけ発射する。ただし、着火の成功率は低く、その都度手順を踏み直さなければならず、手間のいる武器でもあった。

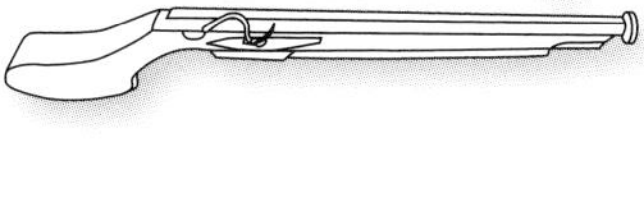

POINT

- ◆中世の戦術を変えたロングボウ
- ◆中世末期に火縄銃が登場し、弓に代わる

ヨーロッパの城① 木の城

ノルマン人によって誕生した中世初期の城郭

ローマの技術が失われた中世初期の城は、木の柵で囲われた小山の上に木造の居館がそびえる簡素な城だった。

連絡橋
ベーリー
住居や納屋・倉庫などの建物が並ぶ。堀や柵で守られ、入口には橋が設けられた。敵の襲来時は橋を取り壊すこともあった。
堀
城の周囲の土地を削って堀を開削。掘り出された土は、モットの土台を底上げするために用いられた。

木造建築を選んだ理由は

ファンタジー世界に登場する城というと、石造りの堅牢な城壁と高い塔を持ち、シルエットの美しい姿がイメージされるが、これらは中世中期以降に生まれた城。**中世初期の城はほとんどが木造で**、砦と呼ぶ方がふさわしい簡素なものだった。

代表的なのが、11世紀頃にさかんに築かれた「**モット・アンド・ベリー**」と呼ばれる形式である。「モット」とは人工的な盛り土のことで、ここに領主が居館を構えた。防御のために掘られた堀割から出た土がモットの土塁となっている。

POINT

- 中世初期の城は、木造だった
- 中世初期は、ローマの建築技術が失われていた時代だった

モット・アンド・ベーリーの造り

領主の館
モット
土を盛った円形の小高い丘。5～10 mの高さがほとんど。攻め込まれた際は最後の砦となる。
柵
先を尖らせた背の高い丸太を隙間なく並べる。
籠城の際には焼き落とされた。

モット・アンド・ベーリーは9世紀から10世紀にかけて登場する。

「ベリー」はその前庭にあたり、モットに入りきれない守備隊や村人の住居、納屋などがあった。

周囲に巡らせた柵は丸太を連ねて地面に打ち込んだもので、外部と行き来するための橋も木製。領主の居館は見張り台をかねており、敵が迫ると人々はモットに逃げ込み、橋を焼き払って落とした。

とはいえ、ローマ帝国の遺跡は見事な石造建築であるのに、中世の城がなぜ木造なのだろうか。

それは、ローマ帝国が滅亡してから、その技術が忘れ去られてしまったからである。モット・アンド・ベリーは北方からやって来たノルマン人の建築様式で、身近にある森の木をふんだんに使うのが特徴である。しかも、この様式なら熟練した技術がなくても城を築くことができたし、どんな地形にでも建てられるという利点があったのである。

攻城戦①攻撃側

戦術はローマ時代と変わらなかった中世

城が統治の拠点となった中世、この拠点攻略が戦略的に重視されるようになると、攻城側はさまざまな攻城兵器を駆使して攻略を目指した。

ベルフリー
数層からなる攻城櫓。火から守るため、表面は動物の皮で覆われている。

高い城壁を乗り越えたり、破壊したりするほかに、敵の士気を低下させるために死体を投げ入れるなどの心理戦も行なわれた。

城攻めはまるで土木工事

中世期のヨーロッパでは、野戦で敵を撃破する以上に、周辺を統治する防衛拠点である城を占領することが重要になっていった。

とはいえ、大砲が現われる15世紀まで、城攻めの戦術はローマ時代のものとあまり変わらず、攻城兵器も古代に開発されたものが主だった。

城門や城壁を打ち破るためには、丸太の先端に衝角（ラム）を取り付けた**破城槌**《はじょうづち》と呼ばれる兵器が用いられた。これを何度も城門や城壁にぶつけることで破壊したのである。

バリスタは巨大なクロスボウであ

POINT

- ◆中世に本格化した攻城戦
- ◆盛んに用いられた坑道戦術

中世の攻城戦の様子

梯子
最も基本的な攻め方であり、古代より続く戦法。
破城槌
衝角のついた巨大な大木を打ちつけ、門を破壊する。
投石機
てこの原理を利用して巨大な岩や石を飛ばす。
バリスタ
巨大なクロスボウ。大勢で弦を引き使用する。

る。ウィンチで弦を引いて太い矢を打ち込む。守備兵が集中している場所めがけて打ち込むのだが、城壁の上部もこれで破壊することもできた。

　そして、大きな破壊力を持つのが**投石機**である。アームの一方に錘《おもり》を取りつけ、もう一方に巨石の弾丸を入れる。錘をはずすと、アームが跳ね上がって巨石が打ち出され、うなりを上げて城壁めがけて飛んで行った。

　手薄になった城壁には何本もの長い梯子が掛けられ、兵士たちがいっせいによじ登った。

　一方、攻城戦では地上のみならず地下も戦場となった。城壁の下に坑道を掘り、そこから兵士が侵入したり、城壁や塔の真下に可燃物や油を仕掛けて燃やし、崩落させるという戦術が用いられたのである。坑道を掘るのは特殊技術であり、技術者と工兵隊が特別に雇われたという。

ヨーロッパの城②石の城

王たちが居城とした石造りの大城郭

一見豪華に見える白亜の城であるが、防御に徹するために明かりもなく暖房設備もなく、快適な暮らしはできなかった……。

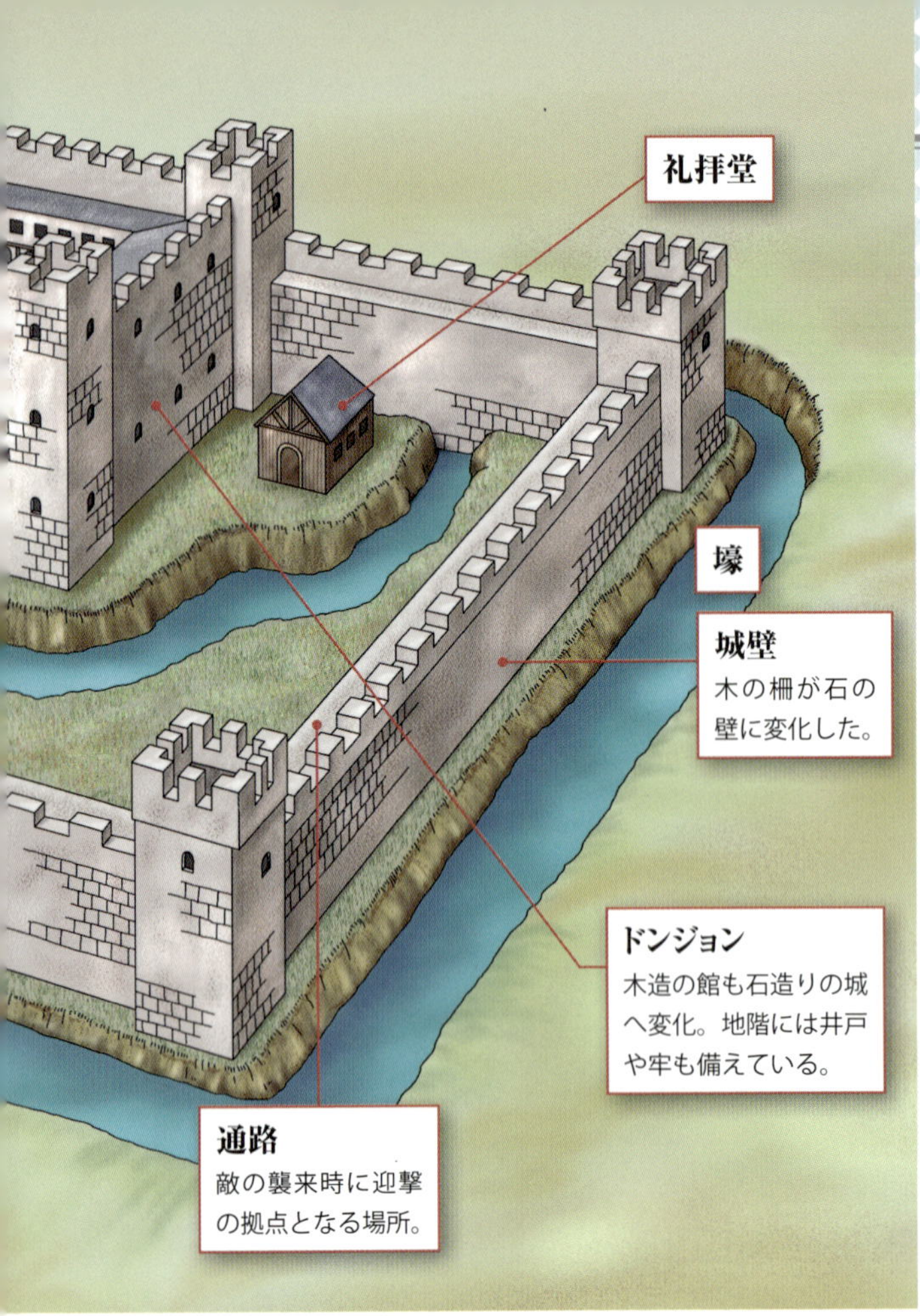
礼拝堂
壕
城壁
木の柵が石の壁に変化した。
ドンジョン
木造の館も石造りの城へ変化。地階には井戸や牢も備えている。
通路
敵の襲来時に迎撃の拠点となる場所。

寒くて暗い中世の城

11～13世紀には、石造りの城が築かれるようになった。これは建築技術の進歩に加え、**領主の力が強まり石造建築にかかる巨額な費用を捻出できるようになったため**である。

ただし、一度に石造りになったわけではなく、最初は木造の城の一部を、石に造り替えることから始まったと考えられる。

そしてモットにある領主の居館が石造の塔になり、木製の柵が石造りの堅固な城壁へと変わるといった具合で、やがて全体が石造りの城が登場するに至った。

POINT

- 石の城が生まれたのは領主の権力が強まったため
- 中世中期の城はモット・アンド・ベリーを基本とした

シェル・オブ・キープの全容

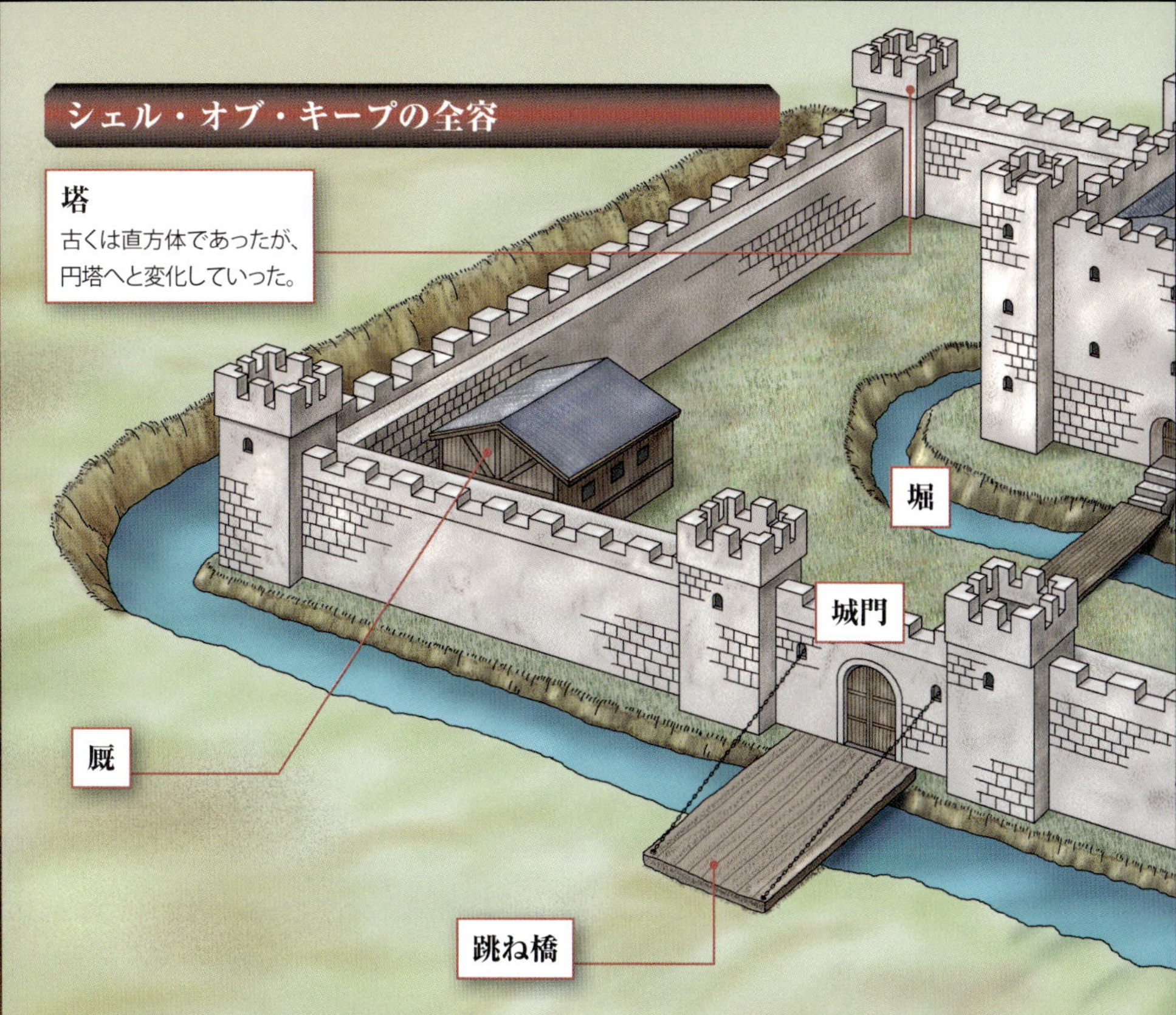
塔
古くは直方体であったが、円塔へと変化していった。
堀
城門
厩
跳ね橋

木造のモット・アンド・ベーリーが石造りの城へと発展。古代ローマ時代以来途切れていた石の城が復活した。城壁には塔が併設され、敵の襲来時にはそこを拠点に迎え撃つことができるようになった。城内にはドンジョンと呼ばれる居館以外に礼拝堂や鍛冶屋などの設備が置かれるようになった。

城の中心となる塔は、キープあるいはドンジョンと呼ばれた。当初、直方体だったキープの塔は、攻城兵器の攻撃による衝撃で角が欠けやすく、また、防御の際に死角が生じることから、円塔が主流となった。こうしてファンタジーの世界に登場するような城が生まれる。

ただし、遠くから見ると美しい城でも、その住み心地はおすすめできたものではない。

しかも当時の城に個室はなく、家族全員と側近の騎士、侍女が同じ部屋で眠っていた。

暖房設備はほとんどないし、防御のため大きな窓は開けられないので、昼でも暗い。

山の上に立てられた城も多く、こうした城のキープでは、真冬ともなれば冷たい強風が吹き抜けた。快適とはほど遠い環境であったことは間違いない。

群がる敵兵を排除した防御側の戦術

攻城戦において籠城側は相手の頭上から物を落として攻撃し、ギリシア火によって敵兵を焼き払った。

カタパルト
城塔に設置した投石器。
破壊された壁の
奥に臨時の柵を
作り抵抗する。

籠城側の最前線は城壁に設けられた通路である。ここに臨時の防衛施設を取りつけ、攻城兵器に対抗する兵器を持ち込むなどした。最大の弱点は門であったが、門に見張り小屋を取りつけたり、門に通じる橋を破壊したりして容易に突破を許さないよう対策が施されていった。

籠城軍が駆使した兵器の数々

城を巡る攻防戦では、様々な兵器を使っての攻撃に対し、防御側もあらゆる手を駆使して防戦に努めた。

下から見上げる形で城を攻めなくてはならない攻城側に比べて、籠城側は頭上から攻撃できるという点で優位な立場にある。城壁を登ろうとする敵兵や、城壁の破壊を試みる攻城兵器に対しては、弓による攻撃のみならず、石などを落として対抗した。また、ビザンツ帝国発祥の焼夷兵器である「ギリシア火」を用いて、敵兵を兵器諸共に焼き払った。

城兵が最も恐れたのが坑道戦術で

POINT

◆城攻めはあくまで防御側が有利

◆攻撃側の坑道戦術を撃退することに神経が砕かれた

中世の籠城戦の様子

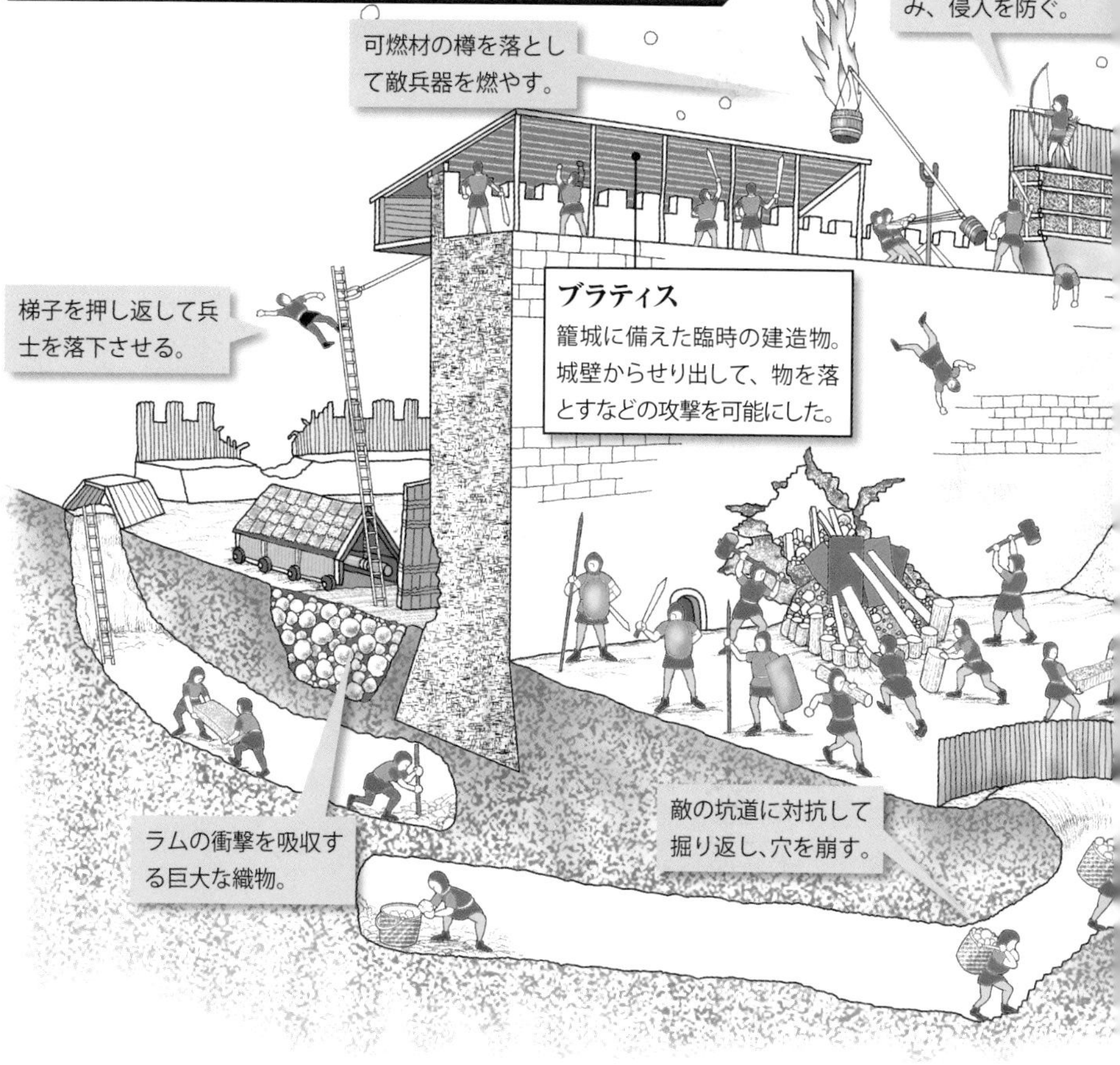
城壁をさらに高く積み、侵入を防ぐ。

可燃材の樽を落として敵兵器を燃やす。

梯子を押し返して兵士を落下させる。

ブラティス
籠城に備えた臨時の建造物。城壁からせり出して、物を落とすなどの攻撃を可能にした。

ラムの衝撃を吸収する巨大な織物。

敵の坑道に対抗して掘り返し、穴を崩す。


ある。城壁の真下へ坑道が到達しようものなら、地下から城壁を崩壊させられたり、城内への侵入を許したりと不利な状況に追い込まれてしまう。

そこで、守備側は、地上に水を張った大鍋を並べ、水面の動きを観察して地下の動きを探った。そして相手の坑道を探り当てたら、対抗坑道を採掘して、水を流し込んだり、燻し出したりして敵兵を撃退した。

捕虜になったら?

王侯貴族や騎士は、滅多に戦死しなかった。戦闘で負けても捕虜にされたからである。身分が高いほど、身代金も高額になる。

だから捕虜になっても身分の高い者はお客様扱いで、自由は制限されるとはいえ、身代金集めに奔走する家臣の苦労をよそに、狩猟や舞踏会にうつつをぬかしていたという。

ヨーロッパの城③要塞

大砲の前に無力化された中世ヨーロッパの城郭

中世を通じて城が担っていた防衛拠点としての役割は、近世の要塞へと受け継がれる。

大砲の登場により、高い城壁は簡単に破られるようになった。そのため高い建造物は取り払われ、幾重にも重なる堀を利用した稜堡式の築城が盛んになった。それぞれの堀ごとに稜堡を設けてそこから全方面への射撃を行ない、城内を守った。

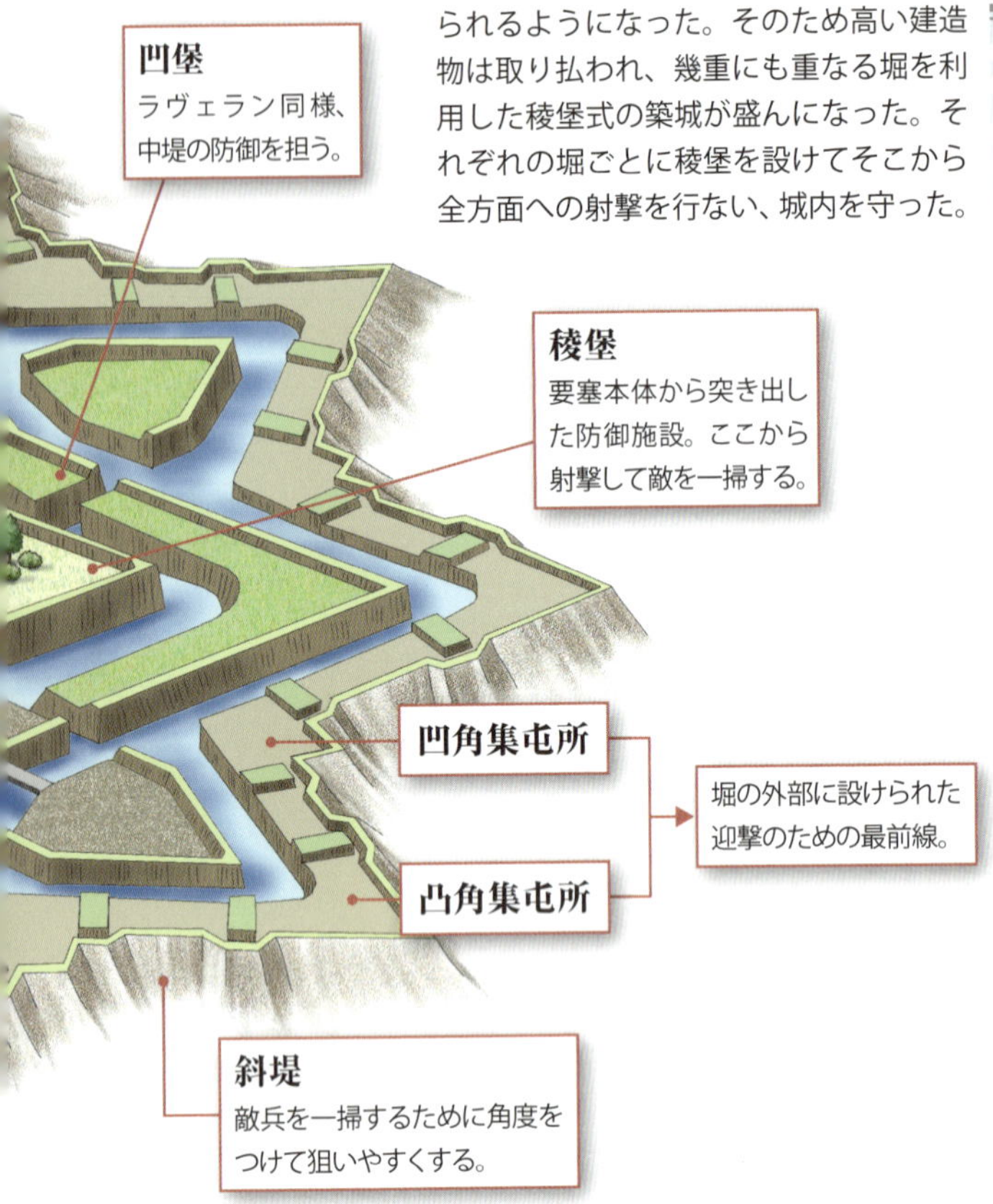
凹堡
ラヴェラン同様、
中堤の防御を担う。
稜堡
要塞本体から突き出した防御施設。ここから射撃して敵を一掃する。
凹角集屯所
凸角集屯所
堀の外部に設けられた迎撃のための最前線。
斜堤
敵兵を一掃するために角度をつけて狙いやすくする。

城は要塞と宮殿に分かれた

高い塔と城壁を誇った城だが、火器が用いられるようになると、それがかえって欠点になった。高い部分は大砲で狙われ、砲弾の直撃を受けやすいのだ。崩れた塔の破片は城兵へと降り注ぎ、大損害を被る。

反撃のため大砲を撃とうにも、大きくて重い大砲を塔や城壁の上に搭載することはできない。そのため、城のシンボルだった**塔も城壁も、無用の長物となってしまった。**

中世の城は君主の居館で、なおかつ要塞だったが、前者の機能が分離して宮殿となった。そして、官僚が

POINT

- 中世の城の塔は砲撃の格好の標的となった
- 防御のポイントは敵を挟み撃ちに射撃する稜堡

近世の要塞のしくみ

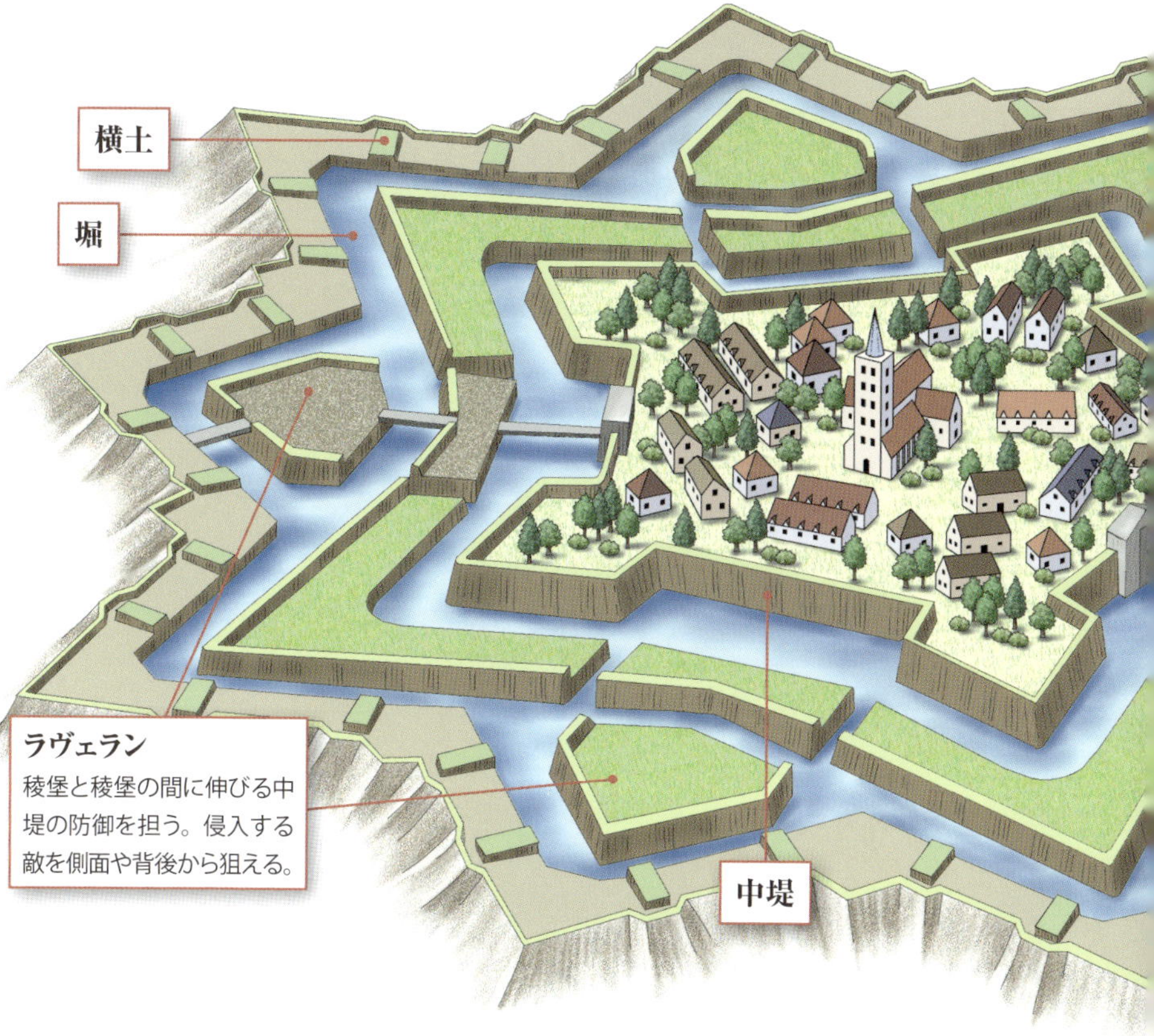

横土
堀
ラヴェラン
稜堡と稜堡の間に伸びる中堤の防御を担う。侵入する敵を側面や背後から狙える。
中堤

集まる政治の場としての機能がつけ加えられていった。

一方の**要塞は塔や城壁が取り払われ、大砲の衝撃に備えて低く厚く造られるようになった**。低くて厚い塁壁の上なら大砲を自在に動かすことができたし、砲撃されても衝撃を吸収するよう土が積まれた。

外側は、なだらかに傾斜した斜堤である。押し寄せる敵をひと目で見渡せ、塁壁の上から大砲や小銃で掃射できる角度になっていた。

さらに、「稜堡《りょうほ》」が築かれるようになる。これは、多方面に突き出した部分を造り、掃射の際の死角をなくすもので、フランスの築城家ヴォーバンの考案による。これならば敵がどの方面からやってきても二方向から掃射を浴びせられ、守備兵の数も少なくてすむ。

こうして中世の城は、実用一点張りの要塞に、その座を譲ったのである。

中世生活誌
通貨

金より銀が高かった時代も!? 不安定に変動し続けた貨幣価値

ギル、ゴールドをはじめ、ファンタジーゲームの世界でも通貨が登場するが、中世の西ヨーロッパでは11世紀に至るまで、貨幣が日常的に用いられることはなかった。

また、王権が弱く中央政府と呼べる存在がない時代では、紙幣に信用がないため、当然発行されることがなかった。そのため、中世ではかなりの期間貴金属が取引に用いられていた。

かろうじて貨幣として流通していたのは、デナリウス貨であり、実はこれはローマ帝国で鋳造されたものである。さらに、イスラムのディナール貨が中世の共通通貨であった。貨幣経済の復活は十字軍の遠征と北部イタリア都市によるレパント貿易が発達した12世紀以降のこと。マルセイユやジェノヴァなどで金貨の鋳造が始まり、貨幣経済が浸透していった。

中世ヨーロッパの貨幣

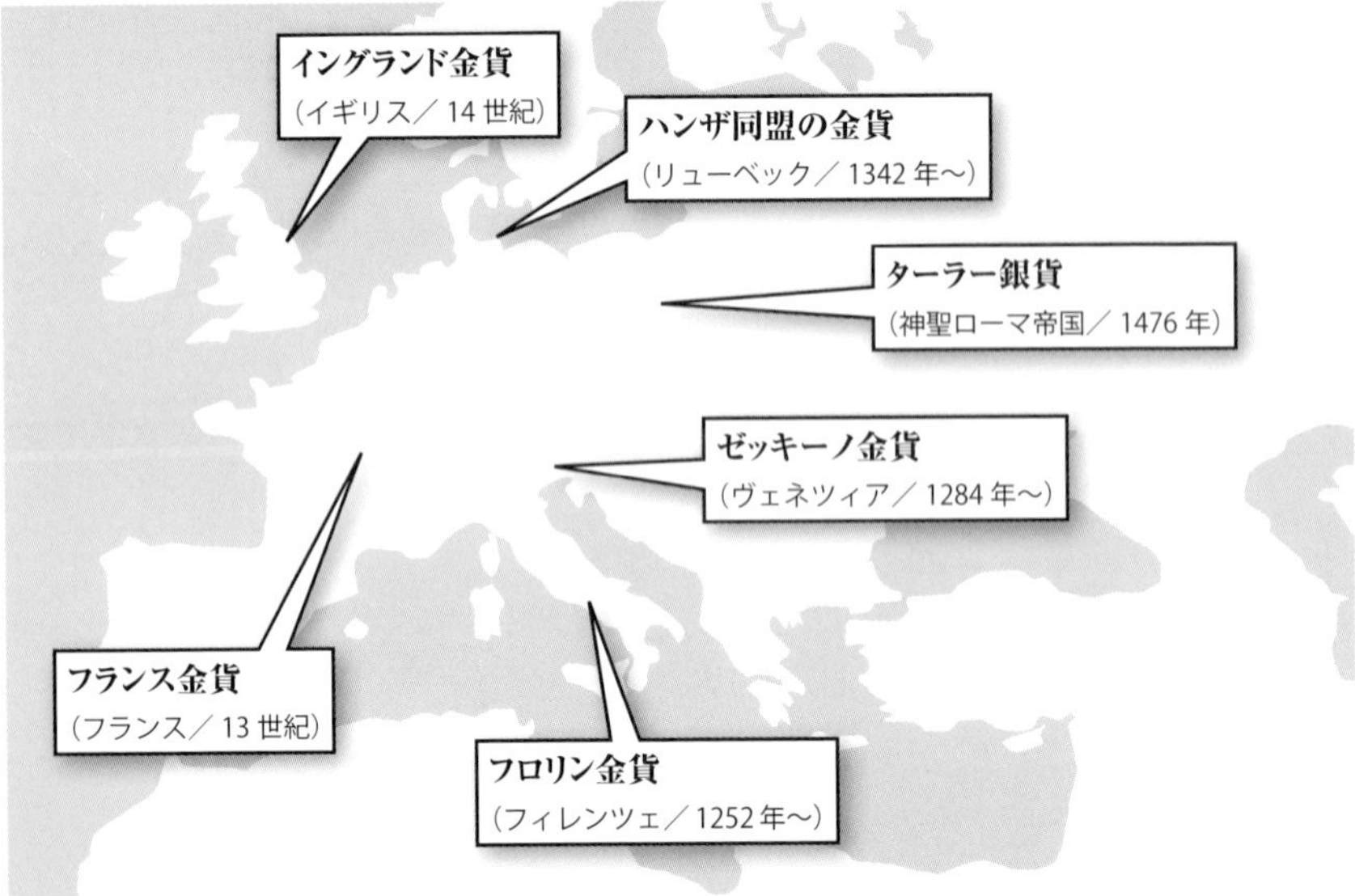

イングランド金貨
（イギリス／14世紀）
ハンザ同盟の金貨
（リューベック／1342年〜）
ターラー銀貨
（神聖ローマ帝国／1476年）
ゼッキーノ金貨
（ヴェネツィア／1284年〜）
フランス金貨
（フランス／13世紀）
フロリン金貨
（フィレンツェ／1252年〜）

第三章

中世の都市と村

庶民たちはどのような暮らしを送っていたのか?

イントロダクション
中世の街とは?

市場や領主の館を中心に広がり、城壁に守られる街並み

農耕の発達と温暖化によって、余った作物を売る市を中心に、城壁に囲まれた中世の都市がヨーロッパ各地に生まれていく。

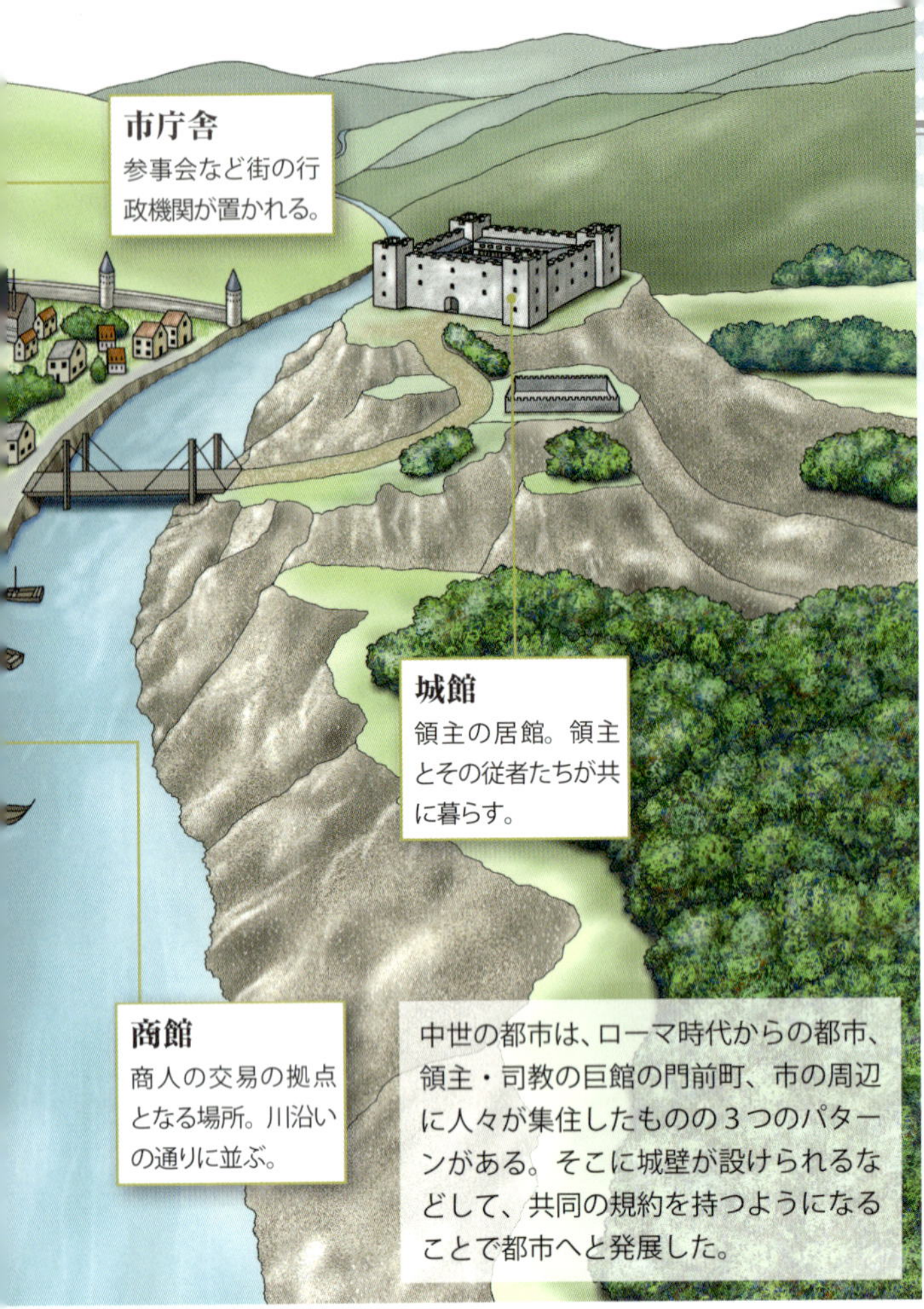

市庁舎
参事会など街の行政機関が置かれる。
城館
領主の居館。領主とその従者たちが共に暮らす。
商館
商人の交易の拠点となる場所。川沿いの通りに並ぶ。

中世の都市は、ローマ時代からの都市、領主・司教の巨館の門前町、市の周辺に人々が集住したものの3つのパターンがある。そこに城壁が設けられるなどして、共同の規約を持つようになることで都市へと発展した。

POINT

- ◆都市の発生には3つのパターンがある
- ◆異民族の襲撃に備えて街の周囲に城壁が張り巡らさていった。

運命共同体としての街

ファンタジーの世界で城と共に欠かすことができないのが街。冒険のさなかでたどり着く街は、重要な情報や武器・防具の調達など、旅の拠点として重要な役割を果たしている。

多くのゲームで街のモデルとなる中世都市の誕生には、3つのパターンがあった。ひとつはローマ時代からの都市で、ロンドンやパリ、ウィーンなどがそれである。これらはすでに城壁で囲まれた都市であった。

次に**領主や司教の城館を中心に開けた門前町**で、司教居住区と、その周囲の市場集落の二元構造になって

中世都市の風景

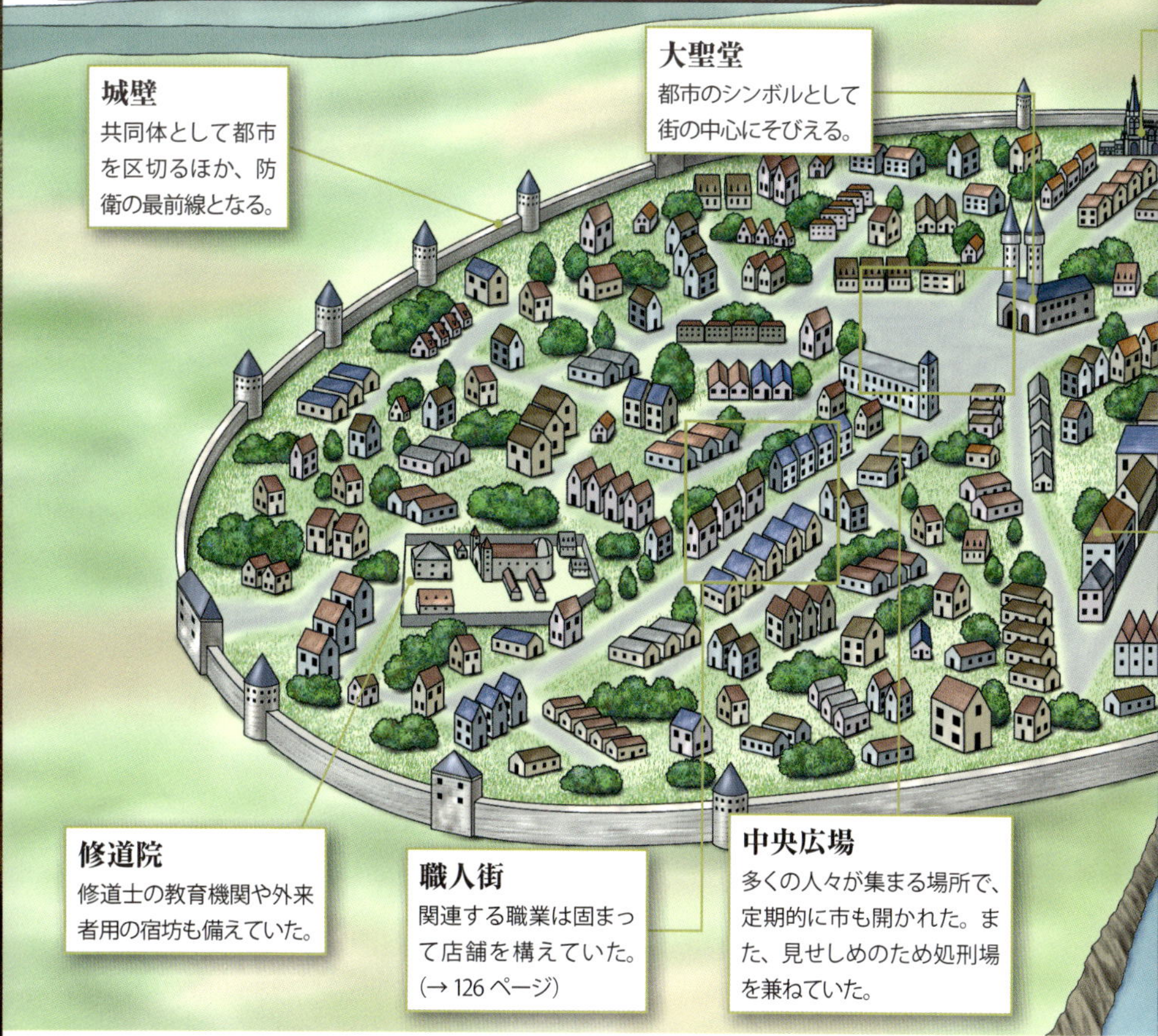
城壁
共同体として都市を区切るほか、防衛の最前線となる。
大聖堂
都市のシンボルとして街の中心にそびえる。
修道院
修道士の教育機関や外来者用の宿坊も備えていた。
職人街
関連する職業は固まって店舗を構えていた。(→126ページ)
中央広場
多くの人々が集まる場所で、定期的に市も開かれた。また、見せしめのため処刑場を兼ねていた。

いる。

もうひとつが、定期的に開かれる**市を中心に一般人が集住した町**だ。7世紀以降、土地の開墾や技術改良によって農作物の生産高が増大。豊富な農作物と手工業製品を売り買いする市が生まれ、市場集落が誕生したのである。

市は停滞していたローマ時代からの都市にも活気をもたらした。

しかし、9世紀から10世紀にかけて、北からノルマン人、東からマジャール人が襲来し、多くの町が被害を受けた。そこで町の人々は防衛のために町の周囲に城壁を築いていった。ゲームに登場する町が日本の都市と異なり、城壁で囲まれている場合が多いのはこのためである。

当時の都市の人々はお互いをメンバーとして認め合い、共同の規約に従い、一身をかけて安全を守ることを誓い合って暮らしていた。

農民たち

中世社会を縁の下から支えた人々

西洋農民のイメージである「農奴」は、生産力のアップによって解放が進み、中世末期には消えていた。

POINT

- ◆中世の人口の大部分が農民だった
- ◆農民は農奴と自由農民に大別される

人口の大半が農民だった中世時代

ゲームの世界を冒険していると、時折小さな村にたどり着く。小さな村は農村が大半だ。じつは中世という時代は、**平均すれば人口の90％以上が農村部に住んでいた**といわれていて、農村人口が少ないイタリアでも人口の75％が農民だったといわれている。

余剰作物を市で売り、都市の発展に一役買った彼らであったが、人口の大半を占める農民は、中世初期において非常に貧しかった。ヨーロッパでは、5000年ほども前から農業が営まれてきたが、中世に至るまで農業をとりまく環境は決してよくなかった。ヨーロッパは、気温が低く、ナラやブナなどの森と湿地に挟まれた耕地は狭い上に、痩《や》せていたからだ。土地は土塊と石ころだらけで、開墾したくても、硬い土地を耕せる道具は未発達でろくなものがなかった。

結果、ふんだんに農作物を収穫することは不可能で、なかでも主要な澱粉《でんぷん》質食品となるべき穀物は、非常に低調だったと考えられている。

ところが、11世紀中頃に転機が訪れた。気候変動によって気温が上昇し始めたのだ。この気温上昇は14世紀初頭まで250年に及んで続いたといわれている。この気温上昇が、農作物の収穫を大きく増加させた。

さらに、**鉄を使った伐採器具や農機具が10世紀中頃に登場**。技術革新により、11世紀に入ってヨーロッパ中で開墾が盛んに行なわれるようになったことも、農業を発達させる大きな転機となったのである。

農奴から自由農民へ

農作物の収穫量増加は農民たちの生活に大きな変化を与えた。

じつは中世ヨーロッパでは農民といっても多様で、農奴《のうど》と自由農民に大きく分けられる。

農奴とは領主の所領内で隷属状態

中世農民の実態

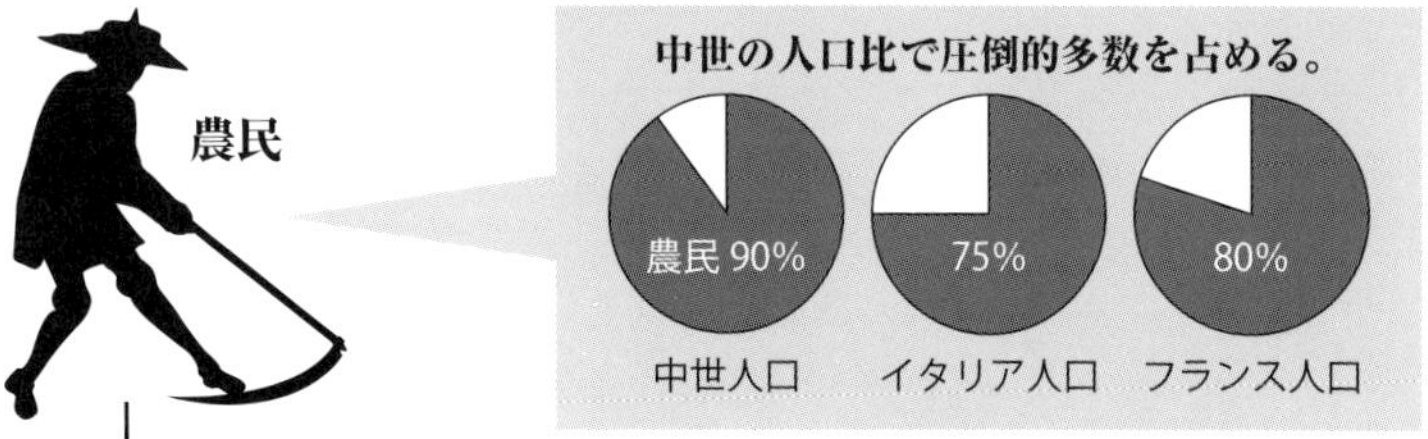
農民
中世の人口比で圧倒的多数を占める。
農民 90%
75%
80%
中世人口
イタリア人口
フランス人口

自由農民

・領主から与えられた土地の使用料として収穫の一定の比率を治める。
・与えられた土地と引き換えにその土地の兵役義務がある。

↓

度重なる出兵で疲弊した農民は農奴身分への転向を自ら志願した。

農奴

・財産の完全な所有を認められない。（租税を支払えば財産を相続できる。）
・領主の同意なしに領外の人間と結婚できない。
・人頭税と呼ばれる隷属のしるしとなる債務を負う。

中世の農民身分は人口の圧倒的多数を占め、生産活動を主導する立場だった。しかし、自由農民は別として、農奴は課税や財産の保有など領主の厳しい管理下にあったため、領主との従属関係から抜け出すことは難しかった。

で働いていた農民を指す。彼らは領主の直営地である畑に集められ、荘官の命令のもと集団で農作業に従事した。1週間のうち3日も賦役《ふえき》という名の労働奉仕が義務付けられており、自分たちの糧を得るための労働に回せる時間は相対的に少なかった。

財産を寄贈する権利がなく、領主の同意なく領地外の人と結婚することも禁じられていた。10〜11世紀の農民は、大半が農奴だったという。

その後、気温上昇や農地増大、さらには都市の発達による貨幣経済の浸透に伴って増えてきたのが自由農民だ。

彼らは領主から土地を分け与えられ、収穫のうちから一定の比率を土地の使用料として領主に納めていたが、農奴のような強制労働がなかった。税を収めれば自分たちの糧以外の余剰の作物を市場に出して金銭を稼ぐこともできたのである。

三圃制の導入により飛躍的に伸びた食糧生産

いいとこずくめの新農法の発明により、ヨーロッパの穀物生産量が大幅に上昇し、農民は貧困と飢えからわずかながらに解放された。

POINT

- ◆1年の農作業を暦にした「農事暦」が用いられた
- ◆三圃農法によって穀物の生産力が向上

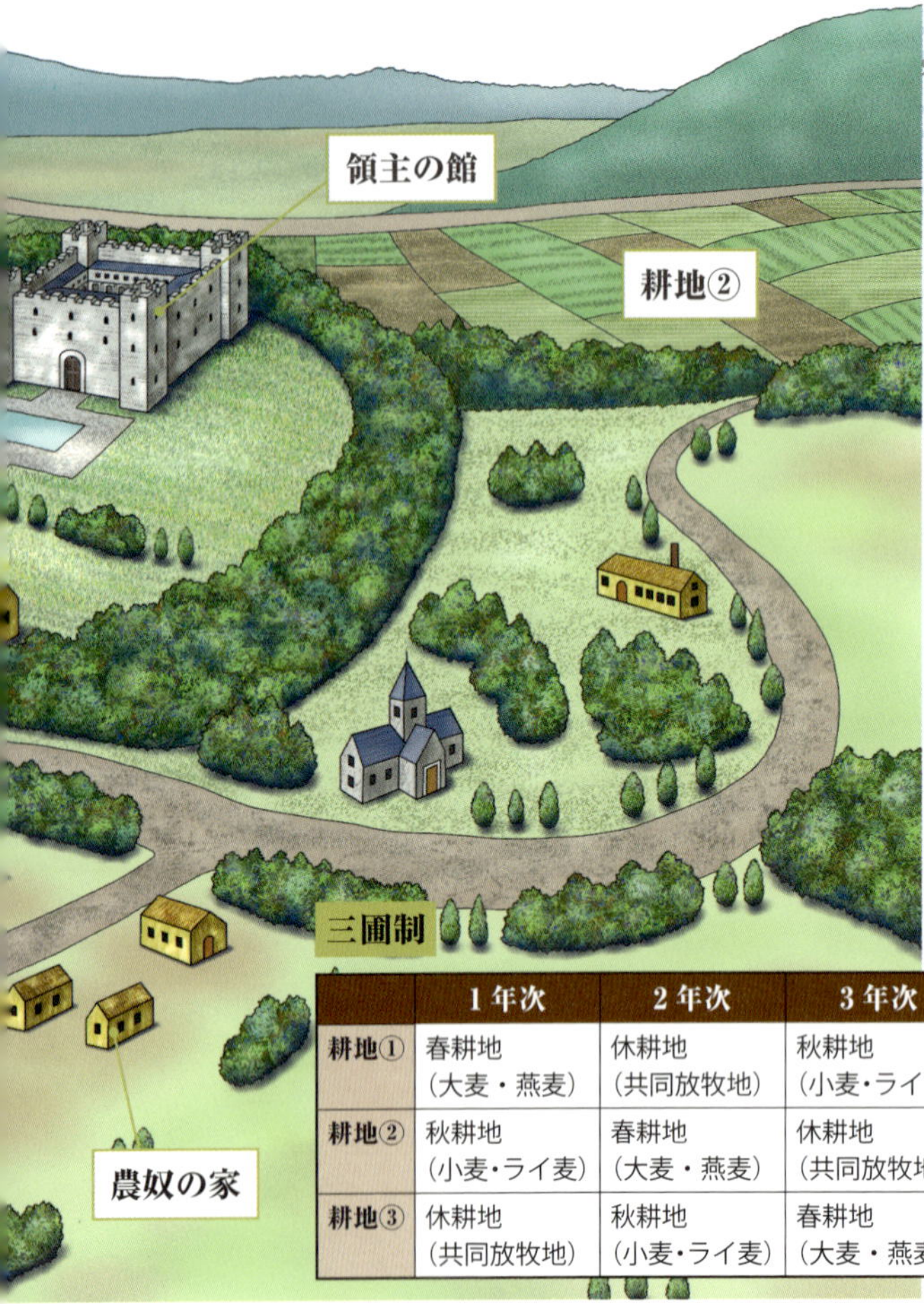

三圃制

	1年次	2年次	3年次
耕地①	春耕地（大麦・燕麦）	休耕地（共同放牧地）	秋耕地（小麦・ライ麦）
耕地②	秋耕地（小麦・ライ麦）	春耕地（大麦・燕麦）	休耕地（共同放牧地）
耕地③	休耕地（共同放牧地）	秋耕地（小麦・ライ麦）	春耕地（大麦・燕麦）

収穫量を倍増させた夏麦の出現

中世ヨーロッパにおいて農作物収穫量が増えた原因として、もうひとつ、農法改革があった。夏麦の出現により可能になった「三圃《さんぽ》制農法」だ。「三圃」とは「三つの畑」のことで、農作地を大きく3つに分け、**「冬麦→夏麦→休耕」という2年続きの耕作と1年の休耕のサイクル**を採用したものである。

土地が痩せているヨーロッパでは毎年の耕作が不可能で、それまでは1年ずつに耕作と休耕を繰り返していた。ところが、12世紀頃に夏麦が登場すると、夏麦→冬麦のサイクル

中世農業の風景

7月	**1月**
麦の収穫　羊毛刈り	新年の宴
8月	**2月**
ワイン樽作り 鷹狩り（貴族）	薪の調達 葡萄の剪定
9月	**3月**
葡萄摘み	夏麦のための耕作・ 種まき・馬の準備
10月	**4月**
冬麦の種まき ワイン作り	花見（貴族）
11月	**5月**
豚の飼育 （森でのエサやり）	牧草地に馬を放す 森散策（貴族）
12月	**6月**
豚を殺し塩漬け	狩猟干し草作り

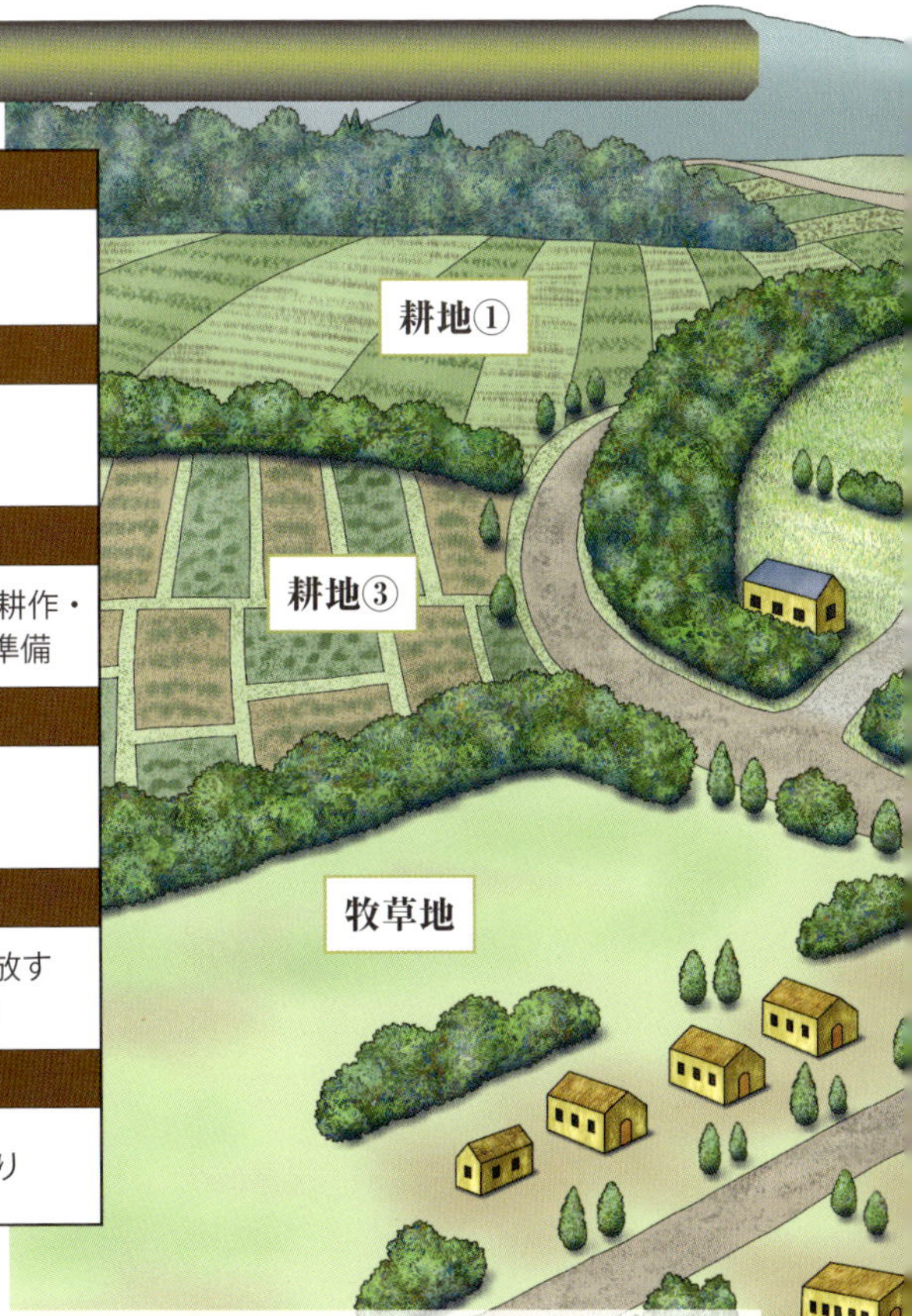

農民たちは、徐々に荒地や森などの未開拓の土地を開拓することで、広大な耕地を得、季節ごとに耕地を変え、それぞれ異なる穀物を生産することを可能にした。

によって地力を落とさずに冬麦を蒔くことができるために、麦の2年続きの耕作が可能になったのだ。

冬麦とは小麦とライ麦のことで、それぞれ黒パンと白パンの材料になる。12世紀頃に普及し、庶民もパンを食べられるようになった。

また、冬麦（大麦・燕麦）はビールの材料や家畜の飼料となり、農耕馬や騎士の乗馬の飼育も盛んに行なえるようになった。

耕作地は村単位で集められ、細長い区画に分けられ、耕作された。これにより13世紀までに収穫量は倍増したという。

当時の様子は、1年の農作業を暦にした「農事暦《のうじれき》」という絵暦で見ることができる。15世紀初頭に描かれた有名な『ベリー公のいとも豪華な時祷書《じとうしょ》』には、12か月にわたる当時の農民や貴族の生活がリアルに描かれている。

荘園領主

領民を守る義務を負った農村の支配者

納税に、竈・水車の使用料と、管理する農民をなにかと搾取した荘園領主たち。

POINT

◆領主には「聖界領主」と「世俗領主」のふたつのタイプがある

◆領主は納税の見返りに外敵から領民を守る義務を追う

絶対的権力を持っていた領主

ファンタジーゲームの世界で比較的大きな町や村にたどり着くと、ひときわ大きな家に住む偉そうな人が登場することがある。この存在は、中世ヨーロッパでいえば領主に相当するだろう。領主とは、諸侯から土地を賜って管理する役割を与えられていた人物のことである。

では、領主とはどういう存在だったのかというと、中世ヨーロッパにおける領主には「聖界領主」と「世俗領主」のふたつのタイプがあった。聖界領主とは文字通り、司教座教会や修道院のことで、いわゆる法人の領主だ。

世俗領主はいわゆる大土地所有者で、自分の持つ荘園で隷属農民や農奴を働かせていた。11世紀以降は、領主から土地を借りて耕作する自由農民も現われ、こうした自由農民から領主は地代を徴収していたのだ。

領主が持つ所領の広さに一定の定義はなく、いくつもの所領を持つ領主もいれば、わずかにひとつかふたつの荘園を持つだけの領主もいた。

こうした領主のなかには、宮廷の管理担当者や、地方の役人、国王直属の騎士などが、土地を分け与えられて領主になった者も少なくなかった。いずれにせよ領主とは、国王への奉仕や勤務の結果によって、国王から土地を与えられた人物だったというわけだ。

領主と農民の関係

土地を与えられ領主となった者は、荘園の館に住み、その土地の生産物によって生活をした。

領主は自分の土地を直営地と農民保有地のふたつに分け、直営地では奴隷や農奴に住まいを与える代わりに耕作の仕事をさせた。

農民保有地を得た自由農民からも、地代や租税を取り立てた。その額は、場所や時代によって差はあるとはいえ、農民の収入の50％以上にも達し

荘園領主の役割

領主の特権と役割

税収	裁判権	ワイン・小麦などの管理
農民に与えた土地代のほか、そこで収穫された農作物の一部や、農民が土地を相続する際の相続税などあらゆる財産に税金をかけて納付させる。	領主の領地内で発生した事件に対して裁判を開き、領民を裁く権利を持つ。裁判は広場で行なわれ、領主から任命された荘司によって執行された。	葡萄を絞ったり、小麦を挽いたりする際に使用する道具を所有して使用料を設け、強制的に農民に使用させることで収入を得る。

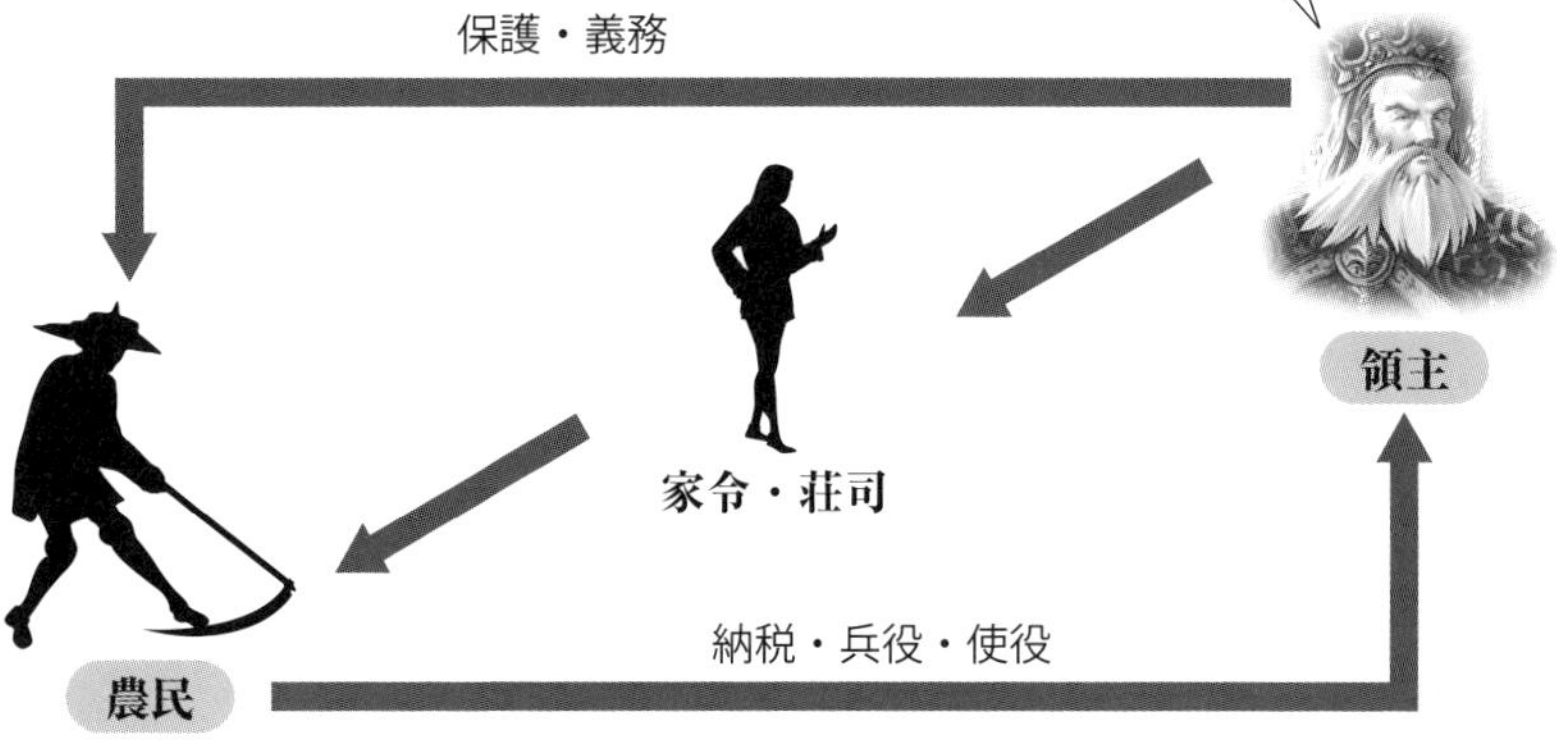

多数の農民を抱えて荘園を運営していた領主は、従属する農民に対して厳しい規則を設けて収入を得る一方、彼らの生活を保護する義務も負っていた。

たといわれている。

さらに、当時の農業には風車や水車の存在は欠かせないものであったが、これらはすべて領主の持ち物だったため、**領主は農民たちから使用料を徴収した。**農民が風車や水車を持てるほど裕福ではなかったし、たとえ作れるとしても、領主は自分が収入を得るために領主の持ち物を使うように強要したのだ。

さらに、パン焼きのための釜や葡《ぶ》萄《どう》を絞る圧搾機《あっさくき》なども、農民に自前のものを持つことを禁じ、使用料を取立てていた。

こうした支配の代わりに領主が持っていた義務は、外敵から領民を守ることだった。また、領国内の裁判権を持ち、裁判を行なった。

ゲームなどでモンスターに襲われた町や村で、主人公が領主に退治を頼まれることがあるが、これも領民を守る領主の仕事というわけである。

都市の運営

市民が動かした封建領主からの解放区

皇帝や教皇の庇護のもと自治権を獲得した中世都市は、移り住んだ貴族や騎士、商人たちからなる市参事会によって運営されていた。

市民による市民のための都市運営

中世の農村が領主によって支配・管理されていたのに対し、都市は封建的束縛のない世界へと変貌していった。当初は王侯や騎士など、封建領主の政治的支配を受けていたが、11〜12世紀にかけて商工業が発展すると、都市は利益を吸い上げようとする封建領主に抵抗し、自治権を獲得していくのである。

ヴェネツィアやフィレンツェなどでは、貴族が都市へ入って同化し、農村部を取り込んだ都市共和国を形成。ドイツでは皇帝の保護を得た都市が諸侯から自治権を奪取した。

自立した都市を運営したのが、市参事会である。市参事会は市政を円滑に運営するための組織で、富裕な商人と騎士階級によって構成されていた。**市参事会は無報酬**で、それなりの収入を持つ人々が参加していた。

市参事会の仕事は、財政から軍事まで、都市の運営全般に及んでいた。財政面では、市民からの租税徴収をはじめ、市場の管理、ギルドと呼ばれる同業者組合の管理、さらには貨幣の鋳造にまで及ぶ。

都市の軍事は、市参事会の管理のもと、市民自らが参画していた。未婚で父親が元気な一人前の男子は自警団に入ることが義務付けられており、彼らのなかで武芸に通じ、人望も厚い人間が、市参事会によって臨時の司令官に任命されたのだ。

都市には騎士もいたが、彼らはかつて代官として諸侯から都市に遣わされていた人物の家系に属する者で、徴税や裁判などを担当していた。

それが、都市独立後、職務とともに都市の住人となったのであり、彼らはプロの軍人として存在していたわけではない。つまり、当初都市に軍隊は存在していなかったのだ。

しかし、都市の警備が自警団だけではおぼつかなくなると、都市は傭兵や傭兵隊長を雇い、プロの集団による軍隊が結成されるようになった。

POINT

- ◆商業の発展した都市は諸侯に自治権を要求した
- ◆中世都市は市参事会によって運営された

都市運営のしくみ

中世都市の形成

	①自治都市	②帝国都市（自由都市）
形成	特許状を獲得して法・城壁を持ち独立性を高める。	司教座都市の教会支配から自立したり、名目上皇帝に直属して諸侯に対抗した都市。
例	北イタリアの都市共和国（コムーネ）	ドイツのハンザ同盟の諸都市

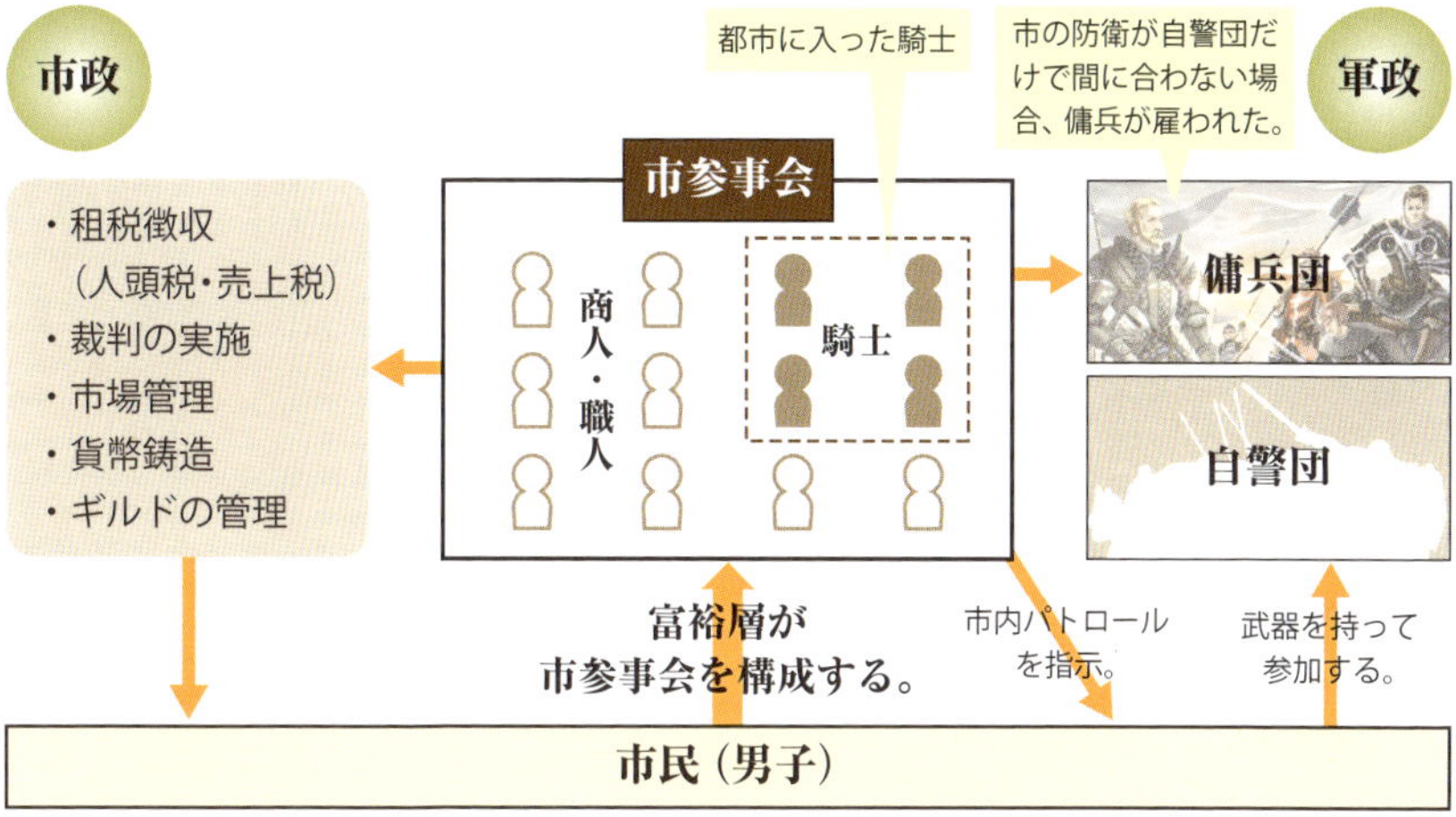

市政
軍政
都市に入った騎士
市の防衛が自警団だけで間に合わない場合、傭兵が雇われた。
市参事会
商人・職人
騎士
・租税徴収（人頭税・売上税）
・裁判の実施
・市場管理
・貨幣鋳造
・ギルドの管理
傭兵団
自警団
富裕層が市参事会を構成する。
市内パトロールを指示。
武器を持って参加する。
市民（男子）

11～12世紀にかけて、各都市は領主の保護から放れ自治権を得ていく。なかでも商人や職人の地位が高まり、彼らが市政のトップに立ち、税の徴収や裁判の実行、さらには軍の整備を行なっていくようになった。

都市同盟

自治権を得た中世都市であったが、諸侯の持つ軍事力は脅威だった。そこで、都市同士は同盟を組んでこれに対抗した。これが都市同盟である。

都市同盟が初めて生まれたのは、1164年、北イタリア支配を目指す神聖ローマ皇帝フリードリヒ1世に対抗した「ロンバルディア都市同盟」で、1176年にレニャーノの戦いでフリードリヒ1世の軍勢を打ち破った。

その後、ロンバルディア都市同盟をモデルとした「ライン都市同盟」「シュワーベン都市同盟」などが次々と誕生。13世紀には、北ヨーロッパでリューベックやハンブルク、ケルンなどドイツ都市を中心とした「ハンザ同盟」が誕生した。のちに国家と同等の扱いを受けた。

中世の1日

教会とともにあった中世の1日

教会の鐘に沿って1日の生活を送った、中世庶民と貴族の朝から晩まで。

上流階級の1日

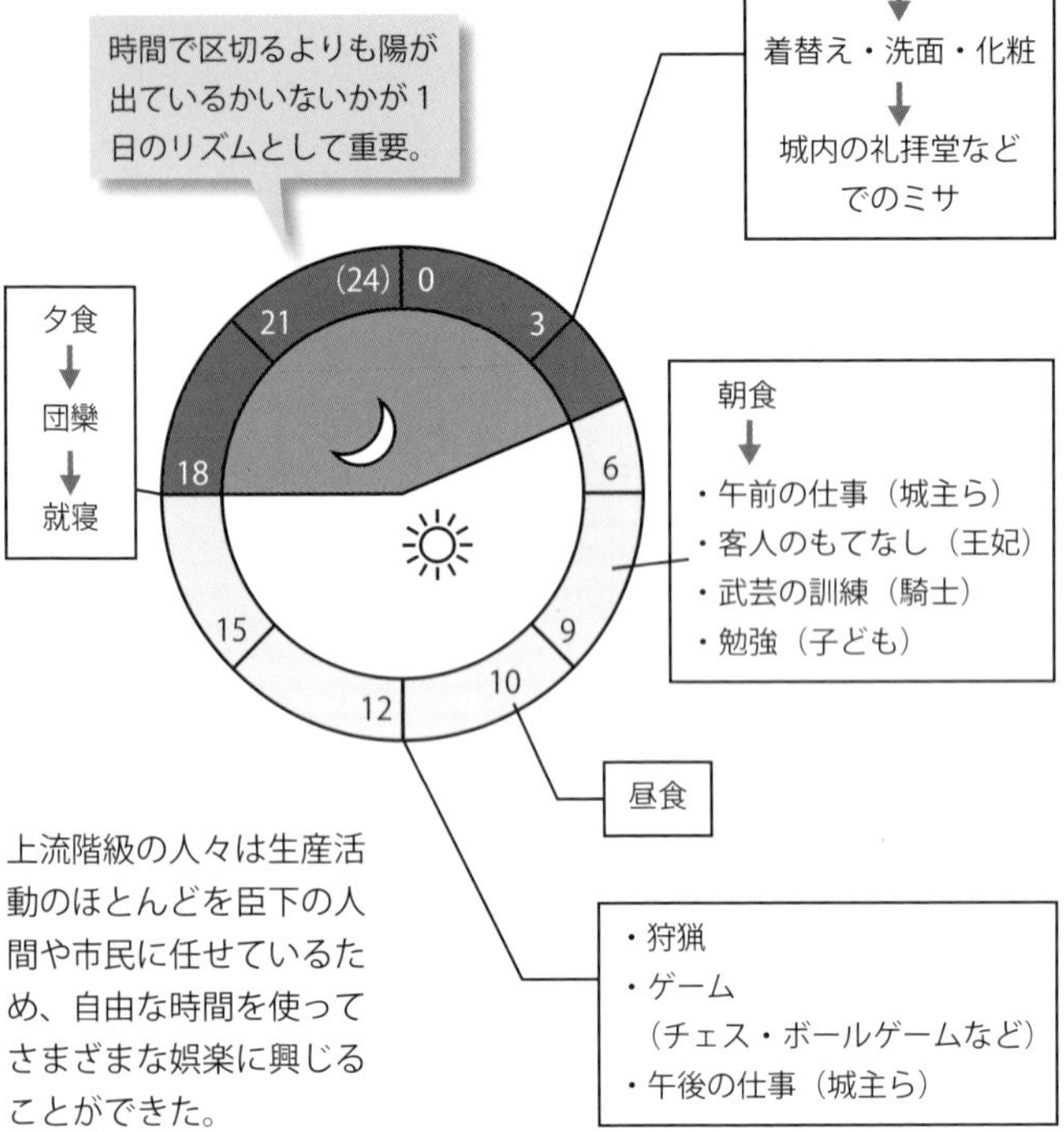

時間で区切るよりも陽が出ているかいないかが1日のリズムとして重要。
夜明けとともに起床
着替え・洗面・化粧
城内の礼拝堂などでのミサ
(24) 0
3
6
9
10
12
15
18
21
夕食
団欒
就寝
朝食
・午前の仕事（城主ら）
・客人のもてなし（王妃）
・武芸の訓練（騎士）
・勉強（子ども）
昼食
・狩猟
・ゲーム
（チェス・ボールゲームなど）
・午後の仕事（城主ら）

上流階級の人々は生産活動のほとんどを臣下の人間や市民に任せているため、自由な時間を使ってさまざまな娯楽に興じることができた。

太陽と教会の鐘が生活の基準

中世ヨーロッパの修道士や庶民は、暗いうちから起き、まず朝の祈りを捧げてから朝食を摂り、その後、夜明けと共に働き始めた。

王侯や騎士たちは、夜明けとともに起きて身支度をし、ミサを行なったのちに、仕事に従事した。滞在客や来訪者がいれば、もてなしのための催しが行なわれることもあった。昼食を摂ったあとは自由時間で、ゲームなどの趣味に興じて、夕食を終えると就寝する生活を送った。

基本的に1日の動きは太陽と共にあったが、時間の目安となったのが

POINT

- ◆夜明け前から活動し、日没とともに眠る
- ◆教会のミサを告げる鐘が時刻の基準だった

上流階級と一般市民の1日

一般市民の1日

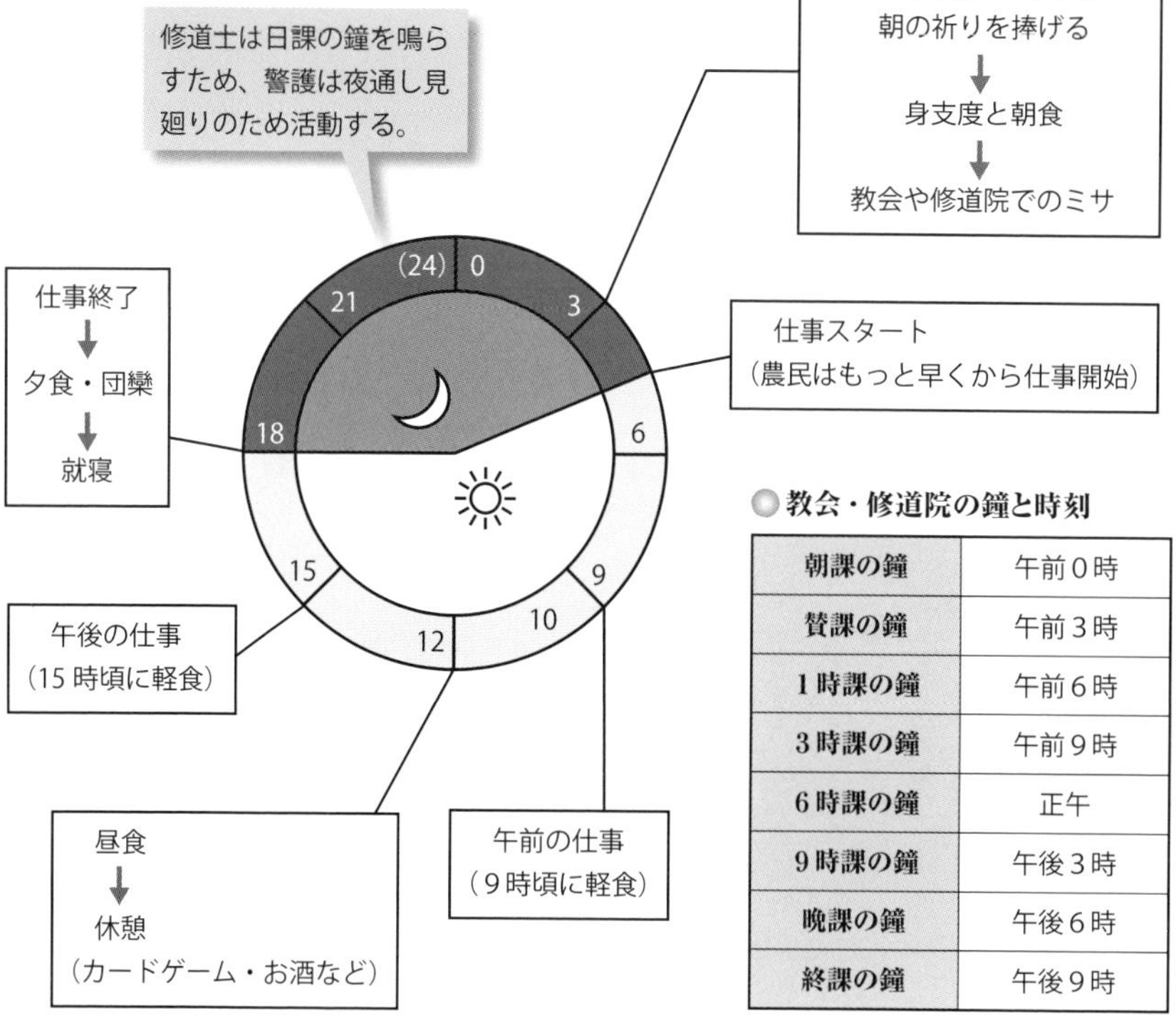
修道士は日課の鐘を鳴らすため、警護は夜通し見廻りのため活動する。
夜明け前に起床し、朝の祈りを捧げる
身支度と朝食
教会や修道院でのミサ
(24) 0
3
6
9
10
12
15
18
21
仕事終了
夕食・団欒
就寝
仕事スタート
（農民はもっと早くから仕事開始）
午後の仕事
（15時頃に軽食）
昼食
休憩
（カードゲーム・お酒など）
午前の仕事
（9時頃に軽食）

教会・修道院の鐘と時刻

朝課の鐘	午前0時
賛課の鐘	午前3時
1時課の鐘	午前6時
3時課の鐘	午前9時
6時課の鐘	正午
9時課の鐘	午後3時
晩課の鐘	午後6時
終課の鐘	午後9時

教会や修道院が行なうミサである。中世では8聖務課といって、教会や修道院で1日に8回ミサが行なわれていた。

夏と冬では多少ズレがあるものの、大体3時間ごとにミサが開かれ、その都度、真夜中に朝課の鐘、3時頃に讃課の鐘、朝6時頃に一時課の鐘というように、修道院や教会の鐘が鳴らされたのである。

王侯や騎士は、ミサを中心としたリズムで生活し、庶民はミサが行われる鐘の音を時計代わりに生活をしていた。中世ヨーロッパでは、人が暮らすところには必ず修道院か教会が存在していたから、当時の人々は時計がなくても不便なく暮らせたのである。入浴はあまり頻繁に行なわれる習慣はなかったが、一般に朝か、仕事を終えたあとに行なわれた。ただし、貧しい人々は公衆浴場へと向かい風呂に入ったと考えられている。

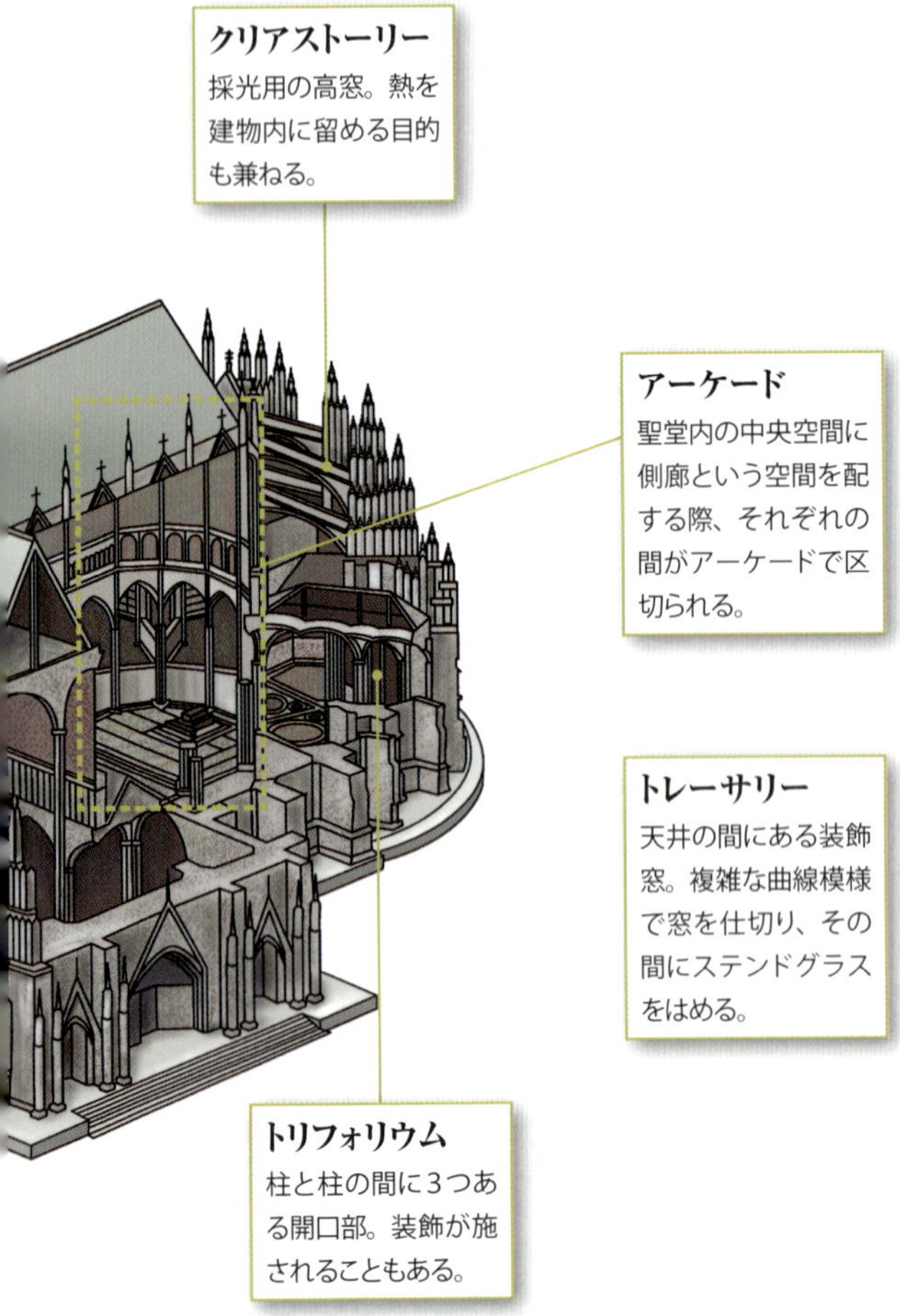
クリアストーリー
採光用の高窓。熱を建物内に留める目的も兼ねる。
アーケード
聖堂内の中央空間に側廊という空間を配する際、それぞれの間がアーケードで区切られる。
トレーサリー
天井の間にある装飾窓。複雑な曲線模様で窓を仕切り、その間にステンドグラスをはめる。
トリフォリウム
柱と柱の間に3つある開口部。装飾が施されることもある。

大聖堂

中世都市の天高くそびえる市民のシンボル

司教座の置かれた都市に築かれる巨大建築は、数世紀にわたって建築が続けられ、完成後はこれが市民たちの誇りとなった！

POINT

- ◆建築を指揮したのは石工の親方
- ◆大聖堂の建築には数世紀を要する

花開いたゴシック建設

中世ヨーロッパの都市を俯瞰したとき、ひときわ目立つのが大聖堂だ。一般にカトリック教会では司教座聖堂のことを指し、大聖堂がある都市ではそのほとんどが中央広場に面している。大聖堂は都市のシンボルであり、**市民たちの誇り**でもあった。

大聖堂を建設するのは並大抵のことではない。建設に**半世紀や1世紀を要する**のは当たり前で、ケルンの大聖堂にいたっては、1228年の着工後、1880年まで、なんと6世紀もの年月を経て完成したのだ。

では、大聖堂はどうやって造られ

大聖堂の構図

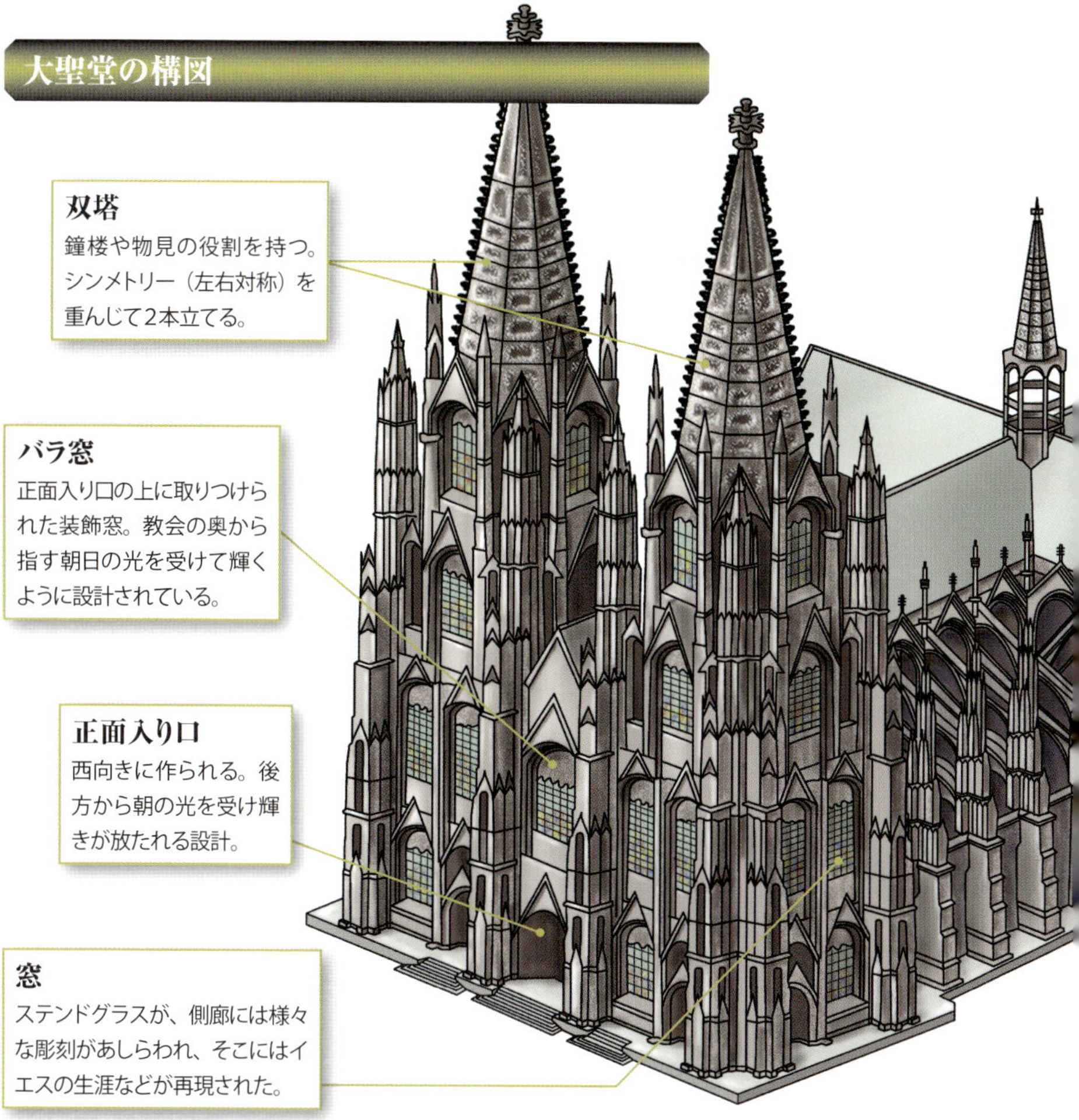

双塔
鐘楼や物見の役割を持つ。シンメトリー（左右対称）を重んじて2本立てる。
バラ窓
正面入り口の上に取りつけられた装飾窓。教会の奥から指す朝日の光を受けて輝くように設計されている。
正面入り口
西向きに作られる。後方から朝の光を受け輝きが放たれる設計。
窓
ステンドグラスが、側廊には様々な彫刻があしらわれ、そこにはイエスの生涯などが再現された。

たのか、その過程を見ていこう。

まず基礎を築き、基礎の上に石工が石を積む。この石積みが少しでも狂うとピサの斜塔のようになってしまう。石積みが完成すると、切り石を積み上げて柱と壁が作られる。ミサのために広いスペースを確保しながらも、多くの柱で支えざるを得なかった。そして最後に天井の上に屋根をつけて完成となる。

聖遺物

キリストの死を確かめた聖槍やその血を受けた聖杯、聖人たちの体の一部、聖人たちの持ち物などは聖遺物として崇敬を集めた。この聖遺物は多額の建築費用が必要な大聖堂建築の際に庶民から寄付金を求めるため、教会は聖遺物を巡幸させ、庶民から寄付金を募った。

年中行事

1年の基本はキリストの降誕と復活を祝う行事

中世の人々は農作物の暦に由来する、降誕祭に始まるキリスト教の1年のサイクルを共に過ごした。

教会と共に歩む1年

中世の人々の1日が教会の鐘とともにあったと同じように、1年のサイクルもまた教会の定めた祝祭日を基準として営まれていた。

基本となるのは、「**降誕節**《こうたんせつ》」「**四旬**《しじゅん》**節**《せつ》」「**復活節**」の3つだ。

1年は降誕祭で幕を開ける。つまり、現代でいうクリスマスが中世の1年の始まりであり、12月24日から1月13日までを降誕節という。

その後、「灰の水曜日（2月4日～3月10日のいずれかの日）」から復活祭までの終日40日間は、イエスが40日間にわたって断食を行なったことに由来する「四旬節」で、そのうち復活祭（3月22日～4月25日のいずれかの日）直前の1週間は聖週間と呼ばれている。

聖週間の始まりは、イエスがエルサレムに入城した「枝の主日」であり、聖木曜日と呼ばれる最後の晩餐の日、イエス受難の聖金曜日、イエスが墓に安置された聖土曜日と続く。そして復活祭前日の日没後から復活祭50日目の「精霊降臨祭」までを「復活節」としている。

夏期には大きな宗教上の祝祭日は少なくなり、6月20日の夏至祭のほか、聖ペトロの記念日とされる8月1日に収穫祭が行なわれる程度である。これらは農耕行事がキリスト教と結びついたものである。

そして11月1日、諸聖人の日を迎えると、再び人々は冬の降誕祭へ向けて準備を始めるのだ。

中世で使われていた暦は、紀元前45年にローマのカエサルが定めた「ユリウス暦」である。

しかし、中世になると、太陽の動きとの間に生じるズレが大きくなり、なんと自然のサイクルとカレンダーで10日のズレが生じてしまっていた。

そこで、1582年10月5日を、同年10月15日という日付にしてズレを調整。これが現代でも使われている「グレゴリウス暦」である。

POINT

- ◆中世ヨーロッパの1年はクリスマスに始まる
- ◆農耕行事と混交したキリスト教の伝説

中世ヨーロッパの一年の流れ

月	行事	季節
12月	降誕際（12/24）	冬
1月	キリスト割礼の祝日 (1/1) 御公現の祝日 (1/6)	春
2月	聖マリアお清めの祝日 (2/2) 四旬節スタート (2/4～3/10 の間のいずれかの日)	
3月	復活祭 (3/22～4/25 の間のいずれかの日)	
4月	復活祭直前の１週間は、「枝の主日」から始まる聖週間と呼ばれる。聖週間のうち、最期の３日間を聖木曜日、聖金曜日、聖土曜日と定めている。	夏
5月	聖霊降臨祭 (復活祭より 50 日後)	
6月	夏至祭 (6/20)＝夏の聖ヨハネ祭	
7月		
8月	収穫祭 (8/1)＝聖ペドロ鎖の記念日	秋
9月	聖ミカエル祭 (9/29)	
10月		冬
11月	諸聖人の祝日 (11/1)・死者の日 (11/2)	

中世の１年はキリスト教会の暦に沿って定められていた。教会は信仰のために祝祭日を設けていたが、次第に季節の移り変わりを告げる農耕の祭りを伴う日へと変化していった。

中世の衣装

庶民が求めた機能性と貴族が求めた性別の強調

貴族は派手に、庶民は地味に……。衣装を見れば身分がわかる!?

女性
男性
髪おおい
リンネルでできた髪おおいは汚れを防ぎ、髪を隠すのにも適した。
胸を強調したいときは下着の下から布で身体を締め上げげた。胸のふくらみを出す際は毛糸の玉をなかに入れることも。
革の財布
ポケット代わりに使った。
ブリオー
女性のブリオーはくるぶしまで長さがある。
ブリオー
一番上に羽織る上着。丈の長さは長くてもひざ下、短くても腰くらい。
ブレ
今日のズボンに当たる服。

中世の男性は巨乳好き!?

当時の服の素材は羊毛からつくる毛織物である。庶民の衣装は、**男性がブレというズボンとブリオーという上着を基本とし、女性はブレを履かず、丈の長いブリオーを着ていた。**男女ともにシュミーズと呼ばれる肌着をブリオーの下に着て、外出するときはマントを羽織った。

農民は、膝から下の部分を、ブレの上から紐で括って絡まないようにすることもあったようだ。

男性の着るブリオーは短めのものだったが、12世紀頃から長いものが流行した。道学者などは「女々し

POINT

- ◆男性の衣装はブレとブリオーが基本
- ◆男性機能を強調した貴族の衣装

中世庶民の服装

その他の装飾品	外出
 **帽子** シャブロンと呼ばれる垂れ帽子。明るい色で絹の裏地を使ったものなど、多種多様なデザインで15世紀末まで200年ほど愛用された。 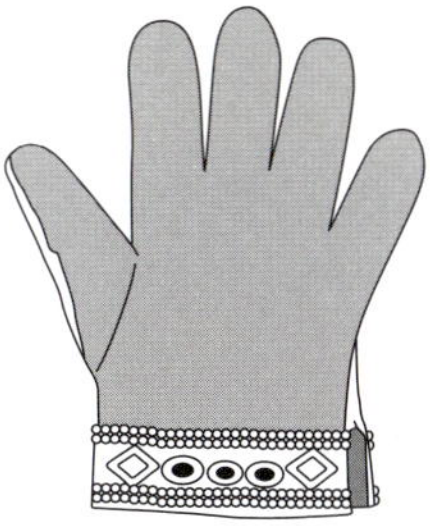 **手袋** 皮や布でできた手袋に刺繍を施した。用途も多岐に渡り、寄進のしるしに手袋を贈ることもあった。	**マント** 袖がなくフードつきのもの。  冬用のマントは動物の毛で裏打ちされている。また、動物の油分を除いていなければ、水をはじくカッパにもなる。

い」と非難したが、丈の長いブリオー人気は高まるばかり。ところが、14世紀中頃には、再び短いブリオーが人気を得るようになった。この時も、道学者などは「体の線がぴったり出て下品だ」と非難したが、流行は止まらない。結果、長いブリオーは聖職者や教授、医者、法曹家といった謹厳さを重んじる人だけが着用するものとなった。

　貴族の男性は、シュースというぴったりしたタイツのようなものと、ヨッドピースというわざと股間を強調するズボンを好んで履いていた。

　女性はシュミーズの上に、綿をなかに入れて塗った胴囲「ドゥプレ」をつけ、裾に向かって充分広がっている丈の長い服「コット」を着ていた。当時は豊かな胸が好まれたので、女性はシュミーズの下からモスリンの布で体を締め上げたり、なかに毛玉を詰めたりして胸を大きく見せた。

結婚と性

中世の男女は潔癖だったのか？

結婚を否定的にとらえてきた教会による性と結婚への介入が、西洋独特の習慣を生み出した。

ちょっと羨ましい!?「初夜権」

ヨーロッパの結婚式といえば、教会で神父の前で誓うスタイルが連想され、キリスト教が誕生した頃から続く伝統のように考えている人が多いことだろう。

しかし、じつは**結婚という儀式に教会が介入してきたのは12世紀のこと**で、それ以前は一夫一婦制という概念も、結婚式という考え方も存在していなかった。教会自体も結婚に対して否定的で、色欲に対する歯止め程度にしか考えていなかった。

それまでのヨーロッパでは、一夫多妻制が認められており、離婚も自由。よりよい結婚相手を見つけるためという理由で、未婚の娘の誘拐さえ頻繁に行なわれるなど、実に自由な結婚観が存在していた。

ところが、突然教会が結婚に関わってきたことで、それまでの結婚に対する考え方が一変し、奇妙な習慣も誕生した。

処女性を重要視しすぎるようになったために、「処女を破る行為は危険だから、初夜の場で花婿に何か起きては大変」という迷信により、まず花嫁の処女を領主が破っておくという習慣が生まれたのだ。

これを「初夜権」という。つまり、領主は村中の処女を破る権利を持っていたというわけだ。

この初夜権を免れるためには、罰金と貢物などを領主に納めなければならず、処女を奪ってもらうか、罰金などを支払わなければ、役場からも領主からも結婚許可をもらえなかったのだ。この初夜権は、フランスで16世紀、ロシアではなんと19世紀まで存続していたという。

貴族や王族の場合は、さすがに初夜権は存在しなかったが、新郎新婦が無事に初夜を迎えられたかどうかを見届ける証人がすぐ近くで待機し、後で事実を確かめるために、花婿の局部をチェックしたり、シーツを調べたりしたという。

POINT

- ◆中世初期には一夫多妻が認められていた
- ◆迷信に満ちた処女信仰

中世における結婚の変遷と風習

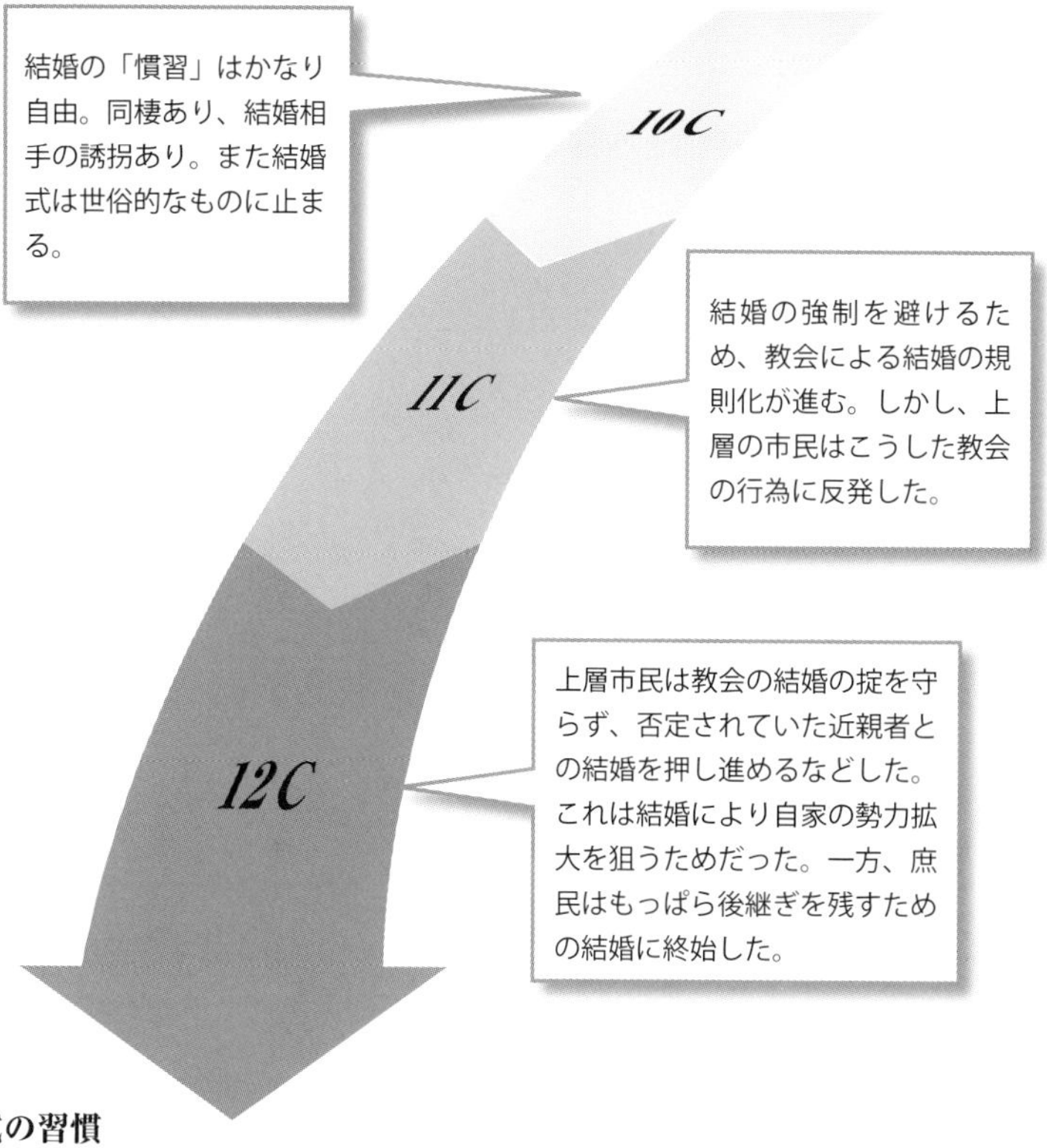
10C
結婚の「慣習」はかなり自由。同棲あり、結婚相手の誘拐あり。また結婚式は世俗的なものに止まる。
11C
結婚の強制を避けるため、教会による結婚の規則化が進む。しかし、上層の市民はこうした教会の行為に反発した。
12C
上層市民は教会の結婚の掟を守らず、否定されていた近親者との結婚を押し進めるなどした。これは結婚により自家の勢力拡大を狙うためだった。一方、庶民はもっぱら後継ぎを残すための結婚に終始した。

◎結婚式の習慣

習慣名	内容
披露宴への参加	街の若者が披露宴の会場に押しかけて突然式に参加しようとすること。うまくいけば花嫁からの「振る舞い酒」を飲むこともできる。しかし、たいていはもめる。
祝儀権	夫が領主に払う税を仲間たちに与えること。誰がその権利を得るかでケンカになる。
新婚スープ	初夜の夫婦のもとへ運ばれるスパイスをたくさん効かせたスープ。一種の精力剤の効果を発揮し、夜の営みを手助けした。
シャリヴァリ（どんちゃん騒ぎ）	再婚は、財産相続の面で非難の対象となり、再婚夫婦の前で市民があらゆる嫌がらせを行なう。裁判沙汰になることもある。

中世の結婚は、その結婚が行なわれる都市全体にとっても大きな関心ごとだった。住民はさまざまな権利を持ち出しては新婚夫婦の幸せをわざわざ乱すような行為を繰り返して楽しんでいた。

中世の食事

異様に味が濃かった中世ヨーロッパの料理

保存設備の整っていなかった当時にあって、素材の傷みを隠すために香辛料が大量に用いられた。

保存状態の悪さが生んだ料理の伝統

フランス料理やイタリア料理、スペイン料理など、ヨーロッパの料理は現代においても高い人気を誇っている。

そんなヨーロッパ料理の特徴の一つがソースだろう。とくにフランス料理はソースの味がすべてといっても過言ではないほどソースに重きが置かれている。

じつはこの伝統は、中世ヨーロッパの時代に生まれ、現代へと受け継がれてきたものなのだ。

ただ、当時の料理は、現代のものよりかなり味が濃かったようだ。

塩、ニンニク、カラシなどの香辛料が、少し裕福な人はコショウやサフランといった高級な香辛料が使用された。

パンを液体に浸して濾し器で流して作られた濃いソースや、詰物、葡萄酒や酸味葡萄汁で味をきかせたソースなどが盛んに作られたが、そのどれもが味が濃かった。

これほどまでに香辛料にこだわったのは、満足な食材の保存設備がなく、ほとんど腐りかけた鮮度の低い材料が多かったため。食材を潰して大量の香辛料を効かせなければ、とても食べられるものではなかったからだ。

また、当時は、人体の四体液（胆汁、血液、粘液、黒胆汁）次第で体質が決まるとされ、香辛料によって変質できるとされた。領主のもとにいた執事が、領主の顔色をうかがって、それに合う香辛料を使わせていたようだ。

海に囲まれた日本では、新鮮な魚が豊富だったことから、素材の良さを活かす料理が発達した。

一方、ヨーロッパでは古代ローマ時代に食文化が発展し、多様な料理が上流階級の食卓を飾ったものの、中世の混乱のなかで失われていった。中世ヨーロッパでは、素材の味を活かすことは困難だったのだ。

POINT

◆ヨーロッパのソースの源流は中世にあった

◆領主の食事の味は顔色で決まった

中世の食材と調理方法

食材　肉とパンが主食

メインは豚や羊の肉で脂身が何よりのエネルギー。パンとともに食す。都市部では遠方の素材も味わえた。

調味料　高価なものが多く嗜好品

塩・こしょう・
からし・ニンニク・
サフラン・香草類など。

↓

食材が腐らないよう塩漬にしたり、食材を細かく切り刻み大量の香草類で味を変える。

調理　～農村部のキッチンから～

肉のスープのなかにパンを入れる。具材を変えながらほぼ１年中スープ料理を食べる。
三脚なので火に直接かけられる。
鍋置き
火おおい

農村部では煮込み料理がほぼ１年続く。一方、都市部では調理法も増え、フライや串焼きなども楽しむことができた。

中世の食卓にも身分が映し出された。富裕層になればなるほど食材は豊かになり、調理方法も多様になった。また、フォークやナイフを使えるのも身分の高い人だけであり、農民などの最下層の人々は手で食事をとっていた。

商人ギルド

貿易を支え、市政参加への道を拓いた相互援助組織

治安の悪いヨーロッパ中を移動せざるを得なかった商人たちが集まり、相互扶助組織を結成した。

POINT

- ギルドは商人ギルドと職人ギルドにわかれる
- 商人ギルドは都市の自治権獲得の原動力となった

中世都市に生まれた労働組合

ギルドは11世紀後半以降に成立した同職組合組織のことで、ヨーロッパ北部の商人の間で原型ができ、やがてヨーロッパ全体に広がった。

では、ギルドとはどういう団体なのかというと、大きく商人ギルドと職人ギルドに分かれる。先に成立したのは前者で、もともとは構成員に厄災が及んだ際にこれを助け合う**相互扶助組織**だった。交易商人たちは治安の悪いヨーロッパを旅するため、途中で戦争に巻き込まれて捕虜になったり、山賊に襲われるなど、様々な厄災に遭遇する可能性があった。その際、身代金を支払ったり、残された家族を補償したりする団体がギルドだったのだ。

ギルトを結成し運営するには、当初領主などの権力者の承認が必要だった。領主にとって組合組織であるギルトは邪魔な存在であったが、商人が扱う商品や、売上から一定の税を徴収していたため、無下に商人を排除することもできなかった。

結果としてギルドの存在を認めたのだが、やがてギルドは自分たちがもっと自由に商売ができるよう、都市の自治権獲得運動を先導したのだ。

こうして商人ギルドの力によって、都市が自治権を獲得すると、ギルドは市参事会に組合員を送り込み、市の財政にも大きく関与。やがて市政を掌握するようになる。

ギルドは旨みたっぷり！

ギルドのメンバーになるには自由民であることや、両親の身分の証明、市民権の保持、加入金の納入といった条件があり、加入後も一定の金額を支払う義務があったが、ギルドに加入することは、商人にとって名誉なことであり、自らの利益を守るには必要不可欠なものだった。

ひとつの都市にその職業のギルドはひとつしかなく、独占団体となり、そのギルドの商品の商業品質や量の

市民の階層とギルド制

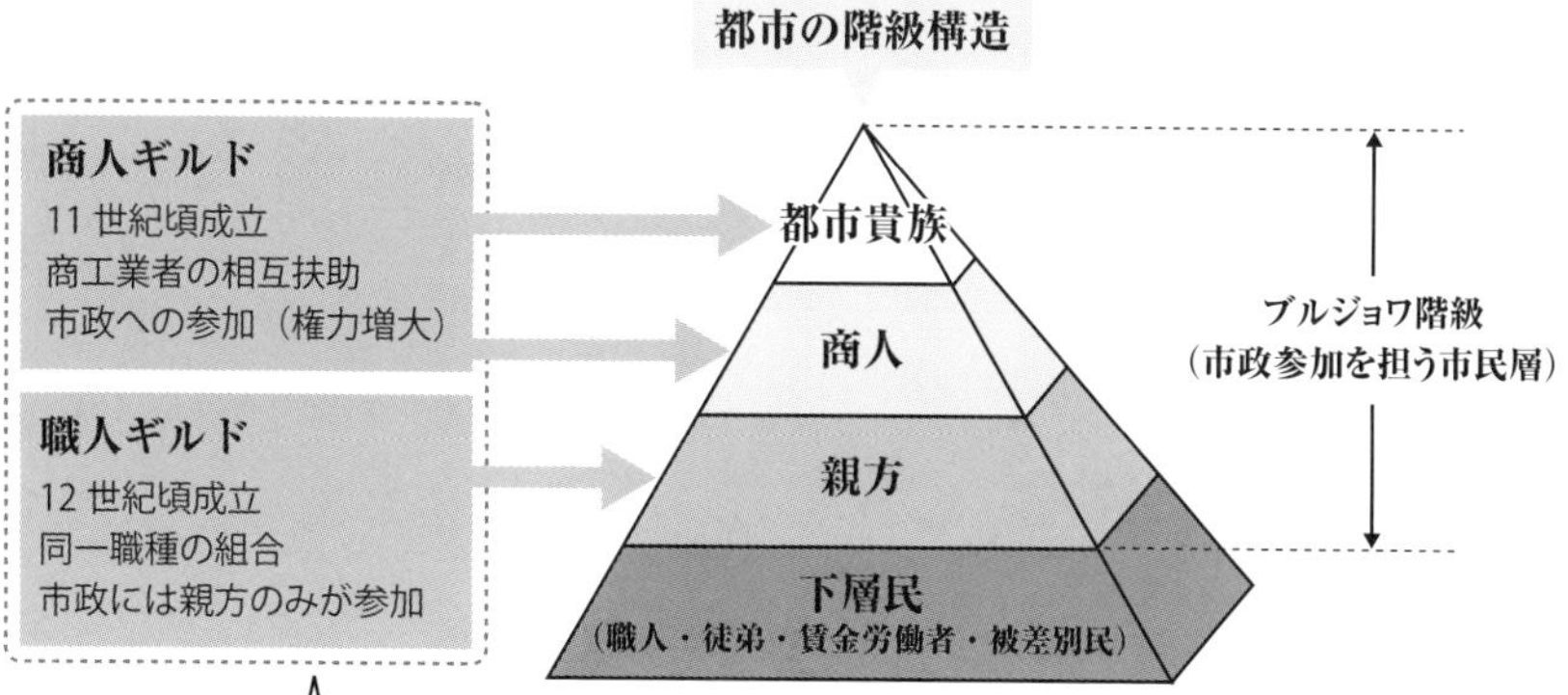
都市の階級構造
商人ギルド
11 世紀頃成立
商工業者の相互扶助
市政への参加（権力増大）
職人ギルド
12 世紀頃成立
同一職種の組合
市政には親方のみが参加
都市貴族
商人
親方
下層民
（職人・徒弟・賃金労働者・被差別民）
ブルジョワ階級
（市政参加を担う市民層）

ギルド制　交易の際の未知の土地での生活や、家で留守をする妻子の面倒を共同で行なう。

商人ギルド → **ツンフト闘争** ← **職人ギルド**

貿易商による相互扶助組織として誕生。都市の自治権獲得に貢献した。

職人層が形成したギルドで、一都市にひとつずつしか存在しない。

都市の経済成長をもたらした商人や職人は、ギルドと呼ばれる集団を形成し富裕層を形成していった。

管理、仕入価格や小売価格の決定権まで持つようになったのである。

職人ギルドが台頭するのは13世紀のこと。都市内の同職の職人たちが商人ギルドを真似て集まり、やがて姿勢への参画を求めるようになる。この結果商人ギルドとの間で対立が生じ、ツンフト闘争を展開。こうしたなかで**商人と職人の親方層による中世都市の運営が確立**していった。

フリーメイソン

薔薇十字団の母体となり、現代も密かに活動していると囁かれている秘密結社・フリーメイソン。そのフリーメイソンの起源だとされているのが、フリーストーン石工たちによる石工組合である。彼らは、組合憲章を作って自分たちの技術をほかに軽々しく教えないように規定した。

職人ギルド

諸国を巡って腕を磨いた中世の職人たち

商人ギルドを真似て職人たちが結集。品質を維持する一方、厳格な徒弟制度のもとで優秀な後継者たちが技術を受け継いでいった。

石工
石造の建築物が建つとき、その近くで作業する。切った石材には自らの刻印をしるした。
大工

中世都市の職人街。ゲームのなかでは武器屋、道具屋などが登場し冒険に必要なものを提供してくれる。こうした商店に立つ人々は、現実の中世世界では同時に職人であり、職人ギルドの一員であった。細分化された様々な職人たちがおり、関連する職業は近くに店を構えたとされる。職人の世界では徒弟制度が形成されており、一般には親方の見習いとして働いたのち、ギルドの審査を受けてギルドに加入した。一方で親方の下を出たのち諸国を遍歴して腕を磨く者も数多くいた。

徒弟制

親方	ギルドの構成員で、徒弟制のなかでは絶対的な権威を保有
↑ マスターピースを制作する試練を通過すれば昇格	
職人	有給の技術者で、諸都市を遍歴し、腕を磨く者もいた。
↑ 7年前後で昇格	
徒弟	修業料を支払い入門し、無給で住み込み修業する。

修業契約（徒弟→親方）

高い品質を守ったツンフト

ゲームのなかで旅人に武器や防具を売ってくれる人がいる。彼らは小さな商店を構えて商売をしているが、中世ヨーロッパ世界では、彼らはれっきとした職人。その大半は製品を作るとともに、自分の店で客に商品を販売していたのである。

こうした職人たちが職業ごとに集まって形成したのが「ツンフト」と呼ばれる職人ギルドである。ツンフトも、取引関係の取り決めを行なうとともに、賃金や労働条件、福利厚生、ギルドへの義務など、商人ギルドと同じであった。

POINT

- ◆職人たちは徒弟制度により後継者を育てた
- ◆ギルドによって商品の品質が保証された

中世の職人街
仕立屋
貴族など裕福な客を相手にドレスを仕立てる者から古着のみを扱う者まで細かく分類されていた。
染物屋
中世ヨーロッパで織物は一大産業だったため、織物ひとつにさまざまな工程の職人がいた。染物屋は最終的に織物を染め上げる職人。
靴屋
通行人に自分の技を披露するため、窓際で作業を行なう。牛や鹿の革で作っていた。
金銀細工屋
一般的な鍛冶屋と異なり、金銀といった希少価値の高い金属を扱う。教会で使用される聖杯などを作った。

ツンフトの特徴は、ギルドによって商売を独占している以上、一定以上の品質を保証することを重視していたことだ。**ギルドの幹部は、予告なしに店を訪れ、チェックして品質が基準に達しない商品はその場で没収したり、貧しい人に与えたりした上で、当人からは罰金を徴収した。**

ツンフトのもうひとつの特徴は、ほとんどのメンバーが親方に弟子入りする徒弟制度を採っていたことだ。見習いにあがるのは12～16歳ぐらいで、修業をして親方が認めてくれたら、遍歴職人として各地を巡る武者修行に出るなどしてさらに腕を磨く。その際にも商人ギルド同様災難に襲われた時の保障に助けてもらえた。

これでさらに技を磨いたらツンフトで審査を受け、合格すれば晴れて親方としてギルドへの加入が許された。こうして中世の技術は守られ、育てられていったのだ。

JOB FILE

鍛冶屋

武器から家庭用品まで様々なものを作り出した中世を代表する職業

地位	★★★★☆
収入	★★☆☆☆
熟練度	★★★★☆

中世の都市には様々な技術を持つ職人がいたが、最も高貴な技術だとされていたのが鍛冶職人である。

金属を打ち鍛え、様々な器具を生みだす鍛冶屋は、人間の生活に欠かせない農具や武器を造る職業だったことに加え、技術の取得も難しい職業だったからだ。

鍛冶職人は古代から存在し、すでに神聖視されていた。

ギリシア神話にはヘパイストスという鍛冶の神が登場し、また、片目をつむって炎のなかの鉄を鍛えるその姿から、ひとつ目の巨人の伝説が生まれたともいわれる。

ただし、一概に「鍛冶屋」といってもすべての道具をひとりの職人がつくるのではない。代表的な剣や刃物を鍛える刀剣専門の者、鍬や鋤などの農具を作る者、匙や釘などの日用品を作る者など、細かく分かれていた。

また、鍛冶屋は小売用の商品を製造販売するだけでなく、鉄や鋼を精錬し、武具屋などに卸すなど、関連業種との相互協力関係も築いていた。

都市においてもこれら関連する職人たちは近くに店を構えていた。

熟練した鍛冶職人のなかには遍歴して領主などから破格の報酬を提示された仕事を受ける者や、領主直営の荘園で働く者などもいたという。

JOB FILE

金銀細工師

王侯からの仕事も請け負った最上層の職人たち

地位	★★★★☆
収入	★★★★☆
熟練度	★★★★★

金細工師は手工業者のなかで最上層に位置していた花形職業である。

鍛冶屋が鉄や鋼鉄を扱うのに対し、金細工師は、その名のとおり金を加工して精巧な細工を施す職人である。

熟練した職人ともなれば金の塊を小さなハンマーで凄まじい速さで叩き、精巧な作品をつくり上げてしまうという。

鉄に比べれば、金は高価な材料であり、また権力と富の象徴とされていたので、当然、顧客は王侯貴族や富裕な大商人などで、とくに王侯の使う王冠や装身具や、教会からは聖餐のための杯や十字架、聖遺物を納める棺などを依頼されることもあった。

そのため、多額の収入が期待できた。

しかし、金を扱う以上支出も多かったのか、必ずしも全員が裕福というわけではなかった。

似たような職業に銀を扱う銀細工師や、ダイヤモンドを扱うダイヤモンド細工師もおり、依頼内容によっては彼らが強力して働くこともあったという。

ファンタジーのなかで主人公や盗賊たちが狙う聖杯を見てわかるとおり、これらの製品は単に器物を製作するのではなく、細かな装飾が施されている。ゆえに中世の金細工師たちは彫刻家や画家同様の描写技術も持ち合わせていた。

JOB FILE

石工

建築職人を統括する大聖堂建築のプロフェッショナル

地位 ★★★★☆

収入 ★★☆☆☆

熟練度 ★★★★☆

中世の都市の中心にそびえていた大聖堂。石で造られた中世のゴシック建設で欠かすことができない存在が石工である。

石工とは、その名のとおり石を細工する人のことで、石を切り出す採石工、石を一定の大きさに切る石切工、さらに石に彫刻などを施す細かい作業を行なう石工がいた。

大聖堂建設の際には、石工のみならず、漆喰工、屋根職人、ガラス職人、そして人夫と、多くの人間が参加した。

彼らをまとめ、大聖堂建築の設計とプロジェクトマネージャーの役割を果たしたのが石工親方であった。

石工親方は現場だけでなく、採石場や森を管理しながら、職人たちを束ね、施主との折衝を行ないながら、天高くそびえる大聖堂を築いていったのである。

しかし、大聖堂の建設には数10年、なかには数世紀を要するものもあっただけに、石工親方は、自分が構想した建物を見られないことも少なくなかった。

染色業者

中世の人々から敬遠された仕事が染色業である。理由は、まず、藍色を出すホソバタイセイから色を抽出する過程で、猛烈な悪臭が出たことだ。さらに混ぜたり捏ねたりする動作が地獄的な操作だと考えられたのである。

JOB FILE

仕立屋

12世紀のイギリスに起源を持つ洋服屋

地位 ★★★★☆

収入 ★★☆☆☆

熟練度 ★★★★☆

仕立屋は、注文を受けて洋服を作る職人だ。現代と同じで、洋服を仕立てるにはそれなりに費用がかかる。

そこで、仕立屋を利用するのは上流の商人貴族や家族などが主だったが、職人たちが晴れ着などを仕立てることもあった。中世には衣服規制令も頻繁に出されていたため、注文者の職業や身分に配慮して仕立てることが要求されたという。

また、仕立屋には布を誤って裁断してしまった場合、客に対し罰金を払わねばならなかった。

仕立屋の始まりは12世紀のイギリスで、タイユール（裁断工を意味する中世英語）と呼ばれていた。これが13世紀から衣服仕立職人を指すようになり、16世紀にテイラーと呼ばれるようになった。

現代の仕立屋のイメージと最も異なる点は、鍛冶屋のように、上着専門、長い上着専門、紳士のための特別な上着専門といったように、細分化されていた点であろう。毛皮だけを扱う仕立屋や、古着だけを扱う職人、修理だけを行なう職人などもいた。

ことに古着は当時の様々な階層の人々が着用していたから、なくてはならない存在であった。古着の修繕屋は新しい服を制作することは許されなかったが、腕のいい者の製品は、まったく新品に見えることもあったという。

JOB FILE

宿屋・居酒屋

見ず知らずの相手と裸で同じベッドで寝た中世の宿

地位	★★☆☆☆
収入	★★☆☆☆
熟練度	★☆☆☆☆

冒険の疲れを取る街の宿屋であるが、中世初期、ヨーロッパにはほとんど宿屋は存在しなかった。そのため旅人は手伝いをする代わりに農家に泊めてもらうなどしていた。

その点は巡礼者の方が恵まれていて、巡礼路沿いの街には施療院が設けられていた。

13世紀以降、西ヨーロッパの主要街道沿いにようやく宿屋が一般化していったが、あまりサービスはよくなかったといってよい。

なにしろ中世ヨーロッパでは寝る時は誰もが裸が普通。しかも、個室などなく、ベッドを並べるだけ並べた大部屋で、ひとつのベッドに2人、時には3~5人が同じベッドに寝ることもあったのだ。

当然食事が出るわけもなく、それぞれが自分で用意しなければならなかった。さらにトイレもおまるや外で済ませていた。

しかし、宿屋は次第に発達し、中世後期になると王侯が泊まることができる高級宿屋も現われるようになった。

部屋も個室となり、台所や食堂、トイレなども設置されたが、一般人は依然として自炊なのに対し、王侯は豪華メニューが出されるなど、待遇の差は激しかったようだ。

中世末期の南フランスでは、どんな村にも最低1軒の宿があるまでになった。

宿屋の間取りの変遷

中世初期の宿屋

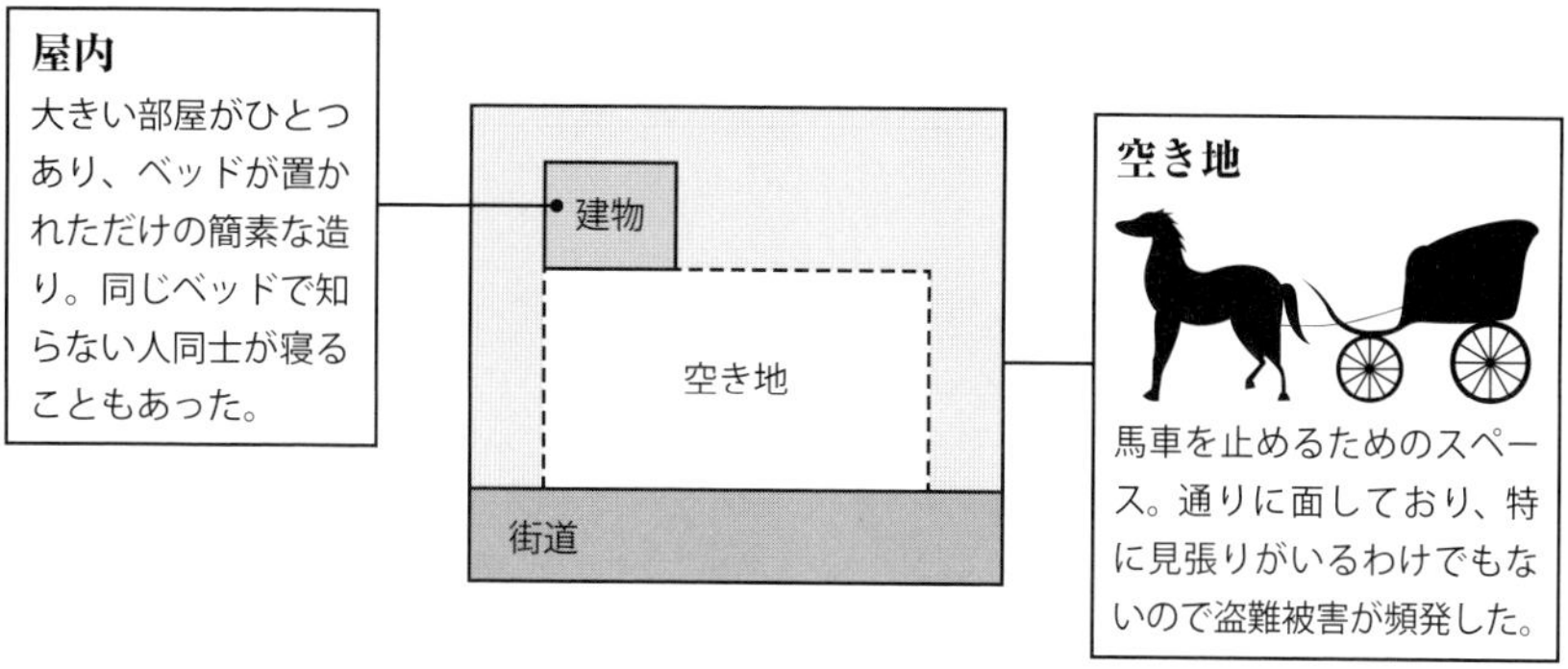
屋内
大きい部屋がひとつあり、ベッドが置かれただけの簡素な造り。同じベッドで知らない人同士が寝ることもあった。
建物
空き地
街道
空き地
馬車を止めるためのスペース。通りに面しており、特に見張りがいるわけでもないので盗難被害が頻発した。

中世後期の宿屋

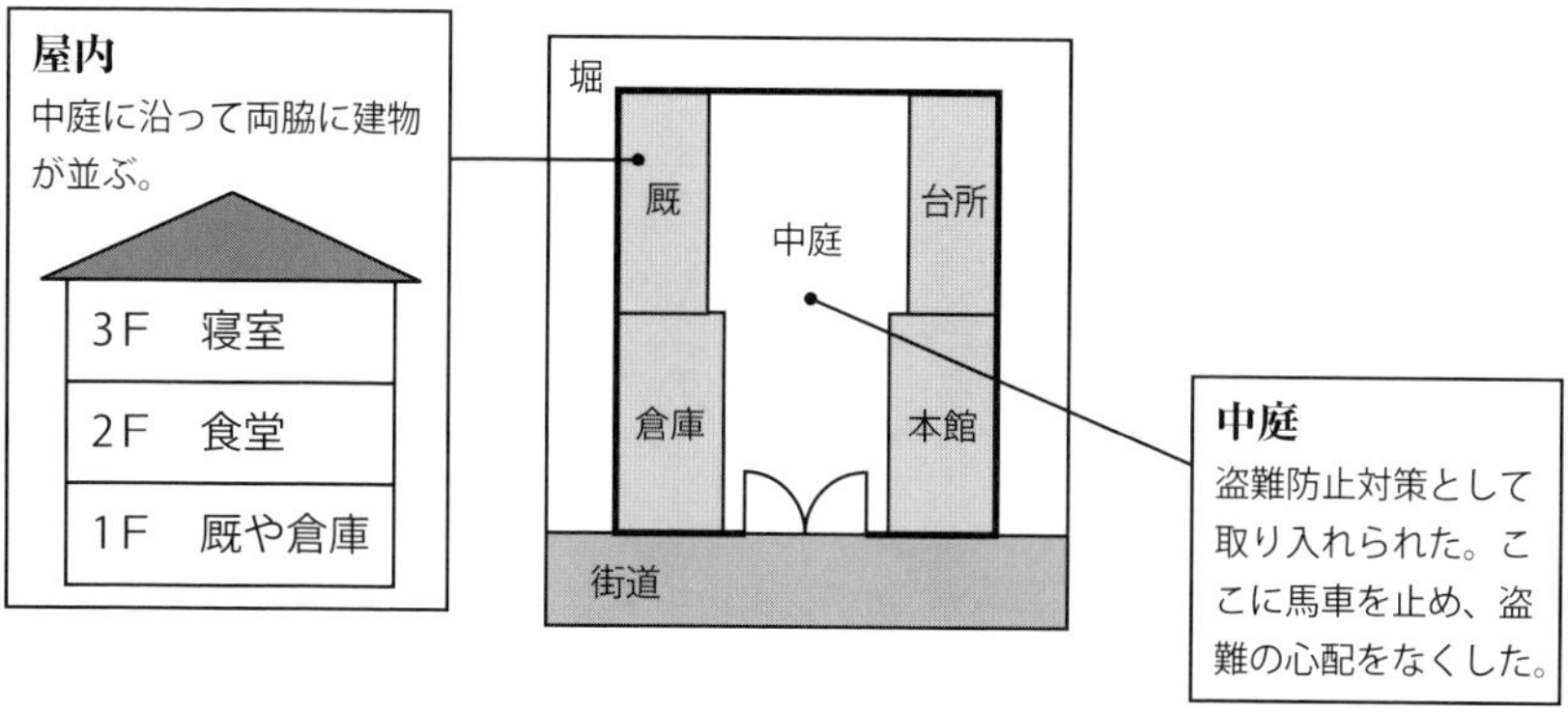
屋内
中庭に沿って両脇に建物が並ぶ。
3F　寝室
2F　食堂
1F　厩や倉庫
堀
厩
中庭
台所
倉庫
本館
街道
中庭
盗難防止対策として取り入れられた。ここに馬車を止め、盗難の心配をなくした。

初期の宿屋は主に商人を相手にした経営だったが、徐々に宿の造りが豪華になると王侯を相手にするような宿屋もできていった。

居酒屋

居酒屋は宿屋を兼ねることもあったが、主に12世紀前後、貨幣経済の復活に伴って出現した。その成立には2通りあって、まず女性が自宅でビールを造り、それを売ったことに始まるもの。もうひとつはワインを作っていた教会や修道院の醸造所が居酒屋へ発展したものである。

居酒屋は男たちにとっての主要な社交の場であると同時に、賭博を楽しめる場所でもあった。

JOB FILE

娼婦

最も古い職業は聖職者とも深い関係にあった!?

地位	★★★★☆
収入	★★☆☆☆
熟練度	★★★★☆

人類史を通じて最も古い職業と形容される娼婦。古代ギリシアでは美の女神アプロディテに仕える巫女たちが、参詣者を相手に行なっていたともいわれ、ローマ時代の娼婦はある種の畏敬の念を持たれていた。

時代は下って、ヨーロッパを席巻したキリスト教が夫婦間の生殖を目的とするセックス以外を禁止した中世ヨーロッパにも、娼婦は依然として存在していた。

しかも、彼女たちは正々堂々と存在していた。都市には当局が認めた公設売春地区が設けられ、娼家は登録制とされて、売上げの一部が市の歳入源となっていたのである。

そもそも自由なセックスを禁止しているはずの教会までが、収入を得て売春宿に土地を貸していたほどだ。

また、戦争があれば必ずと言っていいほど、娼婦が陣地に現われ、軍隊につき従うようにして商売を行なっていた。

13世紀のフランス王ルイ9世は、娼婦を改心させるために修道院を設立したり、年金を約束したりするなど様々な策を講じたが、足を洗う女性はほとんどいなかったという。

14世紀末には娼婦が制度化され、市営の娼館が登場。娼婦が職業として公認されたことにより、その地位も高まり、知性と魅力を備えた高級娼婦は憧れの目で見られるようになった。

JOB FILE

金融業

都市で成長した富裕層が乗っ取ったユダヤ人の専有事業

地位	★☆☆☆☆
収入	★★★★★
熟練度	★☆☆☆☆

12～13世紀、ローマ帝国の滅亡以降衰退していた貨幣経済が復活した中世ヨーロッパで、著しく発展した商売が金融業だ。

それまで卑しい職業とされ蔑まれてきた金融業は、ユダヤ人の独占市場だった。キリスト教がローマの国教となって以来、ユダヤ人はキリストを殺した民族というレッテルのもと長く迫害されてきた。その迫害は中世でも続き、多くの職業が禁じられていた。ユダヤ人には、質屋や高利貸ししか残されていなかったのだ。

シェークスピアの『ベニスの商人』に登場する高利貸しの悪役シャイロックもユダヤ人である。

卑しいとされながらも、金融業は人々の生活に必要不可欠な存在であり、国王や聖職者も利用していた。しかし、ヨーロッパの商人たちが金を持つようになると、彼らは金貸しのうまみに眼をつけ、こぞって手を出すようになった。

当時の金貸しはリスクを負うことになるため、金利は非常に高く、なんと12～13世紀にイタリアで実施されていた平均的利率は40％にも及んでいた。

１２５１年、教会は高利であることを理由に、すべての金融業の利率を断罪した。この禁止をすり抜けるために商人たちが生み出したのが銀行であり、最初の銀行はイギリスで誕生したといわれている。

JOB FILE

貿易商

市政を掌握し、中世の経済界をリードした豪商たち

地位 ★★★★★

収入 ★★★★★

熟練度 ★★★☆☆

中世ヨーロッパは各国に豪商が成長した時代である。資本を蓄え、豪商へと成りあがった貿易商は、各国の都市の中心や港の近くに商館を構え、貿易と共に加工業などに従事して富を蓄えていった。

当時は毛皮、絹、鉄、武具など様々な商品が取り扱われていたが、なかでも主要な商品が毛織物である。

羊毛を中心に、亜麻から織るリネン、絹、木綿などが盛んに取引された。羊毛などは、輸入したあとに抱える職人を活用して加工し、完成した品を輸出することで利益を得ることができた。

豪商が扱う商品は、主に南方ルートと北方ルートに分かれていた。南方ルートはいわゆる地中海貿易で、東方経由の贅沢品が多く、毛織物のほかに、胡椒やショウガといった香辛料が盛んに扱われた。

一方の北方ルートは生活必需品が多く、主に毛皮と蝋が扱われた。

商取引の舞台は商館で、事務作業の部屋や、荷物置き場、作業場などが完備されていた。多くの人が商館で働き、商品が到着すると荷物の点検や、加工、売買が行なわれる。

商品台帳や金銭出納帳の作成なども行なわれ、13世紀頃になると、多くの取引相手との様々な金銭関係を記録する複式簿記がイタリアで誕生し、この方式はまたたく間に各国の商人の間

中世ヨーロッパの交易網

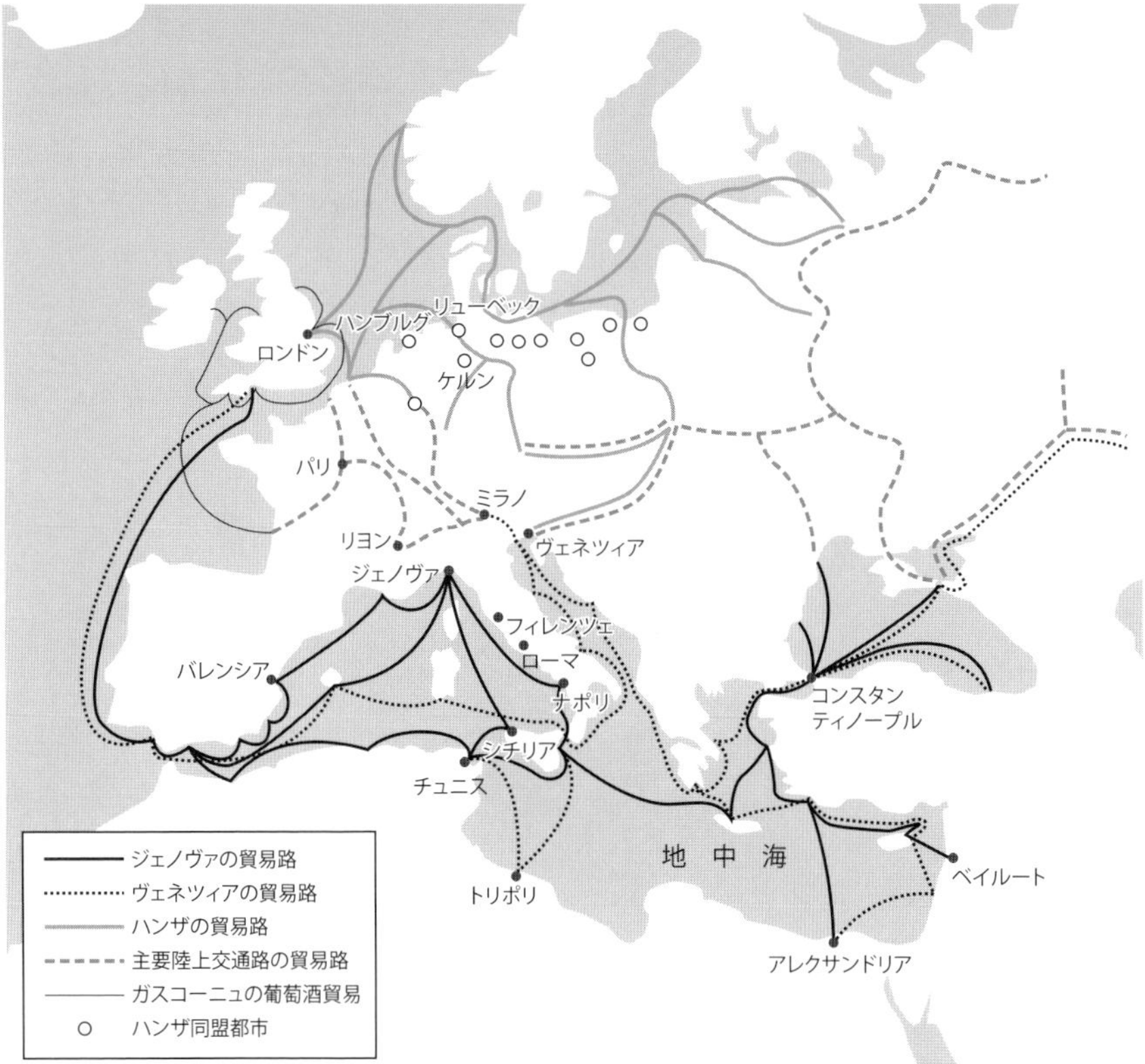
ロンドン
ハンブルグ
リューベック
ケルン
パリ
ミラノ
リヨン
ヴェネツィア
ジェノヴァ
フィレンツェ
ローマ
ナポリ
バレンシア
シチリア
チュニス
トリポリ
コンスタンティノープル
地中海
ベイルート
アレクサンドリア
ジェノヴァの貿易路
ヴェネツィアの貿易路
ハンザの貿易路
主要陸上交通路の貿易路
ガスコーニュの葡萄酒貿易
ハンザ同盟都市

海外貿易のルートには主に南方ルートと北方ルートがある。南方ルートは香辛料や高級織物、貴金属といった贅沢品を中心としており、特にイングランドの羊毛を盛んに取引した。一方、北方ルートは日用品が主であり、ドイツ北方に位置するハンザ同盟によって支配されていた。

にも広がった。これにより会計という概念が定着したのである。

さらに、貿易商は職人を商品とともに各地に派遣するようにもなった。元来商人は自らが商品を背負って旅をするものだったが、商館が生まれた頃には、本人は商館にとどまり、そこから人を派遣して指揮するようになったのだ。

貿易商のなかには不動産投資をしたり、金融業を営む者も多く、彼らは貿易で儲けた金を資産運用し、さらに莫大な利益を得ていた。まさに総合商社の誕生であった。

こうして財を成した商人のなかから、市政を司る者たちが登場するのである。

JOB FILE

占星術師

中世ヨーロッパに逆輸入されて隆盛を極めた星の運行を見る学問

占星術は、人類の文明とともに始まった。天体の運行と人間や国家の運命との照応関係の記録は、紀元前２０００年初め頃から存在している。

ヨーロッパでは占星術をキリスト教会が弾圧したため、３世紀以降姿を消していたが、イスラム世界を経由して、12世紀に逆輸入されると、これに眼をつける国王も現われた。

こうして占星術は再び隆盛を極めるようになる。科学的に天体の運行を分析する天文学も生まれつつあったが、中世ではまだ未分化で、ひとりの学者が占星術と天文学の双方を研究することもあった。

地位	★☆☆☆☆
収入	★★★☆☆
熟練度	★☆☆☆☆

医師

理髪師ギルドに属し、怪しいヤブだらけだった！

中世にも医者は存在していたが、きちんと教育を受けた医者は非常に少なかった。当然、そのような人物は治療費も高い。そこで庶民が頼ったのは理髪師や修道士、さらには無資格のヤブ医者だった。

サレルノにヨーロッパ初の医学校が開かれ専門医の育成が始まるのは11世紀のことで、中世は医師の資格さえ存在せず、無資格の医師が営業することも禁じられていなかった。つまり、誰でも自由に医療行為を行なえたのである。たとえ知識のある医者に診てもらえても、医薬品が恐ろしく原始的で、病人を治すのと同じぐらいの患者を殺してしまったという。

地位	★☆☆☆☆
収入	★★☆☆☆
熟練度	★★★☆☆

死刑執行人

人々に忌み嫌われるとともに畏怖の念を抱かれた職業

地位	★★★★☆
収入	★★★★★
熟練度	★★★☆☆

中世ヨーロッパで忌み嫌われた仕事のひとつが死刑執行人である。電気椅子や絞首台ばかりか、ギロチンさえもない時代だけに、死刑執行人は斧を振るって首を切り落としたり、首に縄をかけて梯子を引くなど、直接的な行為によって受刑者に引導を渡さねばならなかったからだ。

しかし、死刑執行人は必要不可欠な存在であったことから、待遇は良く、犠牲者の衣類などを売り払う特権も与えられていた。斬首刑は、当時の高貴な人物のみに認められた処刑法だったために、一刀のもとに首を落とす技術を持った執行人は畏怖の念を抱かれる存在でもあった。

吟遊詩人・楽士

王たちを称える宮廷詩人と、いかがわしい道化師たち

地位	★☆☆☆☆
収入	★☆☆☆☆
熟練度	★★★★★

ファンタジーの世界に登場する吟遊詩人。なにやら浮世離れしたイメージが強いが、一体吟遊詩人とは何者か？

中世の吟遊詩人はジョングルールと呼ばれ、詩人兼作曲家として宮廷や貴族に召抱えられることもあった。しかし、一生を通じて雇用されることは稀で、いつでも放り出される運命にあった。

同じように音楽に携わる仕事に楽士がある。楽士も宮廷で抱えられて楽器の腕を披露したり演奏会を開いたりしたが、それはほんのひと握り。大半は酒場で演奏する辻楽士で、食べていくのもやっとの貧乏暮らしで、よく犯罪者扱いされた。

JOB FILE

盗賊

宮廷に仕える役人までもが犯罪に手を染めていた！

地位	★☆☆☆☆
収入	★★☆☆☆
熟練度	★★★☆☆

中世ヨーロッパ世界は異民族の侵入という対外的な混乱を受けて、治安が非常に悪かった。強盗や物取りが横行し、村が襲われ略奪されたり、街道を移動する交易商人が荷を襲われる事件は数え切れないほど起きた。

こういう場合、犯人は盗賊や山賊といった専門職のアウトローを思い浮かべるが、もっとタチの悪い盗賊もいた。

それが盗賊騎士である。

本来なら村人や商人を守るはずの騎士が盗賊と化していたわけで、庶民に阻止する術はなかった。なかには宮廷に仕える役人が盗賊となって商人を襲撃し、裏で稼いでいることもあったという。

ヘンリ３世の時代の１２４８年、ブラバンからやって来た商人が、宮廷の廷臣のなかに、自分たちを襲った盗賊の顔が見出されると訴えた記録がある。

森林や山地にはいたるところに盗賊や山賊が潜んでおり、公道という公道、街道という街道には、スリ、追剥ぎ、強盗と、様々な種類の盗賊が出没していた。

さらに傭兵団も平和な時期には野盗化したから、しっかり護衛されていない限り、目的地まで無事にたどり着くことは困難だった。

これに対し、封建領主たちは領外からの侵入者から領国を守ることに必死で、国境方面に兵力を割く一方、

中世のアウトローたち

盗賊
王に仕えるなど職を持っていながら賊と化す盗賊騎士と異なり、生粋のアウトロー。城外など法の及ばない場所で組織を作り、街の住人を襲撃した。

盗人
スリがもっともポピュラーであるが、じつは強盗よりも罪が重いとされた。

傭兵
どこの国にも属さず、雇われた国の軍に加わり金銭のために戦う兵士。高い戦闘力を誇り、戦場で重宝された。常に雇い先を探しながら生活しており、戦争がない期間には野盗化した。

乞食
健康で働ける身体にもかかわらず、貧者のフリをして食料や金銭の施しを受ける。五体満足の乞食が物乞いをしたら罰せられる決まりを定めた都市もある。

娼婦
多くの女性が家庭の生活費の足しのため、戦地で兵士の性欲を満たすためなど様々な理由で娼婦になった。娼婦が商売を行なう館は犯罪者の溜まり場にもなっていた。

同性愛者
性癖が原因の場合以外では、騎士や兵士が遠征の際、性欲を満たすために同性愛に走ることもあった。女性同士の同性愛よりも男性同士の同性愛の方が厳しい処罰を受けた。

国内の安定には無関心であった。

　しかも、城や教会の宝物庫には錠前がつけられ、厳重な警備が敷かれており、領主たちが盗難の被害に遭う心配はほとんどなかったのである。

　ゲームなどでは、錠前破りの技術を持ったキャラクターが宝物庫の鍵を開けてくれたりするが、実際には、鍵自体が普及したのが近代になってからのことで、錠前を破る技術を持った人物など存在していなかった。

　盗賊をはじめとするアウトローたちは森林を隠れ家にしており、こうした背景から『ロビン・フッド』のような義賊の伝説が生まれている。

JOB FILE

海賊

沿岸部に現われ、商船を標的として襲うガレー船団

地位	★☆☆☆☆
収入	★★★★★
熟練度	★☆☆☆☆

組織化された海賊団の登場

盗賊がいれば、当然、海賊もいる。

海賊といえばカリブの海賊が真っ先に思い浮かぶが、カリブの海賊が活躍したのは17世紀の初頭から終わり頃にかけての近世に入ってからのことで、中世期に海賊が最も横行していたのは地中海や北海の沿岸部だったのだ。

とはいえ、当初、海賊はあまり脅威とは考えられていなかった。ローマ帝国の治世下では強力な海軍が存在したし、ローマ帝国の滅亡後でも、今度はおよそ１０００年にわたって海上貿易がほぼ途絶えたため、海賊が活躍する機会もなかった。

ところが都市が生まれ、商業が盛んになってヴェネツィアやジェノヴァによるレパント貿易が活発化すると、海賊の活動も少しずつ目立つようになってきた。

さらに、１４９２年にカスティリャ・アラゴン両王国が合併したスペイン王国が、イスラム教徒をイベリア半島から駆逐すると、アフリカ大陸の地中海沿岸に逃れたイスラム教徒が、この地を拠点としていた「バルバリア海賊」と合流。大型のガレー船を建造し、乗員を組織化して大海賊団を結成したのである。

バルバリア海賊は、地中海各地で暴れまわり、ヨーロッパの商船を襲った。捕

中世ヨーロッパの主な海賊分布

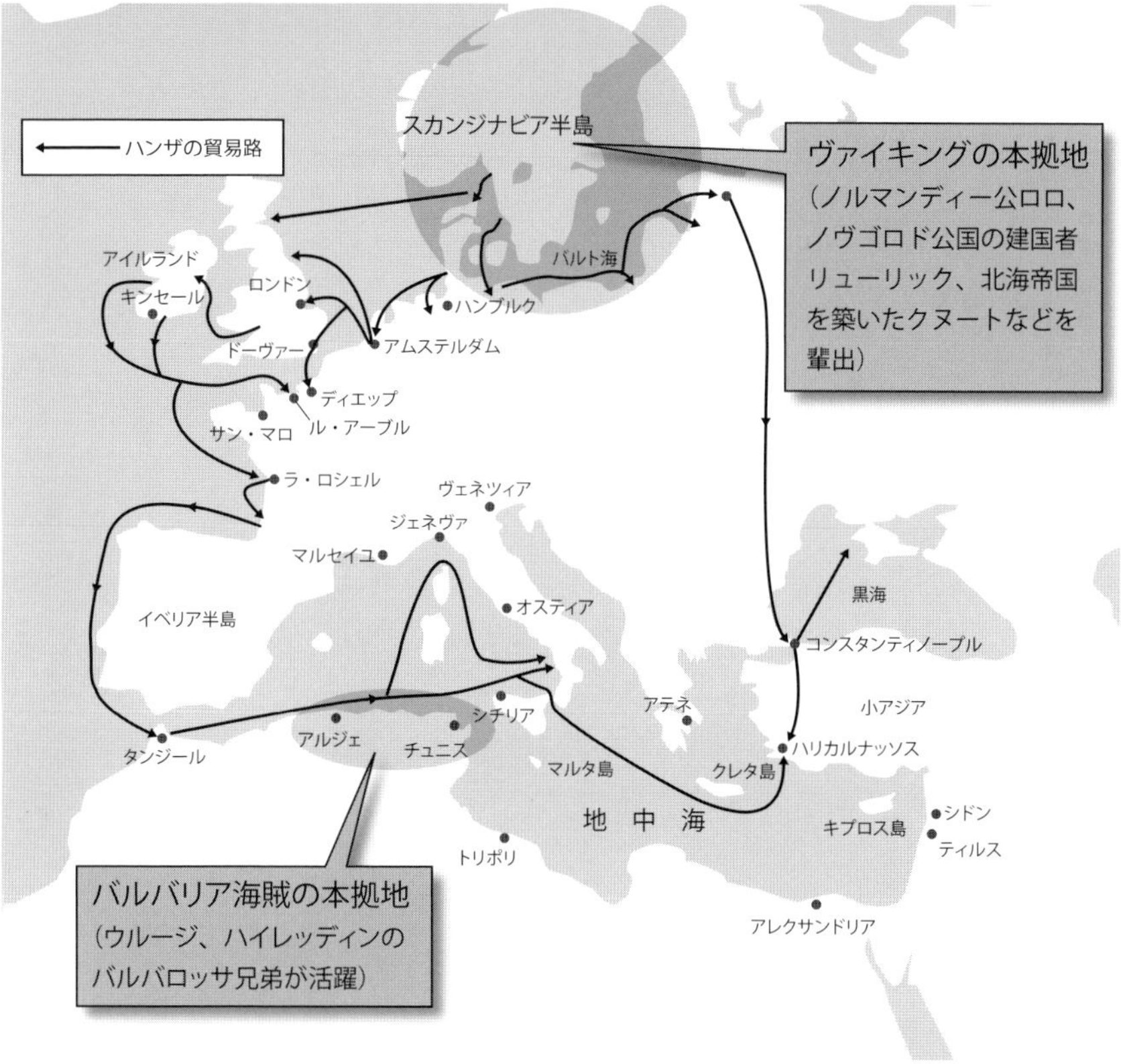
ハンザの貿易路
スカンジナビア半島
ヴァイキングの本拠地
（ノルマンディー公ロロ、
ノヴゴロド公国の建国者
リューリック、北海帝国
を築いたクヌートなどを
輩出）
アイルランド
キンセール
ロンドン
ハンブルク
バルト海
ドーヴァー
アムステルダム
ディエップ
ル・アーブル
サン・マロ
ラ・ロシェル
ヴェネツィア
ジェネヴァ
マルセイユ
イベリア半島
オスティア
黒海
コンスタンティノープル
小アジア
アテネ
シチリア
アルジェ
チュニス
タンジール
ハリカルナッソス
マルタ島
クレタ島
地　中　海
シドン
キプロス島
ティルス
トリポリ
アレクサンドリア
バルバリア海賊の本拠地
（ウルージ、ハイレッディンの
バルバロッサ兄弟が活躍）

ヨーロッパの海賊の歴史は古く、紀元前 12 世紀にはその存在が確かめられる。中世に入って猛威をふるったのは地中海の「バルバリア海賊」やスカンジナビア半島のヴァイキングたち。彼らは地方都市を占拠し、そこの自治を認められるなどヨーロッパ全土に足跡を残した。

虜となった人々は、海賊船のオールを漕がされたり、奴隷として働かされたり、奴隷商人によって競売にかけられたりした。

レパントの海戦では、オスマン帝国側のガレー船を多くのキリスト教徒が漕いでいたという。

中世初期の北方で活躍したのはヴァイキングだ。彼らは長く、幅が狭く、両端が尖った船を使用していた。

彼らはこの小さな船で地中海はおろか、コロンブスより500年も前にアメリカ沿岸まで達していたという。また、14世紀にはハンザ同盟の商船の一部が海賊化し、イングランドの商船を襲うなどした。

裁判

中世には確立していた断罪のシステム

裁判権を巡る争いが領主・司教・市民の間で繰り返された理由とは？

古代ギリシア、ローマ帝国で法体系が確立していたように、法治主義が古くから浸透していたヨーロッパでは、犯罪者の断罪や人間同士の争いの解決方法として裁判が広く行なわれていた。

ところが、この裁判をする権利を巡って争いが絶えなかった。裁判をすれば、罪人に課せられる罰金や没収された財産を手に入れることができたからだ。おかげで、王侯や司教、都市さえもが裁判権を巡って対立する事態となった。

その結果、裁判は細分化された。たとえば殺人や強姦、強盗といった重罪の裁判権や、諸侯の領土内の教会、騎士、領地、ユダヤ人に関する裁判権は諸侯が持ち、信仰に関する係争は教会、そして、それ以外の窃盗や詐欺、暴行事件、取引や資産関係の訴訟などは都市といった具合である。

一方中世では、決闘も事実上認められていた。身に覚えのない嫌疑を受けたり、中傷を受けた騎士は、決闘に勝つことで身の潔白を証明する権利を得ることができた。

とはいえ、勝てば無罪だが、負ければ死罪か重い罰金を支払わなければならず、とても合理的とはいえないが、男のプライドをかけた決闘は粛々と続けられていたのである。

中世の3種類の裁判

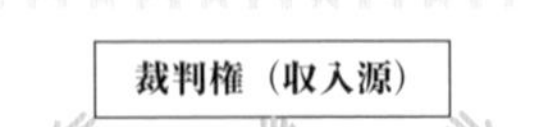

領主裁判	都市裁判	司教裁判
殺人・強姦・強盗・市場での計測ミス（罰金）・騎士、領地、ユダヤ人に関する犯罪担当。	窃盗・詐欺・暴行・取引、資産関係担当。民事関係の裁判が多い。	十字軍、未亡人、孤児に関する事件・結婚などの誓約関係・異端者裁判担当。

裁判は犯罪者からの罰金などで貴重な収入源となるためそれぞれが裁判権の拡大を主張していた。その結果どの裁判所で裁くのかを巡ってもめるケースもあった。

POINT

- ◆罰金は裁判を担当する者の懐に入った
- ◆騎士は決闘裁判を行なった

疫病

中世都市社会を恐慌に陥らせた死の恐怖

中世ヨーロッパの人口を激減させ、人々の死生観と歴史を大きく変えた黒死病の大流行。

中世ヨーロッパは飢饉や洪水、火災など様々な災厄に見舞われたが、そんななかでも疫病は最も恐れられていた。

決して衛生的とはいえない都市の環境に加え、当時は医療が発達していなかったために、ひとたび疫病が発生しようものなら、国を滅ぼしかねない事態に発展した。

実際、1347年から49年にかけて西ヨーロッパを襲った黒死病（ペスト）は、ヨーロッパの歴史を変えたといっても過言ではない。

黒死病を持ち込んだのは、東方のモンゴルから戻ってきた商船で運ばれてきたネズミだろうと推測されている。このネズミがペスト菌を持つノミを運んできたのだ。

黒死病は瞬く間に広がり、1348年にはフランス・イタリア・イギリス全土に広がった。ペスト患者に膏薬を塗る絵も残されているように、当時は医学的知識がほとんどなかったといってよい。ペストの猛威は留まることなく、1349年にはイベリア半島やスカンディナヴィア半島にまで蔓延し、この黒死病によってヨーロッパの人口の約3分の1が命を落としたといわれている。死神に人々が誘惑されて踊る、「死の舞踏」を描いた芸術もこの頃に流行している。

ペストの流行地域

1347年
1348年
1349年
1350年
1351年
1353年
流行しなかった地域
リガ
ケーニヒスベルグ
ロンドン
マインツ
キエフ
パリ
ヴェネツィア
ジェノヴァ
ローマ
トレド
コルドバ
グラナダ
コンスタンティノープル
アテネ
ペスト菌上陸地
モンゴルから帰った商船にいたネズミが保菌者の可能性。

ヨーロッパは当時、大凶作による食糧不足で病気持ちの肉を食べざるを得ない状況だった。そこにペスト菌の襲来が加わったため、被害が一層増し、結果的にヨーロッパの人口の3分の1が死に至ったという。

POINT

- 疫病が広がりやすい都市環境
- ペストが14世紀のヨーロッパを襲い、人口が激減した

中世生活誌
ネーミング

中世の人々が名前に対して抱いたイメージ

西洋のネーミングについてはよく聖人や天使、伝説上の英雄などから取られた。そのため、耳にしたことのある名前には、それらのイメージが仮託されているといえる。

また、同じ人物に由来する名前であっても、言語によって発音が異なってくる。たとえば、ヘンリーの名は、フランス語ではアンリ、ドイツ語ではハインリヒ、スペイン語ではエンリケとなる。

西洋のスタンダードな名前とその由来

アーサー（Arthur）	アイルランドの伝説の王アーサーに由来する。
ウィリアム（William）	古ドイツ語の男子名ヴィルヘルムに由来し、「意志の兜」の意味を持つ。プロイセンのヴィルヘルム1世、ノルマンディー公からブリテン島を征服したイギリスのウィリアム1世などが有名。
エドワード（Edward）	「幸運の守護者」の意味を持つ男子名。百年戦争のエドワード黒太子などが有名。
ジェームズ（James）	イスラエル民族の祖ヤコブや、イエスの弟子ヤコブに由来。スコットランド王からイングランド王となり、スチュアート朝の祖となったジェームズ1世などが有名。
ジョージ（George）	竜退治で名高いキリスト教の聖人ゲオルギウスに由来。英語読みでジョージとなる。
トーマス（Thomas）	イエスの弟子で十二使徒のひとりトマスに由来。
ピーター（Peter）	イエスの弟子で十二使徒のひとりペトロに由来。ペトロはもともとシモンという名であったが、イエスの言葉により、「岩」の意味を持つペトロと呼ばれるようになり、のちに初代教皇となった。
ポール（Paul）	キリスト教の伝道者パウロの名に由来する。パウロはもともとキリスト教徒を迫害していたが、イエスの光に打たれて改心し、キリスト教をヨーロッパへと伝える役割を担った人物。
マイケル（Michael）	天使を率いる天使長ミカエルに由来する。
ルイス（Lewis）	古ドイツ語で「高名な戦士」の意味を持つ。太陽王ルイ14世や、フランス革命で命を落としたルイ16世などフランス王の名に多く用いられた。
ロバート（Robert）	バノックバーンの戦いでイングランド軍を破ったスコットランド王ロバート・ブルースが有名。「名声の輝き」という意味を持つ。
イヴ（Eve）	聖書のなかで神が男性アダムから作った最初の女性エヴァの名に由来する。
エリザベス（Elizabeth）	「神に誓う」という意味を持つ。イングランドの女王エリザベス1世のイメージが圧倒的に強いが、オーストリア悲劇の皇后エリザベートなども有名。
ダイアナ（Diana）	ギリシア神話の月の女神アルテミスに由来する。アルテミスはローマ神話に取り入れられてディアナとなった。

第四章

中世の信仰

人々は何を信じ、何に惑わされたのか?

イントロダクション
中世の信仰

精神世界を支配したキリストの教え

比類なき権威を手にしたローマ教皇は、皇帝や国王を相手に優越性を巡るせめぎ合いを繰り広げた。

教会権力の肥大化

ローマ帝国以来、ヨーロッパの精神世界を支配していたのがキリスト教である。中世の人々の生活の規範や善悪の価値観はすべてこのキリスト教に支配されていたと考えてよい。ただしキリスト教といっても、大きくカトリック、**プロテスタント、正教会の3つに分かれている**。

このうち西ヨーロッパ世界に君臨したのは、カトリックであった。

1世紀の成立以降、迫害の歴史を歩んできたキリスト教会がはじめて権威を手中にしたのは、385年、ローマ帝国のテオドシウス帝が国教に認定した時のことである。

この頃のキリスト教は、コンスタンティノープル、ローマ、アレクサンドリア、エルサレム、アンティオキアの総主教座を中心に活動していた。しかし395年、ローマ帝国が東西に分裂すると、皇帝教皇主義をとるコンスタンティノープル（正教会）と、ローマ教皇が主導するローマ教会（カトリック）の二大本山が、キリスト教の主導的地位を巡って対立を深めていった。

495年に西ローマ帝国が滅ぶと、ローマ教会はゲルマン人への布教を進め、8世紀頃から、西ヨーロッパでの権威を高めていく。

そして教皇レオ3世は、正教会と、その後ろ盾である東ローマ帝国を牽制するため、800年、フランク王国のカール大帝を「ローマ皇帝」として戴冠させた。以降、9世紀から11世紀に渡って教皇は、皇帝や領主、信徒などから土地を寄進され、絶大な財力を持つ封建領主へと成長。

1054年、コンスタンティノープルの正教会とも、相互に破門する形で袂を分かつこととなる。

権力の黄金期からの凋落

11世紀末、聖地エルサレムのイスラム勢力からの解放を名目として、9次に渡る十字軍を主導した教皇の

POINT

◆キリスト教は大きく3派にわかれる
◆権威の高まりとともに腐敗が進んだカトリック

キリスト教三大宗派の誕生

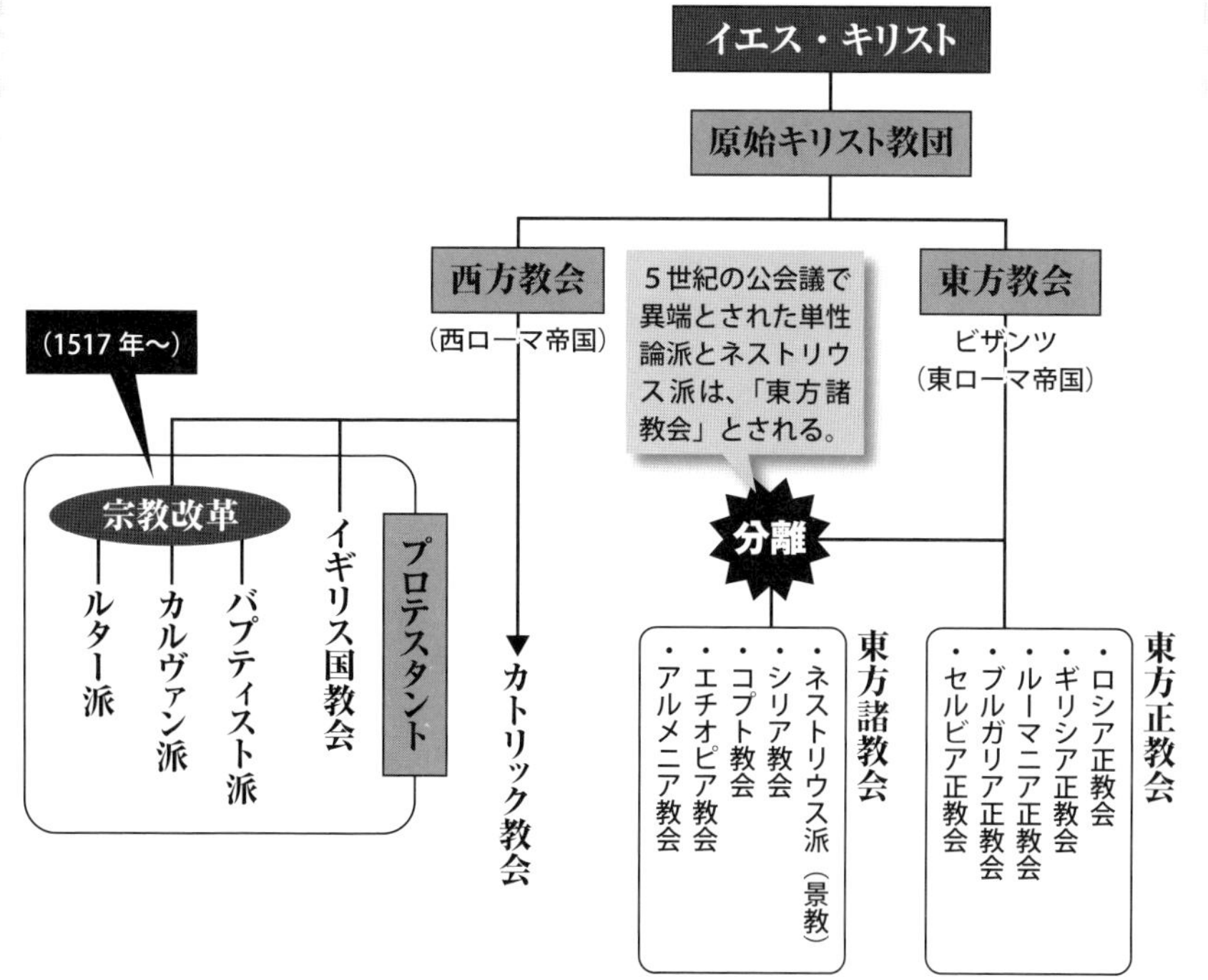

イエス・キリスト
原始キリスト教団
西方教会
(西ローマ帝国)
5世紀の公会議で異端とされた単性論派とネストリウス派は、「東方諸教会」とされる。
東方教会
ビザンツ
(東ローマ帝国)
(1517年〜)
宗教改革
ルター派
カルヴァン派
バプティスト派
イギリス国教会
プロテスタント
カトリック教会
分離
東方諸教会
・ネストリウス派(景教)
・シリア教会
・コプト教会
・エチオピア教会
・アルメニア教会
東方正教会
・ロシア正教会
・ギリシア正教会
・ルーマニア正教会
・ブルガリア正教会
・セルビア正教会

西ヨーロッパを支配していたカトリック（旧教）をルターやカルヴァンは批判し、プロテスタント（新教）を生んだ。これが後に数々の宗教戦争を引き起こすことになる。

権威は、教皇インノケンティウス3世の時代に絶頂期を迎えた。

だが、同時に国王や皇帝といった世俗権力との間に軋轢《あつれき》が生まれ、1075年には聖職叙任権を巡り、時の教皇グレゴリウス7世が、神聖ローマ皇帝ハインリヒ4世を破門し、謝罪させた「カノッサの屈辱」事件が起こった。

こうした教皇権の絶対化は、教会内に聖職売買や聖職者の妻帯などの腐敗・堕落を招いた。この腐敗を嫌った者たち、清貧・貞潔・従順の三請願のもとに禁欲的な信仰生活を送る修道院を設立。彼らはカトリックに属しながらも、自由な立場で研究ができたので、のちの宗教改革へ大きな影響を与えることとなった。

カトリック教会の世俗化は近世に至っても続いた結果、これに異を唱えるルターらが宗教改革によってプロテスタントを生みだすこととなる。

ローマ教皇

中世最大の封建君主ともなったペトロの後継者

カトリック世界の頂点に君臨するペトロの後継者は、世襲ではなく選挙によって決定される。

POINT

- ◆教皇が権威を持ち始めたのは8世紀のこと
- ◆教皇権はインノケンティウス3世の時代に絶頂を迎えた

イエスの代理人にして最高権力者

聖界のピラミッドを構成するローマ・カトリック教会の頂点に君臨する存在が教皇である。初代教皇と伝わるのが、キリストの十二使徒のひとりで、キリストから「天国の鍵」を授かったペトロとされる。

現在のヴァチカンのサン・ピエトロ大聖堂は、ローマで生涯を終えたペトロの墓の上に立てられたと伝わり、**ペトロ以降の教皇はこのペトロの後継者と位置づけられる。**

また中世では、教皇は聖職者の罷免権を持ち、だれにも従属せず、だれからも裁かれない、そして絶対に誤りを犯すことのない至高の存在だとみなされていた。

当初、信徒の間での権威しかなかった教皇だが、8世紀半ばフランク王国のピピン3世が帰依し、カールの戴冠によって教皇の権威が確立して以降、その地位は次第に高まり、12世紀の教皇インノケンティウス3世の時代には、教皇がローマ皇帝を継承する神聖ローマ皇帝の上に君臨したのだ。

教皇はどのように決まるのか

ローマ教皇は聖ペテロから現在までに、記録上263名存在し、うち78名が聖人に列せられた。教皇のなかには、「ヨハンナ」という女性教皇もいたというが、信憑性は低い。

巨大な権力を持つ教皇であるが、その選抜方法は世襲の王侯とは異なり、選挙によるものだ。11世紀まで、投票人は聖職者と信徒であったが、世俗君主の選挙介入を除外するため選挙人を枢機卿《すうききょう》に絞った。

そして1274年のリヨン公会議以降、現行のコンクラーベが確立した。

中世以降、教皇に選出されるためには、信仰心よりも政治力が重要になっていった。それとともに世俗の王権との勢力争いが勃発し、中世を通じて続いたのである。

教皇庁の組織図

教皇に次ぐ職位。教皇から任命され、顧問団として教皇を補佐し、教皇庁の運営に携わる。ときには教皇の名代として外交活動を行なうこともある。

教皇

枢機卿

国務省	総務局・外務局
諸省	教務省・東方教会省・典礼秘跡省・列聖省・司教省・福音宣教省・聖職者省・奉献、使徒的生活省・教育省
裁判所	内赦院・最高裁判所・控訴院
評議会	新徒評議会・キリスト教一致推進評議会・家庭評議会・正義と平和評議会・開発援助促進評議会・移住、移動者司牧評議会・保健従事者評議会・法文評議会・諸宗教対話評議会・文化評議会・広報評議会・新福音化推進評議会
事務局	教皇空位期間管理局・聖座財産管理局・聖座財務部・聖座財務情報監視局

※出典：「カトリック中央協議会」ホームページ

コンクラーベの流れ

教皇逝去

教皇指輪の破棄

枢機卿の集合

葬儀後9日間の服喪

教皇葬儀

教皇選挙（コンクラーベ）の日程決定

コンクラーベ

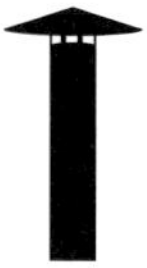

教皇逝去後 15～20 日以内に開始。3分の2以上の得票で新教皇が選出され、その際煙突から白い煙が出る。再投票の場合は黒い煙が出る。

新教皇決定

司祭

庶民に最も近い心の導き手たち

いいことを言う教会の司祭であるが、庶民を感動させ、納得させるために話を探すのに苦労していた!?

司祭はキリスト教への導き役

13世紀には、教会のネットワークは西ヨーロッパ中に張り巡らされ、地方の農村にも浸透した。西ヨーロッパ世界は数多くの教区と小教区に分けられるとともに、聖職者の位階制も整えられていった。それぞれの教区に聖職者が派遣され、人々の教化と生活の指導を行なった。

ゲーム世界において、街や田舎の教会で蘇生や毒の除去をしてくれる聖職者が登場することがある。それは司祭である。

司祭は、あらゆる教会にあって一般庶民にキリストの教えに基づいた生活を指導し、ミサや洗礼など教会関係の様々な儀式を執り行なった。街の教会は庶民に最も近い祈り場であり、司祭は庶民に最も近いキリスト教の教師であった。

ミサでは司祭が集まった信徒に説教を行なった。しかし、難しい教えを庶民に説いたところで飽きてしまうし、理解してもらえない。そこで司祭は説教の題材を聖書や聖人の人生のみならず、**歴史や伝説**、**身近な逸話や時の話題**などから探し出し、聴衆が飽きないようにせねばならなかった。そして、そこから人々が納得する教訓を引き出す力量が司祭の腕の見せ所であったのだ。

キリスト教会の聖職者の階層

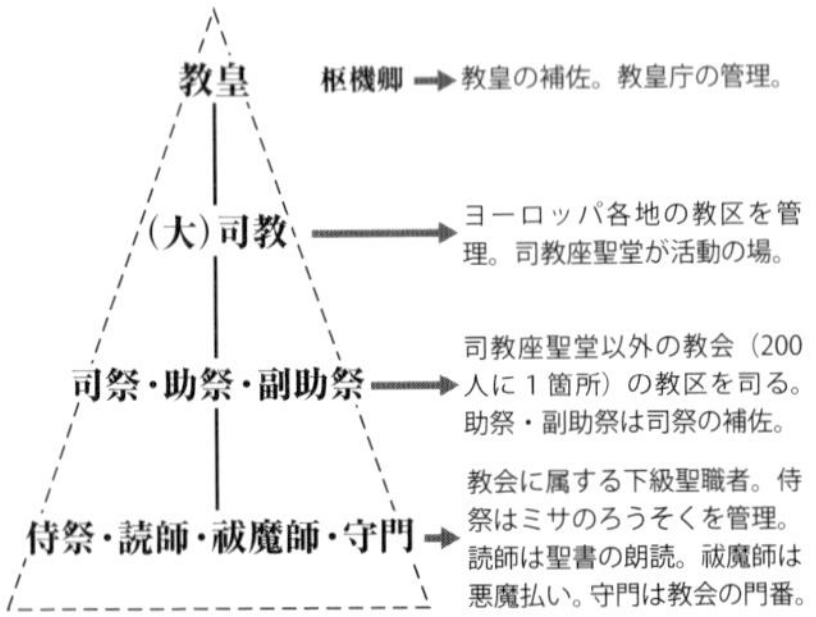

教皇
枢機卿 → 教皇の補佐。教皇庁の管理。
(大)司教 → ヨーロッパ各地の教区を管理。司教座聖堂が活動の場。
司祭・助祭・副助祭 → 司教座聖堂以外の教会（200人に1箇所）の教区を司る。助祭・副助祭は司祭の補佐。
侍祭・読師・祓魔師・守門 → 教会に属する下級聖職者。侍祭はミサのろうそくを管理。読師は聖書の朗読。祓魔師は悪魔払い。守門は教会の門番。

教会内にも序列は存在し、教皇を頂点とするピラミッド型の階層を築いていたが、次第に教皇の権威が強まると世俗化してしまう。

POINT

- ◆町の教会にいる聖職者は司祭
- ◆司祭は庶民の生活を指導し、ミサを主宰する

修道士

清貧をモットーに隠遁生活を送る人々

修道院ではキリスト教の堕落が続くなかで、キリスト教の原点に立ち返ろうとした修道士たちが集い生活を送る。

世俗を離れて神に祈る生活

荒野や絶壁にポツリと建つ修道院。そこは修道士たちが共同で隠遁生活を送る場所である。礼拝堂のみならず**農場や工房、醸造室や家畜小屋など、数多くの建物が並んでいた。**

中世キリスト教世界で欠くことのできない修道院は、4世紀の東方に現われた。ローマ帝国の庇護を受け堕落したカトリック教会に対し、失望した信者が集まったのが修道院の始まりである。

やがて6世紀に聖ベネディクトゥスが修道院での規則を『会則』としてまとめ、私有財産の放棄である「清貧」、結婚禁止の「貞潔」、神への忠誠である「従順」の三誓願を謳った。

そしてローマ南方にモンテ・カシノ修道院を設立。以降、修道院がヨーロッパ西方各地に次々と建設されていった。修道院の規模は大きくなり、修道会へと成長していった。

10世紀に設立されたクリュニー修道会は、最盛期には信徒2万人を管轄し、派手な典礼が行なわれた。

しかし、肉体労働を蔑《さげず》むクリュニー修道会に、失望した修道士が離れ、シトー派修道会など多くの修道会が設立された。シトー派修道会の修道士は率先して農業に従事、最新の耕作技術を研究、普及させた。

修道院の見取り図

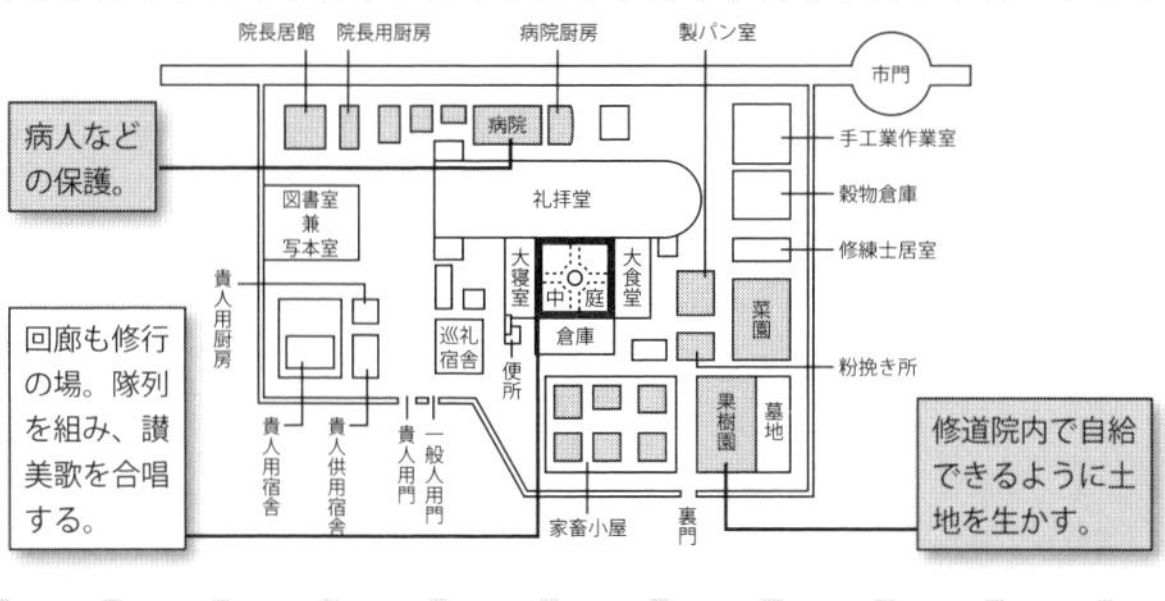

修道院は自給自足の暮らしが可能な空間となっている。

POINT

- ◆修道院は生活の場である
- ◆修道士のモットーは「清貧」「貞潔」「従順」

神

ユダヤ教に起源を持つ三位一体の神

キリスト教の神は、全世界の人々を救済の対象とし、唯一神でありながら、神・イエス・聖霊の3つ神格を持つ。

オールマイティーの神

中世ヨーロッパで信仰されてきた神はキリスト教の神である。全知全能唯一絶対の存在であり、ほかに神はないとされる。こうした絶対の神を信仰する宗教を一神教といい、ほかにイスラム教やユダヤ教などが含まれる。

対して日本神話は、異なる専門分野を持つ多くの神がいる多神教である。一神教は砂漠などの過酷な自然の地、多神教は反対に自然の豊かな地で創始される傾向がある。

日本のゲームやファンタジーが舞台のモデルを中世世界としながらも、登場する神に全知全能の唯一神が少ないのは、多神教である土壌が反映しているからであろう。

キリスト教の神の起源はユダヤ教にある。その聖典である『旧約聖書』によれば、人類を創り出した偉大なる神は、預言者モーセを通じてイスラエルの民との間に、神の教えを守れば、恩恵を与えるとの契約を結んだ。その教えはモーセの十戒《じっかい》と呼ばれ、異教の神の崇拝禁止、安息日の遵守など、現代のユダヤ教でも守られているものである。

しかしユダヤ教とキリスト教では、神の性格がいささか異なっている。イエスの説く神は、より慈悲深いものであった。ユダヤ教の神とは違い、深い信仰さえあれば誰もが救済される対象となったのだ。そして、イエスが人々の罪を背負い十字架に架けられたことによって、全人類と神との間に新しい契約が結ばれたとする。キリスト教の聖書は『旧約聖書』と『新約聖書』に分かれるが、「約」は「契約」を意味する。

キリスト教の神の特徴として、**「神」と「イエス」、そして「聖霊」は同一の存在、つまり「三位一体《さんみいったい》」であると教えている。**神はただひとつの実体ではあるがそのなかに、神、イエス、聖霊の3つの異なる神格が存在しているということなのだ。

POINT

- キリスト教の神の源流はユダヤ教の神にある
- キリスト教の正統は三位一体説を取る

三位一体論の概念

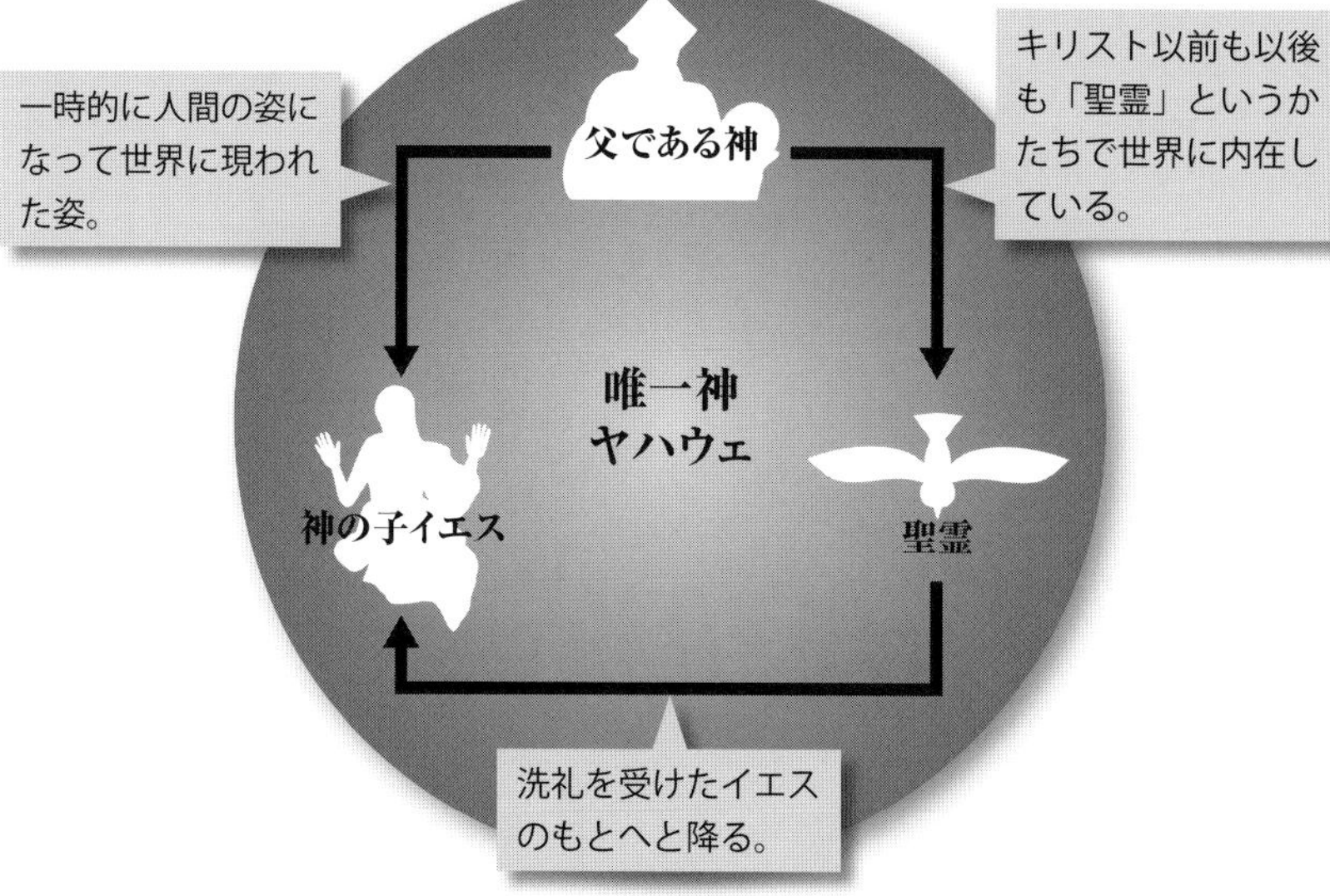
キリスト以前も以後も「聖霊」というかたちで世界に内在している。
一時的に人間の姿になって世界に現われた姿。
父である神
唯一神
ヤハウェ
神の子イエス
聖霊
洗礼を受けたイエスのもとへと降る。

「マタイ福音書」に基づいて考え出された「三位一体」。
1つの神（ヤハウェ）のなかに、「父である神」、「神の子イエス」、「聖霊」の3つの性格が存在するという。

318年、325年、381年と相次いで教会の公会議が開催され、三位一体説はキリスト教内の共通の理論として確立されていく。三位一体説は3者の実体をひとつすることで一神教を守り、同時に3者の神格を守ることに成功した。

主な多神教と一神教

		主な宗教	信仰対象
多神教		神道（日本）	八百万の神（自然・自然現象）
		道教（中国）	道（宇宙の真理と生命の真理）
		ヒンドゥー教	バラモン教に由来する土着の神々
一神教	唯一神教	キリスト教	ヤハウェ（三位一体の考えからイエスや聖霊も）
		ユダヤ教	ヤハウェ（天地創造主）
		イスラム教	アッラー（全知全能の神）
	排一神教	古代イスラエル民族宗教	多数の神はいるが、信仰すべき神は一神のみ
	単一神教	ヴェーダ宗教（古代インド）	多神教だが、特定の一神のみを重視する

一神教になるか、多神教になるかはその土地土地の風土にも大きく左右される。

天使と悪魔

二元論により生まれた神の伝令役と、対立する堕天使

人間と神とをつなぐ伝令役として生まれた天使と、堕落した天使として神に敵対する存在となった悪魔たち。

POINT

- ◆天使とは神の伝令役を担う存在
- ◆悪魔とは神に反逆した元天使たち

神の使者と反逆者

キリスト教の神はあまりに強大であり、おいそれと地上に顕現できない存在だ。そこで、いつしか神は自らの代わりに、**地上へ伝令の使者を**遣わす、という考えが生まれた。その使者が「天使」である。

天使には階級がある。上級、中級、下級の3つで、そのそれぞれがさらに3つ分かれ、合計9つの階級があるのだ。

有名な天使長ミカエルや聖母マリアに受胎告知を行なったガブリエルは、下から二番目の第八階級「大天使」に含まれている。ただし、中世初期までは大天使の階級が、天使の最高位であった。

これはペルシアのゾロアスター教の思想で、世界は背反する二つの原理や基本的要素から構成されると考える二元論の影響を受けて生まれたものといわれる。

この天使に対抗する勢力として考え出されたのが悪魔である。

古代ユダヤでは、悪魔が洪水で溺死した巨人の肉体から生じたと信じられていた。一方キリスト教では、**サタンが神に反抗し天国で戦争を引き起こした際、これに呼応するも敗れてともに地獄に落とされた天使、つまり「堕天使」であると考えた。**

サタンは高位の天使であったが、傲慢な性格であったがゆえに神に戦いを挑んだのだという。

時代が下ると、悪魔は、地獄で帝国を建国しているとも考えられ、その体系を確立させていった。地獄の帝国には階級があり、公爵や首相までいて、蝿の王ベルゼブブを地獄の君主と見るオカルティストもいた。

13世紀にはトゥスクルムの枢機卿が、天使と地獄に落ちた堕天使の数を計算した。それによると、天使の総数は2億6661万3336、堕天使の数は1億3333万6668であったという。兵力的にも天国の方が優位なのである。

天使の階級と七大悪魔

天使

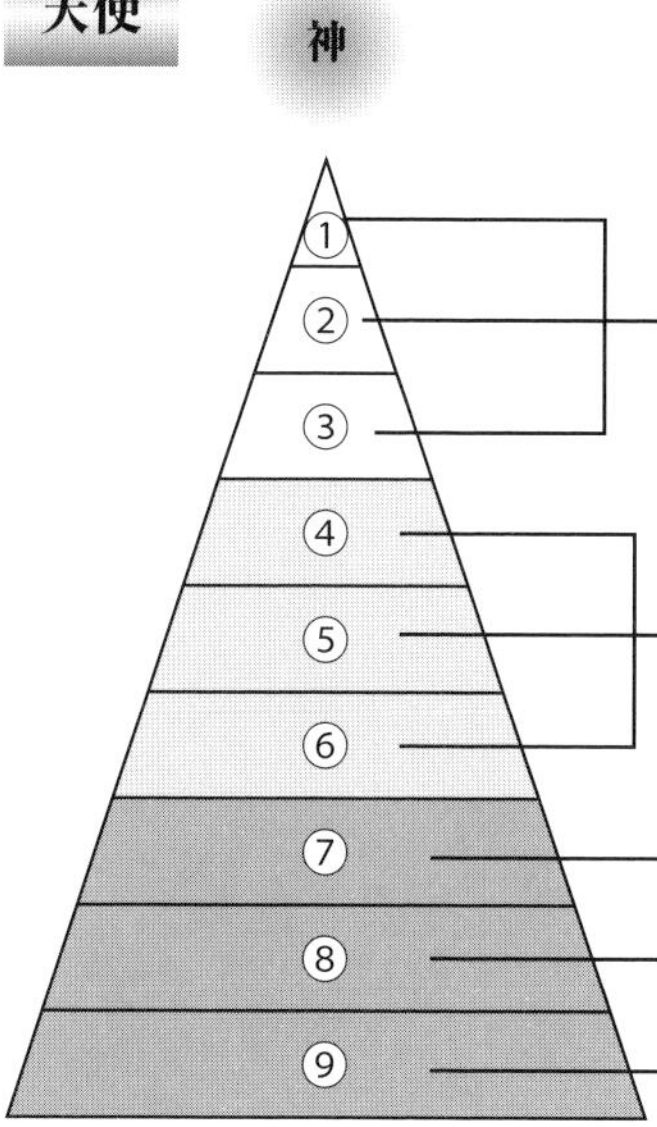

上級三隊

①**熾天使（セラフィム—Seraphim）**
神の側に仕える天使群。

②**智天使（ケルビム—Cherubim）**
神の玉座、戦車の曳き手となる天使群。

③**座天使（スローンズ—Thrones）**
神の玉座、戦車となる天使群。

中級三隊

④**主天使（ドミニオンズ—Dominions）**
天国の行政を司り、神の言葉を宇宙に知らしめる天使群。

⑤**力天使（ヴァーチュズ—Virtues）**
地上の奇蹟を司り、英雄に勇気を与える天使群。

⑥**能天使（パワーズ—Powers）**
悪魔との戦いの最前線に立つ天使群。

下級三隊

⑦**権天使（プリンシパリティーズ—Principalities）**
国家の指導者を守護し、国家の興亡を司る天使群。

⑧**大天使（アークエンジェルズ—Archangels）**
神の命令を直接受け、天使の軍団を率いる天使群。

⑨**天使（エンジェルズ—Angels）**
人間の生活を監視し、励ます天使群。

悪魔

七つの大罪

姦淫＝アスモデウス
道義に背き男女が肉体関係を持つ。

傲慢＝ルシフェル
おごりたかぶり人を見下す。

嫉妬＝レヴィアタン
自分より優れている人を恨み妬む。

暴食＝ベルゼブブ
むやみにたくさん食べる。

憤怒＝サタン
我を忘れて怒る。

貪欲＝マモン
欲深く、飽きずにむさぼる。

怠惰＝ベルフェゴール
怠けてだらしない。

※人間の７つの欲望を罪として、この欲望に人間を誘う悪魔が当てられた。

守護聖人

人々の願いを聞き届けてくれる信仰篤き人々

奇跡伝説に彩られた信仰篤き実在の人物たちは、神と人間の間を取り持ち、救済のとりなしをしてくれると信じられた――。

神と人間との間を取り持つ者

サンタクロースのモデルといわれる聖ニコラウスや、バレンタインデーの聖ヴァレンティヌス、日本にキリスト教を伝えた聖フランシスコ・ザビエル。日本で有名な名前だが、3人の共通点は皆「聖人」であること。

聖人は**ゆるぎない信仰心を持ち、殉教や奇跡などの功績により、その死後、カトリック教会から公式に認定される称号**で、3～4世紀に起源を持つ。聖人たちは神と人間との間を取り持ってくれる存在として、中世には熱狂的なブームとなった。その祈りの目的は多岐にわたり、病平癒、旅の無事など、人々の切なる願いが込められた。

また、聖人の聖遺物があると、より大きな力が働くと崇められ、多くの信徒が聖遺物詣でに列を成した。

聖人に列せられるには審査があり、徳と信仰を示した模範的な生涯を送っていなければならなかった。審査は厳しく、30年続くこともある。近年では、ヨハネ・パウロ2世とマザー・テレサが、聖人認定の前段階にあたる「福者」に列福されている。

これら聖人のなかには、特定の職業や国や都市、行為などを守護する「守護聖人」がいる。

主な聖人と守護対象

聖人名	守護対象	聖人名	守護対象
聖クリストフォレス	荷物運搬業、旅人	聖ヴァレンティヌス	友人、恋人、養蜂家
聖セバスティアヌス	ペスト	聖ジェオルジウス	騎士、十字軍騎士
聖ニコラウス	処女、子ども、学生、船乗り、泥棒	聖アポロニア（殉教者）	歯科医
聖フランチェスコ	動植物、自然	聖カタリナ（殉教者）	車大工、粉屋、大学哲学科
聖ステファノ	石工、石材業	聖マルガレタ（殉教者）	難産
聖セシリア	教会音楽、音楽奏者	聖ドロテア（殉教者）	花屋、植木屋

POINT

- ◆聖人はカトリック教会によって認定される
- ◆様々な職業にそれぞれ守護聖人が存在する

主な聖人の伝承地図

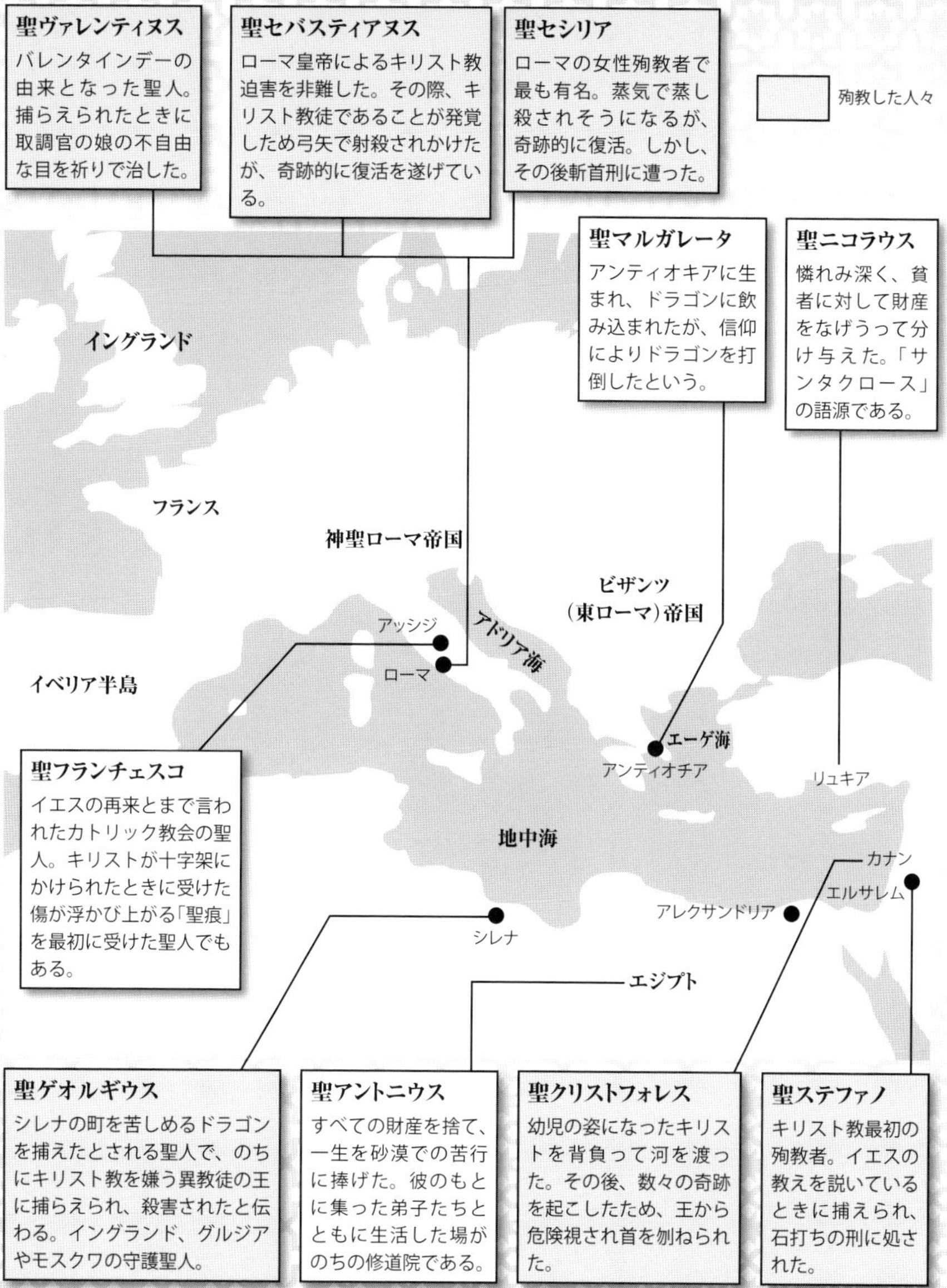
聖ヴァレンティヌス
バレンタインデーの由来となった聖人。捕らえられたときに取調官の娘の不自由な目を祈りで治した。
聖セバスティアヌス
ローマ皇帝によるキリスト教迫害を非難した。その際、キリスト教徒であることが発覚しため弓矢で射殺されかけたが、奇跡的に復活を遂げている。
聖セシリア
ローマの女性殉教者で最も有名。蒸気で蒸し殺されそうになるが、奇跡的に復活。しかし、その後斬首刑に遭った。
殉教した人々
聖マルガレータ
アンティオキアに生まれ、ドラゴンに飲み込まれたが、信仰によりドラゴンを打倒したという。
聖ニコラウス
憐れみ深く、貧者に対して財産をなげうって分け与えた。「サンタクロース」の語源である。
イングランド
フランス
神聖ローマ帝国
ビザンツ
(東ローマ)帝国
アッシジ
ローマ
アドリア海
イベリア半島
エーゲ海
アンティオチア
リュキア
地中海
カナン
エルサレム
アレクサンドリア
シレナ
エジプト
聖フランチェスコ
イエスの再来とまで言われたカトリック教会の聖人。キリストが十字架にかけられたときに受けた傷が浮かび上がる「聖痕」を最初に受けた聖人でもある。
聖ゲオルギウス
シレナの町を苦しめるドラゴンを捕えたとされる聖人で、のちにキリスト教を嫌う異教徒の王に捕らえられ、殺害されたと伝わる。イングランド、グルジアやモスクワの守護聖人。
聖アントニウス
すべての財産を捨て、一生を砂漠での苦行に捧げた。彼のもとに集った弟子たちとともに生活した場がのちの修道院である。
聖クリストフォレス
幼児の姿になったキリストを背負って河を渡った。その後、数々の奇跡を起こしたため、王から危険視され首を刎ねられた。
聖ステファノ
キリスト教最初の殉教者。イエスの教えを説いているときに捕えられ、石打ちの刑に処された。

中世ヨーロッパの聖人信仰は熱狂的な高まりを見せた。各地で聖遺物を求める聖職者が後を絶たず、権威を高めようと教会に持ち帰られた。

天国と地獄

中世の人々を信仰へと導いた死後の恐怖

地獄に対する恐怖は、人々を信仰へと導くために、より恐ろしく伝えられるようになった！

POINT

◆最後の審判において今までの死者が復活する

◆最後の審判により、人々は天国と地獄へ振り分けられる

キリスト教での死後の世界

死は人にとって避けられぬ現象なので、古代より天国や地獄などの死後の概念は存在していた。その概念は地理的な発見により、世界が劇的に広がった中世でも生き続けた。

カトリックでは、人間が死ぬと天国や地獄のほかに辺獄《へんごく》（リンボ）や煉獄《れんごく》に行くと考えられた。そこで一旦この世の終末と最後の審判の日を待ち眠りにつく。

辺獄とは、天国ではないが安楽な暮らしのできる場所だという。死後、天国に行けるのは洗礼を受け、正しく生きたキリスト教徒だけだった。そこで洗礼前に命を落とした罪のない赤子の救済策として、辺獄にて最後の審判まで待機する思想が生まれたのだ。

また煉獄とは、地獄に落ちるほどでない罪を犯したキリスト教徒が、罪を清め天国行きの準備をする所だ。

やがて終末と最後の審判の日がやってくると、これまでの死者は元の肉体を与えられて復活し、**終末によって死者となった人々とともに最後の審判を受ける**という。そして、生前の罪に応じて天国と地獄に振り分けられるのである。

では天国とはどういう場所かというと、キリスト教では聖人や正しいキリスト教徒が来世に住むことができる場所と信じられてきた。そこは、祖先と楽しく暮らせる場所とも、神を中心とした至福の世界で、天使や聖人が佇んでいる場所とも、都会的な城塞都市「新しいエルサレム」だとも、様々に考えられてきた。

一方、地獄は罪人が苦しむ場所で、最後の審判ののちに、神に選ばれなかった者が落ちて永劫に苦しむ所だ。

天国・現世と地獄の地理的な関係については14世紀、詩人ダンテが『神曲《しんきょく》』で、地獄はエルサレムの地下に9層に重なってあり、**一番下の層にはルシフェル（サタン）が突き刺さっている**と記している。

ダンテの描いた天国と地獄

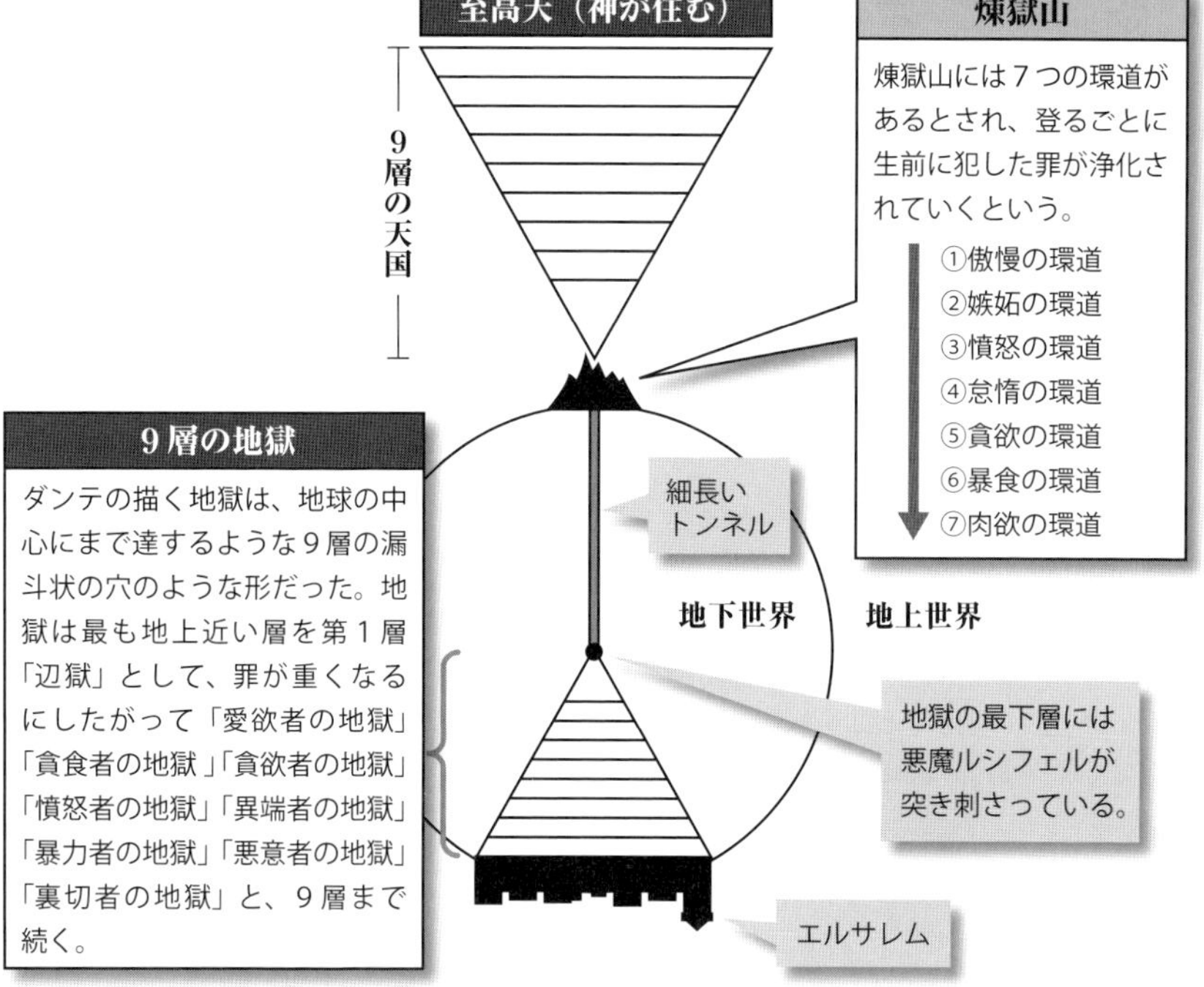

至高天（神が住む）
9層の天国
煉獄山
煉獄山には7つの環道があるとされ、登るごとに生前に犯した罪が浄化されていくという。
①傲慢の環道
②嫉妬の環道
③憤怒の環道
④怠惰の環道
⑤貪欲の環道
⑥暴食の環道
⑦肉欲の環道
9層の地獄
ダンテの描く地獄は、地球の中心にまで達するような9層の漏斗状の穴のような形だった。地獄は最も地上近い層を第1層「辺獄」として、罪が重くなるにしたがって「愛欲者の地獄」「貪食者の地獄」「貪欲者の地獄」「憤怒者の地獄」「異端者の地獄」「暴力者の地獄」「悪意者の地獄」「裏切者の地獄」と、9層まで続く。
細長いトンネル
地下世界
地上世界
地獄の最下層には悪魔ルシフェルが突き刺さっている。
エルサレム

キリスト教の天国と地獄という概念は数々の芸術作品に大きな影響を与えた。ダンテも影響を受けたひとりで、彼は代表作『神曲』のなかで9層の天国と地獄という構図を紹介している。

ヨハネ黙示録の世界

人類の終末は、ヨハネが天使により天へと招かれ、世界の終末に関する幻影を見る「ヨハネ黙示録」に描かれている。

7つの角と7つの目を持つ小羊（イエス）が巻物の封印を解くごとに、戦争や疫病、大地震などの災厄が人類を襲い、天使たちによって人類の3分の1が殺される。その後、天においてサタンが神に敗れると、神の怒りが注がれて悪人たちが滅び、地上にはキリストが支配する千年王国の時代が訪れる。だが、1000年ののち、サタンが再び牢から解き放たれ、またも戦いが起こる。

ここでまたも天から火が降り、サタンと人類はみな滅びてしまう。これがこの世の終末で、死者となった全人類は最後の審判を受けることになる。

異端

排斥された教えと異端審問の恐怖

当初、異端とされた教えは邪教ではなく、あくまで公認の教えとは異なる考え方に過ぎなかった。

正統ならざる信仰のかたち

異端と聞いて思い浮かべるものは、悪魔崇拝の淫祠邪教ではなかろうか。しかし、もともと異端の多くは教会内で、教義上の対立で生じた公認の教えとは異なる思想であり、聖職者内の問題であった。

中・近世までのキリスト教には、ほかの宗教を認めない排他的な面があった。そのような偏狭さは教団内にも向けられたのだ。

中世初期には、教団内部の聖職者の**知識や神学に関しての異議申し立てによる異端認定が多かった**。三位一体を否定するアリウス派や、キリストの神位と人位が別であるとするネストリウス派が異端とされている。

それが11世紀になると、信仰に対する反動から民衆の間に異端が生まれるようになった。

12世紀のカタリ派は、キリスト教ながら二神論を教義とし、禁欲的な戒律により、南フランスを中心に栄えた異端である。

地上や人間を創造したのは堕天使であるので、地上には苦しみが満ちているとして『旧約聖書』を否定。死後の地獄も煉獄もなく、この世が地獄であるとした。

教会の教えを否定するこの一派に対し、教会は弾圧を加え、教皇の呼びかけによるアルビジョワ十字軍により壊滅へと追い込まれた。

このようにカトリック教会は異端を追及し、ときに暴力的に弾圧した。

異端審問は、1231年に教皇グレゴリウス9世が異端を追及するためにはじめた裁判制度である。

匿名の告発により異端の嫌疑をかけられた者は、ドミニコ会士を中心とした異端審問官の前で、弁護人のいない裁判にかけられる。

そこで被疑者は罪の告白を促す拷問にかけられる。罪の告白により拷問は終了し、鞭打ちや財産没収などの罰が課せられる。それでも改悛しなかった者が火あぶりとなった。

POINT

- 初期の異端は教会が公認した教え意外の思想
- 恐れられた異端審問官

主な異端信仰と異端審問の恐怖

	異端	年代	国	信仰内容
教義上の異端の時代	グノーシス派	1世紀から4世紀	ローマ帝国の周辺国	グノーシスとはギリシア語で「知識」を意味する。人間個人の本質的な自己の認識を救済としたため、救済機関としての教会組織などへの帰属を救済の条件としなかった。
	マルキオン派	2世紀	黒海沿岸	『旧約聖書』やユダヤ教的な概念を全否定し、愛の神のみをキリストの神とした。
	モンタノス派	2世紀	小アジア	終末観を強烈に期待し、聖霊の神懸り的な働きを特徴とする。なかなか訪れない終末に対して、徐々に信者の熱が冷め消滅していく。
	ネストリウス派閥	4世紀から5世紀	コンスタンティノポリス	コンスタンティノポリス総主教ネストリウスにより説かれたもので、イエスの神性と人性を区別し、母マリアは神の母、いわゆる聖母ではないと唱える。431年、エフェソス公会議において異端として排斥された。唐代の中国に伝わり、景教と呼ばれる。
	アリウス派	3世紀から6世紀	西ヨーロッパ	父なる神と子なるイエス・キリスト、および聖霊は全く異なる（ヘテロウシオス）として三位一体説を否定。325年のニカイア公会議で異端とされた。
民衆が参加した異端の時代	カタリ派	11世紀から14世紀	欧州全土	善なる神と悪なる神の二神を崇める。世界を物質と霊魂の世界に分け、物質を悪として、霊魂だけを配慮した。
	ヴァルド派	12世紀	フランス	博愛主義的な活動を行なう。財産を放棄し、失業者や逃亡者を受け入れる信心会を創設。平等主義に基づいている。
	ジョン・ヴィリクフ ヤン・フス	15世紀	イングランド・ボヘミア	教会批判。実体変化（パンやワインがキリストの血肉になる）の否定。彼らの教えを拠り所に農民の反乱が発生する。

異端審問

1231年、教皇グレゴリウス9世によって「異端審問所」が創設され、ドミニコ会修道士を審問官とする司法機関の役割を果たす。

異端の容疑のある人物を告発。時には利害関係などから相手人物を貶《おとし》めるために密告することもあった。
容疑者に弁護士をつけることも認めず、苛酷な拷問による自白を強要した。
密告者
異端容疑者
審問官

異端のなかでもカタリ派は特に勢力を伸ばしていくが、キリスト教会側もこれを厳しく取り締まり、容赦なくカタリ派信者を殺害していった。また、異端審問も激しく行なわれた。拷問によって被疑者を殺害してしまうことは禁じられていたが、信心深さの余り仕事熱心な審問官は「情け容赦のない真の悪魔」と恐れられた。

大学

若者たちが学生生活を送った中世都市の学び舎

中世の大学は、神学部、法学部、医学部、教養部の四学部を中心に官僚と聖職者を育成した。

POINT

◆大学は職人ギルドのひとつだった

◆大学生は現代同様時として羽目を外した

初期の大学の構造

教育の最高機関である大学は、じつはすでに中世には生まれていた。大学設立以前の教育機関は、修道院であった。しかし修道院は閉鎖的なので、知識の探求には限界があった。そこで、様々な人間が集まる都市に、**教育者の同職組合（ギルド）として、大学が自然発生した**のだ。

当時の大学は、神学部、法学部、医学部、教養部の四学部があった。

神学部は、キリスト教の教理を学ぶ学部であり、当初はパリ大学にしか無かった。卒業した学生は、聖職者か大学で学者となった。

法学部では、ローマ法や教会法、市民法を教えていた。ローマ法が社会に広がると、実務法律家が必要となりその養成も行なった。最古の大学であるボローニャ大学は法学で有名であった。

医学部は医師の養成が目的である。ギリシア、ローマの古い医学書により講義が行なわれた。ただし、外科については、動物の解剖実験くらいだったので、外科的知識はほとんど身につかなかったようだ。

最後に教養部である。教養部では、言語に関する文法、修辞学、論理学と、自然科学である算術、幾何学、音楽、天文学を学んだ。幾何学には、博物学や地理学の内容も含まれていた。また音楽が自然科学なのは、ピタゴラス以来、音程を物理学で研究してきた伝統によるものであろう。

しかし、中世の大学は経済的には貧しかった。そこで富者が貧しい者も学べるよう学寮を寄付した。

今も昔も、学生の生活

大学には、ヨーロッパ各地から学生が集まっていた。その生活を助けるために組織されたのが、同じ出身地の教師や学生の親睦団体「国民団」だ。国民団の団長は、学頭を補佐するほどの地位があった。

学生は15歳くらいで大学に入学し

中世ヨーロッパの大学分布

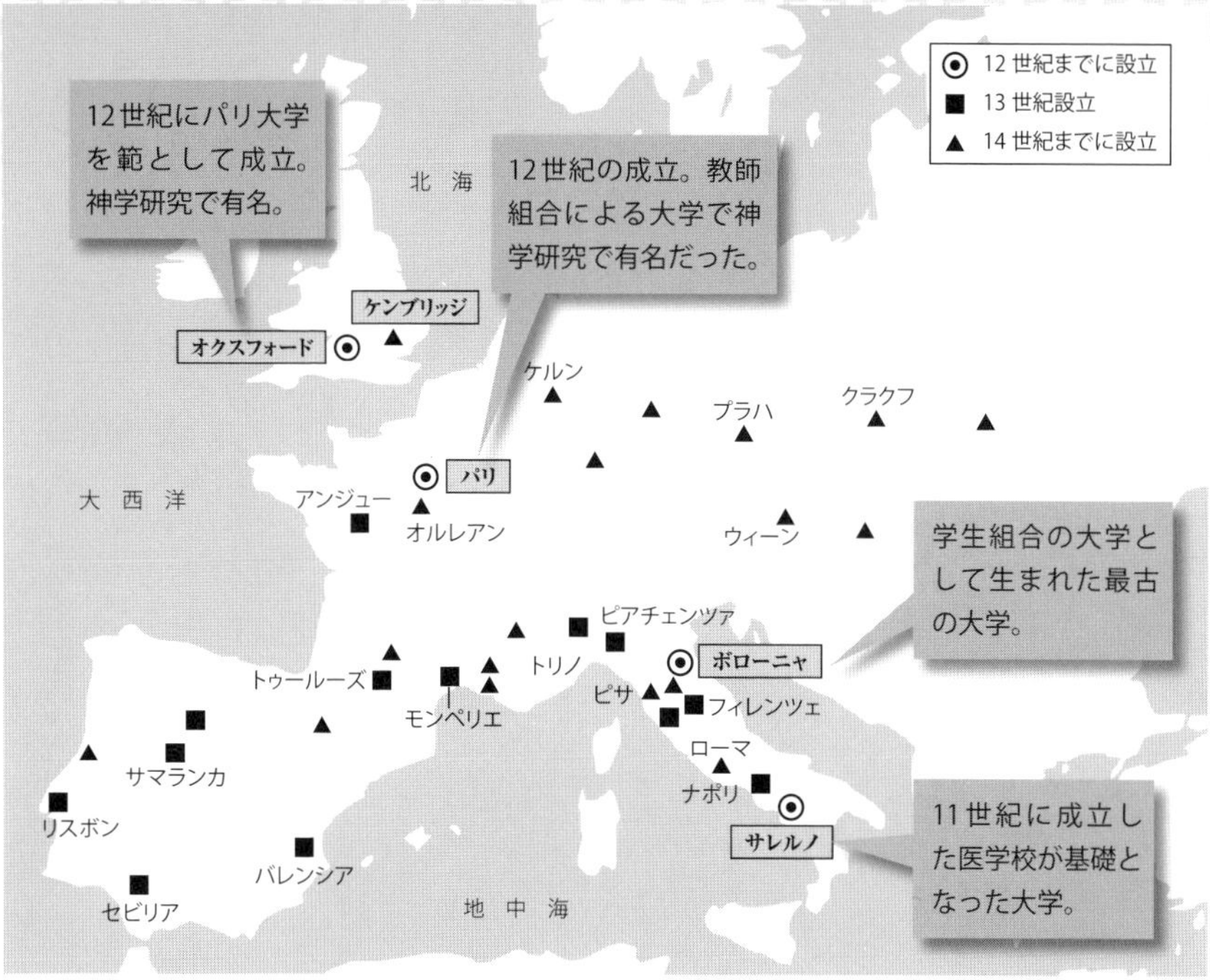
12世紀までに設立
13世紀設立
14世紀までに設立
12世紀にパリ大学を範として成立。神学研究で有名。
12世紀の成立。教師組合による大学で神学研究で有名だった。
北海
ケンブリッジ
オクスフォード
ケルン
プラハ
クラクフ
パリ
大西洋
アンジュー
オルレアン
ウィーン
学生組合の大学として生まれた最古の大学。
ピアチェンツァ
トリノ
ボローニャ
トゥールーズ
モンペリエ
ピサ
フィレンツェ
サマランカ
ローマ
ナポリ
リスボン
サレルノ
11世紀に成立した医学校が基礎となった大学。
バレンシア
セビリア
地中海

大学は12世紀にはすでに誕生し、そこで学園生活が営まれていた。12～13世紀に生まれたパリ大学には、医学部、法学部、神学部、教養部などがあったが、次第に官吏養成機関となっていった。

た。それから学部により異なるが、6年以上学んだのちに卒業する。

学生への講義は、大学内にある教師の家で行なわれた。学生は土間に直接麦わらを敷いて聴講した。

多くの学生は、ガウンと剃髪など聖職者の格好をしていた。

私生活に関しては、大学がとくに干渉することはなかったが、あらゆるスポーツや、チェスが禁止されていたので、うさ晴らしのために飲酒や賭け事、娼館に入り浸る学生も見られた。

学生はまだ若者である。祭りの際に仮装して楽器をかき鳴らして騒ぐ、パリ大学の学生の絵が残されている。厳しい戒律を守る聖職者の卵である彼らは、年に数回の祭りにはハメを外したのである。また学生の普段の憂さ晴らしは喧嘩であった。学生同士どころか市民とも派手に喧嘩したので、市民に疎まれていた。

四大精霊

魔術の基本となる世界を構成する4つの元素

世界のすべては火、水、風、土の4つの元素からなると考えられ、科学から迷信に至るまで、あらゆる分野の根本となった……。

POINT

◆中世科学の基礎知識であった四元論

◆四元素には4つの精霊が当てはめられた

世界は四元素でできている

火、水、風、土。これらはゲームに良く登場する属性である。その場合、互いに対立し、攻撃や防御において重要な役割を担う。これは、世界は火・水・風・土の4つの元素から成る、という考え「四元論」から導かれたものなのだ。

四元論は古代ギリシアのエンペドクレスにより考え出され、アリストテレス学派により広がった。

さらにアリストテレス学派は四大元素を「乾」と「湿」、「温」と「冷」という対立した性質とも結びつけたのである。すなわち火は乾いて温かい、水は湿って冷たい、風は湿って温かい、土は乾いて冷たいものだと説明したのだ。

これにより、四元素は感覚的に理解されるようになった。

中世には、四元論は魔術や錬金術の考えの基礎となる。

さらにルネサンス期になると、魔法医師パラケルススにより、**四元素にはそれぞれに精霊が当てはめられた。**

パラケルススの四大精霊

「サラマンダーは燃えよ　ウンディーネはうねれ　シルフは消えよ　コボルトはいそしめ」

これは、ゲーテの戯曲『ファウスト』第一部に出てくる呪文である。

ここに出てくるサラマンダー、ウンディーネ、シルフ、コボルト（ノーム）は、四元素に当てはめられた精霊の名である。

なおパラケルススは土の精霊をコボルトではなくノームとし、こちらが一般化した。

サラマンダーは、火の精霊である。その姿は、炎のなかに棲む小さなトカゲとして表わされる。

中世には、実際に火にくべても燃えないサラマンダーの皮が存在したとされるが、実際には石綿であったらしい。

四元論と四大精霊の概念図

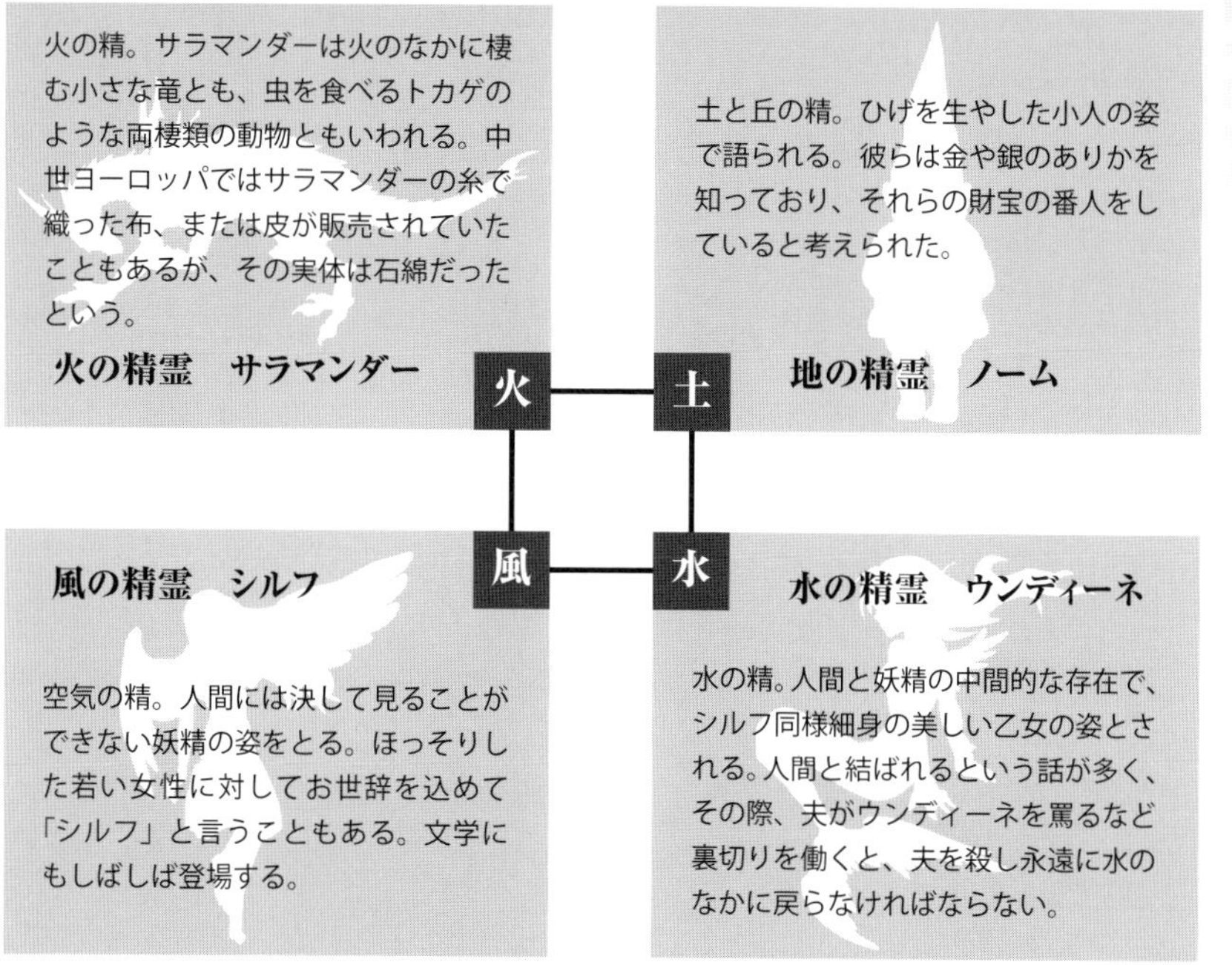
火の精。サラマンダーは火のなかに棲む小さな竜とも、虫を食べるトカゲのような両棲類の動物ともいわれる。中世ヨーロッパではサラマンダーの糸で織った布、または皮が販売されていたこともあるが、その実体は石綿だったという。
火の精霊　サラマンダー
土と丘の精。ひげを生やした小人の姿で語られる。彼らは金や銀のありかを知っており、それらの財宝の番人をしていると考えられた。
地の精霊　ノーム
火
土
風
水
風の精霊　シルフ
空気の精。人間には決して見ることができない妖精の姿をとる。ほっそりした若い女性に対してお世辞を込めて「シルフ」と言うこともある。文学にもしばしば登場する。
水の精霊　ウンディーネ
水の精。人間と妖精の中間的な存在で、シルフ同様細身の美しい乙女の姿とされる。人間と結ばれるという話が多く、その際、夫がウンディーネを罵るなど裏切りを働くと、夫を殺し永遠に水のなかに戻らなければならない。

四元論とは世界のあらゆるものが４つの元素で構成されているという考え方である。さらにルネサンス期に入り、それぞれの元素に精霊を当てはめる考えが取り入れられると、方位や季節といった要素も４つに分類することが流行した。

また近代魔術でのサラマンダーはトカゲでなく、人間の女性の姿をしている。

　ウンディーネは水の精霊だ。その姿は、魂のない美女とされている。パラケルススによると、人間の男と婚姻することにより魂を得られるという。しかし、男が不倫した場合には、男を殺さなければならぬ禁忌に縛られている。

　シルフは風の精霊であり、その姿は不可視の美女？　とされている。シェイクスピアの戯曲に登場するシルフは、華奢な体をしており、空中を自由に飛び回り、風を操る存在であった。

　そして、土の精霊とされるノームは、赤い三角帽子をかぶった小さな老人の姿をしている。彼らは地下に棲み、金や銀の鉱脈を熟知しており、また地中に隠された宝物を守っていると考えられている。

黒魔術

魔法使いが駆使した魔法の正体

魔法はじわじわ効いてくる!? 中世に恐れられた魔術は、呪いが基本だった!

魔法使いの実像

呪文を唱え、杖を振り下ろすと、その先からモンスターめがけて火の玉が飛んでいく。ファンタジーやゲームの世界での魔術師の姿だ。

しかし、現実の魔術においては、そういった即効性の魔術は忌避される。ではどういった魔術が使われたのかといえば、**呪いによりいつの間にか病気になったり、不運にして怪我を負ったりする**、他人に害をなす魔術「黒魔術」である。

まずは、魔法使いの実像を見よう。

魔法とは必ずしも邪悪なものではない。中世以前の魔法使いは、むしろ「賢人」として敬われる存在であり、コミュニティで司祭や巫女として祭祀を執り行なったり、薬草を用いて病気の治療をしたり、時には魔除けのまじないなどを行なった。庶民は一般的でないこれらの知識を、魔術と捉えたのである。

反対にコミュニティから拒絶された、**腹黒き邪悪な策謀家も魔法使いとされた**。コミュニティ内で、隣人との間で争いの絶えない者は、隣人を苦しめる呪いの黒魔術を使っていると考えられたのだ。その呪いを解くには魔法使いを特定し、殺害するしかなかったという。

キリスト教が普及すると、悪魔の崇拝者たる魔法使いが出現した。彼らは異端であり、キリストを侮辱する黒ミサ「サバト」を行なったのだ。

カトリック教会は、病的なほどに悪魔崇拝主義を含む異端を弾圧した。

１３０７年には、騎士修道会であるテンプル騎士団が、教会に弾圧される事件が起った。悪魔崇拝の疑惑をかけられて、異端審問により有罪とされ、解散させられたのだ。

15世紀、ジャンヌ・ダルクの戦友であったジル・ド・レ男爵は、魔術と錬金術に没頭、悪魔崇拝と子供誘拐の罪で火あぶりとなった。

そして教会の狂気は「魔女狩り」の時代を生む。

POINT

- 中世には魔法使いが実在した
- 広かった「魔法使い」の定義

世界の主な魔術

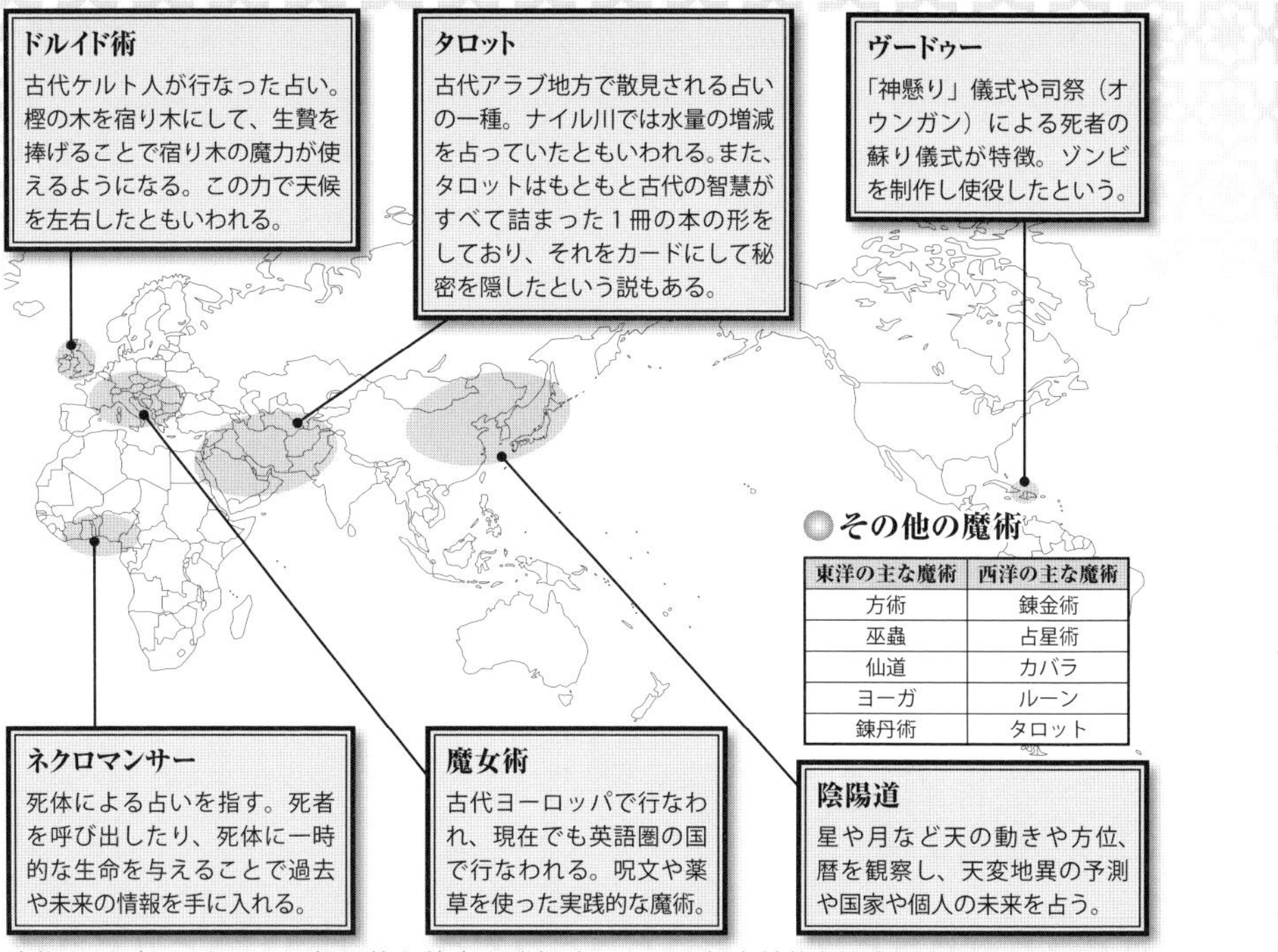
ドルイド術
古代ケルト人が行なった占い。樫の木を宿り木にして、生贄を捧げることで宿り木の魔力が使えるようになる。この力で天候を左右したともいわれる。
タロット
古代アラブ地方で散見される占いの一種。ナイル川では水量の増減を占っていたともいわれる。また、タロットはもともと古代の智慧がすべて詰まった1冊の本の形をしており、それをカードにして秘密を隠したという説もある。
ヴードゥー
「神懸り」儀式や司祭（オウンガン）による死者の蘇り儀式が特徴。ゾンビを制作し使役したという。
ネクロマンサー
死体による占いを指す。死者を呼び出したり、死体に一時的な生命を与えることで過去や未来の情報を手に入れる。
魔女術
古代ヨーロッパで行なわれ、現在でも英語圏の国で行なわれる。呪文や薬草を使った実践的な魔術。
陰陽道
星や月など天の動きや方位、暦を観察し、天変地異の予測や国家や個人の未来を占う。

その他の魔術

東洋の主な魔術	西洋の主な魔術
方術	錬金術
巫蠱	占星術
仙道	カバラ
ヨーガ	ルーン
錬丹術	タロット

魔術と呼ばれるものには超人的な能力を発揮するものや超自然的な現象を伴うものなど様々な種類がある。原始的かつ土着的なイメージで連想されるため、学問的な議論からは外されていくことになる。

ヨーロッパに吹き荒れた魔女狩り

魔女狩りは、教会が魔術や妖術を殲滅するために扇動した、情け容赦ない運動だ。15世紀から18世紀まで続く、社会現象となった。

魔女として告発された者は、裁判官の前で魔女でないことを証明しなければならなかった。

魔女の識別法にはふたつあった。ひとつが、「針刺し法」である。魔女の体には、痛覚がない傷やシミがあると信じられた。針で刺し、痛がらなければ魔女としたのだ。

もうひとつが「水責め」である。魔女は水に浮くと信じられ、手足を縛り、水に投げ入れられた。泳ぐことのできない女性は沈んで無実を証明したが、それは溺死を意味した。

こうした理不尽な魔女狩りによって、数十万人が命を落としたという。

白魔術

人々を癒し悪霊から守る「正しい魔法」

白魔術は、『新約聖書』においてイエスが起こしたとされる癒しの奇跡に源流を求めることが出来る!?

教会公認の魔術

白魔術とは宗教倫理から逸脱しない魔法のことである。ゲームなどでは、**治癒など他人に良い影響を与える善意の魔術**として用いられている。

魔術が、他人に害をなす黒魔術か白魔術の区別は難しい。たとえば恋愛成就の魔法などは、かける本人には白魔術だが、かけられる相手にとっては心を曲げられる黒魔術なのである。実際の判断は、キリスト教会による影響が強いのだ。

それでは、教会の認める白魔術とはどういうものであろうか。

キリスト教会は魔術を嫌ったが、すべての魔術的要素を排除しなかった。たとえば、キリスト教徒が護身のために十字をきる行為や、民間療法として蛇に噛まれた時に蝸牛を洗った聖水を飲むというものである。

キリスト教では、異教徒に布教する際、奇跡を用いた。それは悪魔払いであったり、病気の治癒であったりした。

これら奇跡は『新約聖書』でのイエスが起こした奇跡にその源流を求めることができる。

「マタイによる福音書」にはイエスの奇跡の話が多く記載されている。

たとえば悪霊払いをした話がある。二人組の男にとり憑いた悪霊に、イエスが「去れ！」と命令すると、悪霊は豚に乗り移り、そのまま湖に飛び込み溺死したという。

また、ガリラヤ湖を渡る船上で嵐に遭遇した際、イエスが湖を叱責すると途端に嵐が鎮まったともある。

病気を治癒した話も多いが、盲目を治した話がある。盲人の目を触り、言葉をかけた途端に目が見えるようになったという。

神の御名のもと、悪魔を払う

カトリック教会では、神やイエスの御名のもとに行なわれる悪魔払いは宗教行為だとしている。

悪魔払いは、キリスト教会の権威

POINT

- ◆白魔術は宗教倫理に反しない癒しの魔法
- ◆悪魔祓いも白魔術のうち

イエスが起こした奇跡

『トマスによるイエスの幼児物語』

- マムシの毒を息で吹き払った。
- 1粒の小麦の種から4万リットルもの収穫を得た。
- 泥から12羽の鳥を作った。
- ぶつかってきた子供を死に至らしめ、その後生き返らせた。

『マタイによる福音書』

- 嵐を鎮めた。
- 耳の聞こえない人や目の見えない人を治した。
- 悪霊を払った。
- 湖の上を歩いた。
- 食糧を増やして何人もの人々を空腹から救った。

予言

税の支払いを命じられたイエス

↓

湖で魚釣りをして、最初に釣れた魚の口を開ければ、銀貨が出てくる。

↓

弟子は言われた通り銀貨を見つけ、税を納めた。

相手に悪影響を及ぼす黒魔術に対し、良い影響を与えるのが白魔術。もともとはイエスの数々の奇跡が人々を救ったことに端を発しており、自分の身に降りかかる不幸や危機を回避するために利用された。

が確立するにつれ、専門家（エクソシスト）が任命されるようになり、成功をおさめるようになった。

中世には、患者たちが悪魔払いによる治療を受けていた。3年間正気でなかった患者が、イタリアのアッシジにある聖フランチェスコの墓に触れただけで治癒したとの記録もある。聖人の遺骸物も、白魔術的な力を秘めているのだ。

マナ

マナとは太平洋の島々の神話において、神や人をはじめ、岩や川など世界のすべてのものがあまねく含有している力である。ゲームで登場する時には、魔法の力の源泉、エネルギーとして使われることが多い。また聖書にもマナという言葉が登場する。こちらのマナは飢えた民を救った食物である。

占星術

天体の運行から人の運命を予言する迷信の天文学

占星術は、迷信と断じられながらも権力者の庇護を受けて生き残り、星占いの源流となった……。

POINT

- ◆占星術の発祥は古代バビロニア
- ◆キリスト教社会では禁じられたものの、権力者が傾倒した

西洋占星術の歴史

農耕を始めた古代の人々は夜空に輝く星々を眺め、次の日の気象や畑の種まきの時期を予測していた。そのうち星の運行が地上に影響を与えているのではないか、と考えるようになり、占星術が生まれた。

占星術の起源は、古代メソポタミアにあり、惑星と星座の位置関係から国家や王の運命を占うものであった。当時すでに、ふたご座や天秤座などの黄道十二星座や、月、水星、金星、火星、木星、土星などの惑星が知られていた。

しかも暦の作成という国家事業にも関係していたので、占星術師は、国に庇護されていた。

やがてその占星術は古代ギリシアに渡るとギリシア文化の影響を受ける。星座にギリシア神話に基づいた説明が足され、惑星の位置を表わすホロスコープも整備され、ようやく西洋占星術の体を成したのである。

また国家の趨勢を占っていた占星術が個人の運命を占うようになっていた。生まれた時の星の位置が、その人の人生に影響を与えるという考えが生まれ、現在目にする星座占いの基礎が成立した。

帝政ローマ初期にも、歴代皇帝が占星術の予言に基づき生活していたため、占星術師は保護され続けた。

当時の占星術は、**星の動きによって、人物の運命を知る**もので、ネロ帝は自身の障害となる人物を調べて殺し、多くの野心的な人々が将来王になるという予言を受けたときには、ヴァレンス帝がこうした占いを行なった人々を捕らえている。

ノストラダムスも占星術師

こうして隆盛を迎えた占星術であったが、中世に入ると、一神教であるキリスト教の勃興によって禁忌化され、占星術は妖術とみなされてしまう。

弾圧されて地下に潜った占星術師

占星術の変遷と効果

占星術黎明期

バビロニア　季節の移り変わりや気候現象の予測、暦作成に利用された。

↓

古代ヨーロッパの占星術

ローマ帝国　キリスト教の普及により占星術は衰退。潜伏期に入る。

↓

中世ヨーロッパの占星術

死を予言し、まじないにより運命を変える→魔術化。一時、政治や軍事にも取り入れられるほど権威が高まった。

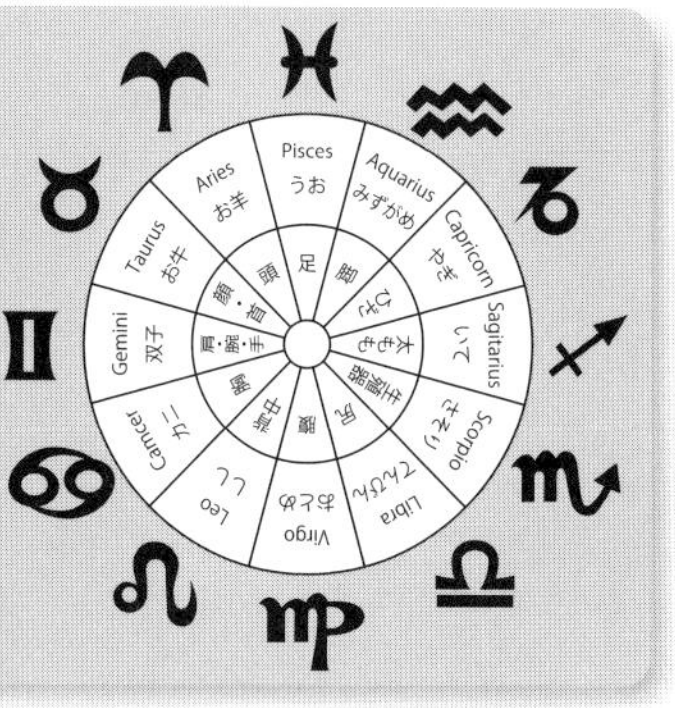

個人の運命を星の位置と結びつける。
人体の各部位を星の位置に照らし合わせ、外科医学にも利用された。

古代バビロニアを発祥とする占星術は、禁教の扱いを受けながらも中世ヨーロッパで再び開花。一時は権力者の間で積極的に活用された。しかし、科学の発展に伴い、占星術のあいまいさが問われ次第に衰退していった。

は、魔術との融合を図ったため、占星術は歪《いびつ》な発達を遂げた。ここにきて学問的であった占星術に、オカルト的な要素が入り込むのであった。

キリスト教会により弾圧され、一旦絶えた占星術であったが、11世紀にイスラム世界から、哲学や錬金術とともに輸入されて息を吹き返す。アラビア語版のプトレマイオス著『テトラビブロス』がラテン語に翻訳されたり、イスラムの有名な占星術師アブ・マアシャルの著作が翻訳されたりして、知識階級に読まれるようになっていったのである。

13世紀には、神聖ローマ帝国皇帝フリードリヒ2世が、シチリアの宮廷に占星術師マイケル・スコットを招聘《しょうへい》した。

この占星術繁栄の流れは、のちにパラケルススや、ノストラダムスといった有名な占星術師を生むに至ったのである。

錬金術

錬金術師が作ろうとしていたのは、金だけではない!?

賢者の石にエリクサー……、ファンタジー世界に欠かせないアイテムの数々が、錬金術から生み出されていた!

POINT

◆錬金術の書物の著者は、著名な賢人たちとされた

◆金を生み出すための試行錯誤

真の錬金術師

錬金術という言葉は、現代では安易な金儲けの比喩《ひゆ》として用いられている。しかし、中世では別の物質から金を生みだす錬金術が、科学として本気で研究されていたのだ。

錬金術の歴史はヘレニズム時代のエジプトの冶金術に始まる。紀元前200年頃には、メンデスのボルスという人物が、金、銀、宝石、染料の作り方の本を著わしていたという。

その技術が、ギリシアに渡り、アリストテレス学派の四元論の影響を受け、さらにアラビアを経て12世紀にヨーロッパに広まったのだ。この過程で錬金術に関する文書が多数著わされたが、その著者はモーセ、ピタゴラス、プラトンなどと、古代の賢者や哲学者の名が冠されていた。

中世ヨーロッパの錬金術師は、王や領主の庇護と資金援助のもと、錬金術の研究に勤しんだ。

フランシスコ会の修道士ロジャー・ベーコン、ニコラ・フラメルといった高名な錬金術師もいたが、ペテン師も少なくはなかった。今まで、イギリス議会を通過した法律で一番短いのは1404年に出た「金又は銀をつくること」を重罪とするものである。それだけ、人々は錬金術の存在を信じきっていたのだ。

ただし、パトロンを得ることのできた錬金術師は実際にはわずかで、多くが暗い実験室で研究に没頭していた。1537年に出版された『哲学の慰め』という著書の挿絵には、部屋中に人間や動物の骨が散乱するなか、錬金術師が何かの物質を火にくべている姿が描かれている。

錬金術は何を生み出したか

錬金術の実験では、物質から四元素の聖霊を抽出しようとしたり、甲虫をすり砕いて創った粉末から銀を作ろうとしたり、さらには銅に手を加えて赤を抜き、金に変えようとしたりと、様々な方法が試みられた。

錬金術の概念と目的

方法

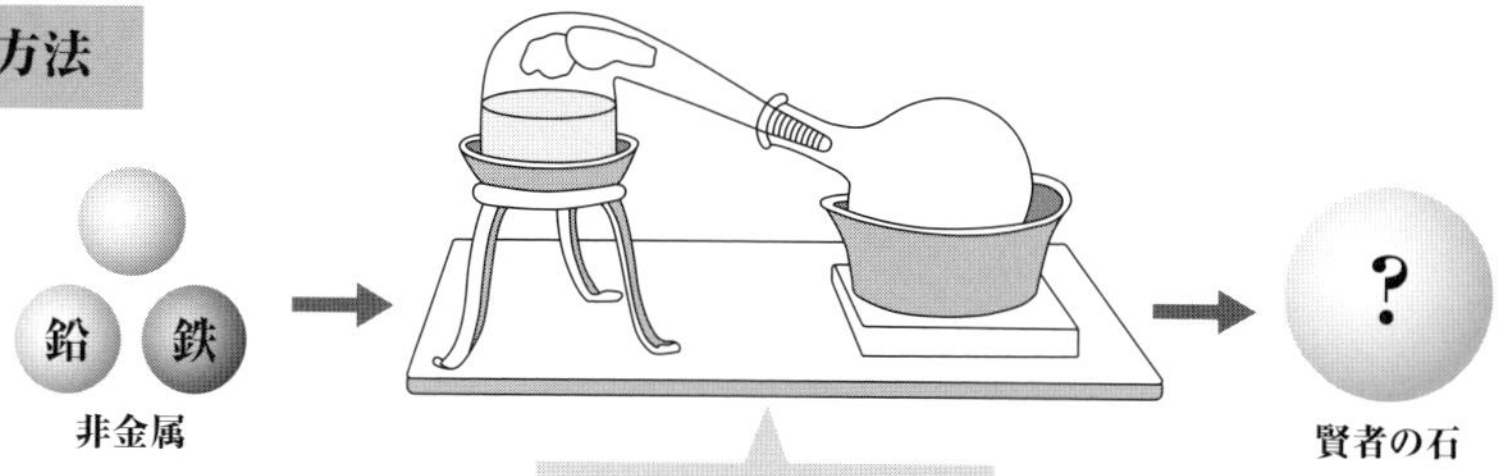

目的

賢者の石を用いて非金属を金などの貴金属に変化させることや、究極は人間に不老不死の命を与えることを狙っていた。

※ 錬金術師は金に限らず、あらゆる物質は「性質」を具現化させている核となる「精」（エリクシール）を持つと考え、「精」そのものを得ることをそもそもの目的とした。

結果

錬金術師は結局、賢者の石を発見することはできなかったが、試行錯誤するなかで硫酸・硝酸・塩酸などの化学薬品を発見、実験道具を発明した。その成果が化学の発展に繋がったとされる。

しかし、金などできるはずもなく、やがて錬金術の究極的な目的は、貴金属より価値のある「賢者の石」や霊薬「エリクサー」の生成へと変わっていく。賢者の石は、それが触れたあらゆるものを黄金に変化させ、すべての病を治癒し、所有者に永遠の若さをもたらす、究極の物質だ。またエリクサーは「錬金薬」とも呼ばれ、長寿と健康をもたらすとされた。

ホムンクルス

16 世紀のパラケルススは、自著にて人造人間ホムンクルスの作り方について述べている。それによると、蒸留器のなかに男性の精液を入れ、40 日密閉すると、蠢くものが見えるようになる。これを馬の胎内と同じ温度で、人間の血液を与えながら、40 週間養うと、子供の姿になるという。

ルーン

魔法の効果をもたらすヴァイキングの文字

北の海より大西洋に乗り出したヴァイキングたちが信奉した「ルーン文字」の人知を超えた力とは？

北欧神話の魔法文字

自然界に存在するすべてのものは、ルーン文字で記された名前を持っている。それを知ることにより、そのものの魔術的な意味がわかるという。

北欧神話の主神オーディンは、さらなる知恵を増やしたかったが、その時点で世界には、オーディンより賢い者は存在しなかった。そこでオーディンは自らの身体をユグドラシルの木に吊るして犠牲にし、9日9夜の間祈りを捧げた結果、ルーン文字の秘密を得るに至る。

そしてルーン文字は、オーディンによりゲルマン民族に伝えられたのである。

ルーン文字のアルファベットは、最初の6文字から「フサルク（futhark）」と呼ばれ、文章中では表音文字であり、一文字で一音を表わした。ルーン文字は金属などに彫り込まれて使用され、アルファベットの形も掘りやすいように直線だけで作られている。

ルーン文字は、一文字ごとに魔法的な意味を持っていた。そのため、呪文のようにルーン文字を長々と使うことはない。

ただ一文字のルーンでも、正しい使い方をすれば絶大な力を発揮するのである。そして、その力は災いを遠ざける効果や病気や怪我の治療に用いられた。

ヴァイキングの間で多く使用されたものが、軍神テュールのルーン文字のである。戦での勝利を望む者は、この文字を剣に刻みテュールの名を2度唱えた。

このルーン文字が戦いのなかで敵の血を吸うと力が発動され、戦いを勝利に導くという。また船の舳先と舵、櫂に刻まれた波のルーン文字は、荒波を沈め航海を安全にしたという。

このようなルーン文字の力を引き出す彫刻の出来る人物は、ゲルマンのコミュニティ内では学者であり、偉大なる魔術師として尊敬された。

POINT

- ◆ルーンはオーディンが伝えた文字
- ◆一文字のルーンが絶大な力を発揮する

ルーン文字の解読とその使い方

ルーン	アルファベット	意味	ルーン	アルファベット	意味
ᚠ	f	財産、富、家畜	ᛇ	ï	イチイの木、弓
ᚢ	u	野牛、鉱滓（製鉄したときの残りカス）、にわか雨	ᛈ	p	不明（舞踏、陰門、果樹という説あり）
ᚦ	th	巨人、茨	ᛉ	z または r	大鹿、防御、加護
ᚨ	a	神、河口	ᛊ	s	太陽
ᚱ	r	騎馬、死者の冥府への旅	ᛏ	t	軍神テュール
ᚲ	k	腫れ物、たいまつ、船	ᛒ	b	白樺の枝
ᚷ	g	贈り物、太っ腹	ᛖ	e	馬、神意
ᚹ	w	喜び、成功、牧草地	ᛗ	m	人間
ᚺ	h	雹	ᛚ	l	水、海
ᚾ	n	困苦、不足	ᛜ	ng	英雄の名
ᛁ	i	氷	ᛟ	o	世襲、遺産
ᛃ	j	夏、豊作、収穫	ᛞ	d	日、昼間

実用例

（船）＋ ᛚ（海のルーン）＝航海の安全（船の舵などに刻む）

（剣）＋ ᛏ（軍神のルーン）＝戦争の勝利（剣に刻む）

※ほかにも治療のため、出産のためなど様々な場面で利用された。

ゲルマン民族が使用していたとされるルーン文字はそれぞれが属性を持っているため、ルーン文字を刻むことでその効果を狙っていたと考えられる。しかし、邪教的な文字と恐れられたためキリスト教会によって、その使用が長く禁止されてしまった。

カバラ

神に近づき、神の目前に仕えるための神秘的学問

モーセが神との契約の際に与えられた律法の魂が、2000年にわたり体系化され、様々な魔術の基礎となった——。

カバラとは、ユダヤ教の神秘主義的な部分を解釈したものである。

モーセが神から授けられた「律《りっ》法《ぽう》」には文字で表わせない部分があり、それをカバラとして伝えたのだという。『旧約聖書』に収録される「創世記」「出エジプト記」「レビ記」「民数記」「申命記」のモーセ五書および、8世紀の律法博士アキバによる『創成の書』、13世紀末の『壮麗の書』がカバラの秘法を記した書とされるが、知識のない者が読んでも理解できない。カバラでは**神を信仰の対象としてではなく、認識の対象とし、神に仕えることを目的として、その方法を教えるもの**だという。

セフィロトの樹のしくみ

カバラとは…

世界の創造神は 10 のセフィラー（智恵・慈悲など）を通して把握できるとされ、このセフィラーを駆使して宇宙の構造や神との調和を模索した。これを体系的に描いたのが「セフィロトの樹（生命の樹）」である。

セフィロトの樹（生命の樹）

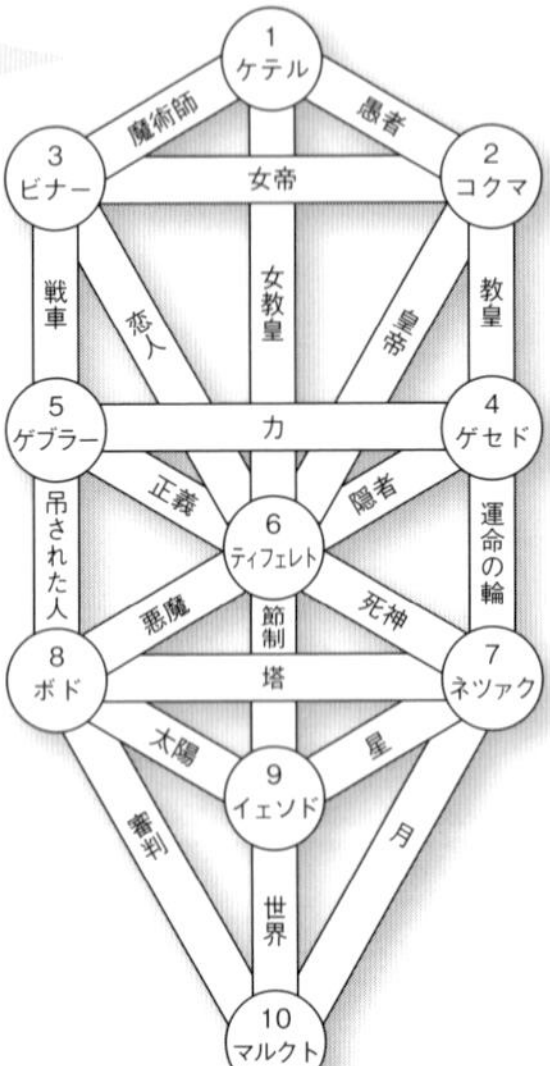

①ケテル＝王冠
②コクマ＝智恵
③ビナー＝理解
④ケセド＝慈悲
⑤ゲブラー＝神力
⑥ティフェレト＝美
⑦ネツアク＝勝利
⑧ボド＝栄光
⑨イェソド＝基礎
⑩マルクト＝王国

ユダヤ教の神秘主義に基づいた世界観を表現しているのがセフィロトの樹である。10 個のセフィラーやそれらを繋ぐ 22 本のパス（道）を理解することで、世界のあらゆるものを創りだすことできるといわれている。

POINT

- カバラはユダヤ教の密教的存在
- カバラの真理はセフィロトの樹に表わされる

数秘術

世の原理は数字に表われているとし、数字を使って占う占術

ピタゴラスの言葉をもとに数字に分解された語句から、言葉や文章に隠された本当の意味を知る方法。

数をもって万物を知る秘術

「万物は数なり」

この世の事象がすべて数で表現できる、というピタゴラスの言葉が、数秘術の根本思想である。数秘術は、**数字を用いて人物の将来や未来を予測する占術**だ。古代ギリシアから続くピタゴラス式とユダヤ教由来のカバラ式がある。

ピタゴラス式では、数それぞれに性質を定めている。

1は、理性を象徴する数。

2は、女性を象徴する数。

3は、男性を象徴する数。女性2に理性1を足すと男性3となるとされた。4は、最初の平方数であり正義の真理の象徴。5は、2と3の和であることから結婚の象徴と考えられた。6は、恋愛と霊魂。古代ギリシアでは異性の愛より、男同士の愛の方が優れていると考えられていたから3＋3＝が恋愛6となる。

7は、幸福。女性2が結婚5すると幸せになるという理由からだ。

8は、本質と愛。ピタゴラスはこの8を特別な数と見ていた。

9については、詳細が伝わっていないのだが、完全なる10に1足らないことから、古代ギリシアでは不完全な数だったらしい。

そして10は、神聖な数となる。

これらの数の理念は、カバラ式数秘術にも継がれていったのだ。

ゲマトリアはカバラ式の数秘術であり、『旧約聖書』に記された秘密の言葉を読み解くために用いられた。

ゲマトリアでは、言葉を一度、文字ごとに対応する数字に置き換え、それらを加えて合計値を算出する。合計値が等しい言葉を同じものとみなし、**置き換えて、隠された文書の意味を解読していく**のだ。

『ヨハネの黙示録』にある獣の数字と言われる「666」もゲマトリアにより求められたという。この数字は反キリストを意味し、暴君ネロを表わしているともいう。

POINT

- 数字それぞれに性質を定めたピタゴラス式
- カバラ式の数秘術「ゲマトリア」

中世生活誌 神話

中世の人々のアイデンティティを育んだ聖書とギリシア神話

西洋人のアイデンティティを育んだのは、主に聖書に負うところが大きいが、その一方で、キリスト教が否定したギリシア神話や北欧神話などは人々の間で脈々と語り伝えられてきた。とくに古代ギリシア・ローマ世界では、神話をモチーフにした芸術・建築が数多く生まれた。

ただし、古代社会において神話をもっとも必要としたのは、騎士の祖先に当たる戦士貴族たちであった。彼らは神や英雄の子孫であることを標榜することによって、その権威を保ったのである。

中世を通じてキリスト教に圧迫されていた神話は、15世紀のルネサンスによって再発見され、再び多くの芸術作品のテーマとなった。

中世社会に影響を与えた神話

ギリシア神話	ゼウスを頂点とするオリュンポスの神々や、その子孫である英雄たちが活躍する神話群。ホメロスやヘシオドスらによって体系化された。世界の誕生から神々の誕生とその物語、トロイア戦争などもこの神話群のなかに含まれる。やがてローマの神話体系に取り込まれ、聖書とともにヨーロッパ人のアイデンティティを形成する一要素となった。
北欧神話	オーディンを主神とするアースガルドの神々が活躍する神話群。過酷な自然環境のなかで育まれた神話は苛烈で好戦的。悪神ロキや雷神トール、オーディンの娘たちであるヴァルキュリアなどが登場し、最終戦争「ラグナロク」をもって物語は終焉を迎える。
ケルト神話	紀元前のヨーロッパにおいて勢力を誇っていた民族ケルト人が伝承してきた神話群。ブルターニュ地方やブリテン諸島に残されるもので、巨大な棍棒を操る神ダグザを父なる存在とし、英雄クーフリン、アーサー王などを生みだした。
エジプト神話	ナイル川のほとりに生まれたエジプト文明が育んだ神話群。神話の拠点がメンフィス、テーベ、ヘリオポリスと3つ存在し、それぞれに異なる神話体系が作られた。古代エジプトの君臨したファラオは、このうちのヘリオポリス神話の主神である太陽神ラーの息子、ホルスの化身であると自称していた。
オリエント神話	様々な民族が勃興したメソポタミア文明のなかで形成された神話群。マルドゥク神を主神とするバビロニアの神話、豊饒を司るバアル神や女神アシュタルテなどが登場する。洪水神話や都市に建設されたジッグラドは、聖書やギリシア神話にも影響を与えた。また、バアルやアシュタルテなどは聖書において悪魔へと貶められた。

第五章

中世の世界

冒険の舞台はどのような世界だったのか?

イントロダクション

中世の旅

街を一歩外に出れば広がる弱肉強食の世界

ローマ帝国の崩壊によって悪化した中世ヨーロッパの劣悪な治安環境とは？

POINT

◆治安事情は劣悪で、街の外は無法地帯だった

◆中世の人々は真冬の旅を避けた

危険な中世ヨーロッパの旅

コンピューターRPG初期の代表作といえば『ウルティマ』であろう。キャラクターが、広大なフィールドを旅し、遭遇したモンスターを倒し成長するシステムは『ドラゴンクエスト』や『ファイナルファンタジー』にも大きな影響を与えている。

ゲームでキャラクターが旅をするように、実際に中世の人々も旅をした。旅の理由は、政治や商売、武者修行、巡礼など様々であった。とくに中世末期には貧困や戦争などによる移住が増加した。

また、この時代には、余暇や観光での旅が少しながら萌芽し始めていた。『サンティアゴ巡礼記案内』のような旅のガイドブックも発行されている。

ただし、ゲームでモンスターがフィールド上にいるように、中世の旅も危険と隣り合わせであった。

旅の移動手段は、普通の旅人は徒歩、商人や飛脚は馬やラバを使用した。村から村までは離れており、村の間をつなぐ道は舗装されておらず、夏は土埃が舞い、冬は泥や雪に埋もれ大変だった。

それだけでなく、**街道には追い剥ぎも出た**。追い剥ぎは、本職の者のほか、失職した傭兵や貧乏貴族が即席の追い剥ぎとなり、襲ってくることもあったのだ。

こうした状況から身を守るため、道中、対面者とすれ違う時には、互いに左側通行という習慣も生まれている。これは相手がいきなり襲いかかってきても、右手の武器で受け止められるからである。それだけ追い剥ぎが多かったのだ。

危険には、自然現象による障害も含まれる。**旅は強制移住などを除いて、凍死のリスクを伴う冬を避け、主に春から秋にかけて行なわれた**。

また春から秋であっても、嵐により船が転覆したり、川の増水により橋が流されたりした。気象予報もな

中世の森―森林に囲まれていた中世ヨーロッパ世界

中世初期の森林
クラーケン
北　海
ハンブルグ
ロンドン
ワーウルフ
アーヘン
シャルボニエ
アイフェル
デューリンゲン
ブレ
アルデンヌ
コンピエーニュ
イヴリーヌ
メーヌ
パリ
トゥレーヌ
ヴォージュ
トゥール
妖精
大　西　洋
ヴァンパイア
セヴェンヌ
ローマ
マドリッド
コルドバ
地　中　海
ヒュドラ

中世ヨーロッパの大部分は深い森に覆われていた。ローマ時代以降、人々はこれを切り開いていったが、深い森は人々に畏怖の念を抱かせる存在であった。

※出典：『西ヨーロッパ世界の形成―世界の歴史⑩』佐藤彰一・池上俊一（中央公論新社）

い当時、思わぬ天候悪化が命に関わる危険をもたらしたのである。

旅には金が必要だ

なにより旅にはかなりの資金を必要とした。領地ごとの貴族による度重なる課税もあったからだ。

領主は、旅人が領地を通過すると、車税、徒歩税、橋税など名目を付けて税金を巻き上げた。食べ物や武器、羊毛などといった運搬中の商品にも税金がかけられたので、旅人が支払う税金分だけでも、かなりの出費を覚悟せねばならなかった。

また各地の両替商が旅人の貨幣を現地通貨に替る際に、貨幣の質の格差に乗じて、悪貨へと両替する詐欺行為が横行した。

巡礼者は一定の保護を受けていたものの、このように中世の旅は大変危険なものであり、弱肉強食の世界に放り出されるようなものであった。

中世の街道

街と街をつなぐ幹線道路と村道

封建君主の事情から、ローマ帝国時代に張り巡らされた街道はすっかり荒廃していた。

POINT

- ◆消滅していたローマの街道
- ◆橋や渡し場などで交通料が高くついた

快適ではなかった中世の道事情

「すべての道はローマに通ず」という言葉があるほど、古代ローマは街道の整備に熱心だった。アッピア街道を中心に帝国領内に舗装された道路が通じていたが、中世になると、地方の封建領主が街道の維持管理に無関心だったため、**ローマ時代の遺産は消滅し、道路交通は劣悪なものとなっていた。**

主要都市を結ぶ街道であっても、多くが舗装されておらず、単に土を踏み固めただけで、雨でも降るとぬかるんで、馬車が立ち往生した。

街道の道幅は目安としては、馬車2台がすれ違える幅となっていたが、実際にはそれより狭い街道もあった。

当時の道路交通法には、空の馬車と荷物を積んだ馬車がすれ違う際には荷物を積んだ方に優先権があり、馬車と騎士がすれ違う際には、馬車に優先権がある、というのがあった。

街道は都市間を結ぶが、村の近くは通らなかった。村は街道から奥まった所にあり、村道が幹線道路へと通じていた。

村が離れていたのは、街道に面しているとそれだけ耕作面積が割かれてしまうためであり、また余所者を村に近寄らせない防犯上の目的もあった。

街道で重要な地点は、川である。

中世はまだ大きな川には橋をかける技術がなかったので、**旅人は浅瀬を見つけてそこを渡るか、渡し舟を使った。**もちろん渡し舟には、渡し賃が発生し、増水の時など割増運賃を請求された。

ただ、渡し舟は生活に必要なものであったので、舟上は公共の場とされ、法により争いは厳禁とされていた。

また、橋があっても、渡るには通行料が必要だった。この通行料は、橋が増水で流されてしまった場合の架け替えのために貯められたり、領主の収入源となったりした。

街道のモンスター

MONSTER FILE 01

妖精

古代ヨーロッパの伝説の記憶が擬人化したモンスター

特徴

子供か老人の容姿をした小人をとる者が多い。キリスト教以前の神々が矮小化されたもの、牧神の子孫ともいわれる。

性質

いたずら好きで、音楽を好むとされるが、野蛮で凶暴なものも存在する。

住処

ヨーロッパ各地の民家、農地や草原森など。


妖精は人間の生活のもっとも身近に存在するモンスターであろう。

ヨーロッパ各地には、数多くの妖精の伝説が残っている。

なぜなら、妖精は自然の擬人化や、ケルトや北欧神話など、キリスト教以前のヨーロッパの神が矮小化した存在だからである。

また、伝えられる妖精の姿形には、老人や子供の姿をとるものが多い。これは妖精が死者の魂を受け継いでいるためだといわれる。老人は知恵ある者の象徴であり、子供は幼くして死んだ赤子なのだ。

それではいくつかの妖精の種類を見ていこう。

妖精といえば、手のひらに乗りそうな小さな子供を思い浮かべる人も多いだろう。そのひとつがイングランドの妖精「ピクシー」だ。ピクシーは陽気な性格でいたずらを好み、旅人を一晩中道に迷わせたりするのである。また、踊り好きでもあり、彼らが踊ると、地面に丸く跡がつく「フェアリーリング（妖精の輪）」ができるという。

一方、たちの悪いいたずらが好きで、人間に害を及ぼす妖精もいる。そのうちのひとつゴブリンは、イギリスの小鬼である。人の家に入り込み、笑い声だけで、ミルクを腐らせるともいう。ゴブリンの苦手なものは、太陽光と、歌で、とくに即興の歌に弱いという。

中世の森

中世ヨーロッパを覆っていた神秘の世界

中世を通じて開墾が進むも、ブナやリンデンバウムの生い茂る深い森は、畏怖の対象であり続けた。

POINT

◆森はアウトローたちが逃げ込む場でもあった

◆森は貴族たちによって管理された

恐怖と富をもたらす深い森

中世の森は深く暗く、人の力の及ばない場所であった。森は、狼や熊などの猛獣に加え、盗賊や社会から追放された者たち、そして魔女や人狼、エルフといった人外の存在が隠れ住む異界でもあった。むやみに人が入りこめば命はなかったのである。

紀元前、ヨーロッパの大部分は森に覆われ、そこにはケルト人やゲルマン人が生活していた。

やがてそこにローマ人が進出する。ローマ人はガリア地方を征服し属州とした。

そこへ入植したローマ人は、森の木を伐採し開拓して、人の世界を広げていった。ブナやオーク、リンデンバウムといった木々が茂る森はその姿を麦やブドウ、栗の畑へと姿を変えたのだ。

やがてローマが滅びローマ人がいなくなると、開墾地が残された。新たに入植した者たちも開墾を受け継いだが、人口の増大により、森の利用が制限され、公共の森となっていく。そしてそれらの森の多くは、王権の管理下に置かれ、狩猟の場として活用されるようになる。

それでも**中世初期当時は、ヨーロッパ内陸部の村や都市は、広大な森のなかに、まるで大洋に浮かぶ小島のように点々と存在**し、都市を結ぶ街道と細い村道、そして川の流れによってかろうじてつながっていた。人の棲家のすぐ外は、まさに異界だったのである。

一方で森は人々に恵みももたらした。森のなかには、キノコや木の実、猪や鹿など豊富な食材があった。また森にある様々な種類の木材は、暖房の燃料にも、建築建造の資材にも役立てられた。森林の伐採は無計画に行なわれていたが、やがて修道院や聖堂の建立に樹齢数百年の巨木が必要となると、立入禁止区域や留保区域などの開拓禁止区域が設定され、樹木が保護されるようにもなった。

MONSTER FILE 02

森のモンスター

ワーウルフ

満月の晩に狼へと変じて人を食らう森の怪物

特徴

普段は人間だが、２足歩行の巨大な狼に変身する。地域によって４足歩行のものと、２足歩行のものが伝わる。

性質

破壊衝動に駆られ、人を食い殺す。祝福された銀製の武器に弱いとされる。

住処

ヨーロッパ内陸部の各地。

森に潜むモンスターといえば、その代表格は人狼（ワーウルフ）であろう。

世界各地、狼が生息する土地には、人狼の伝説がほとんど存在している。共通するのは、夜になると人間が狼に変身し、理性を失って凶暴化し、家畜や人間を襲うという性格である。

変身のパターンには2通りあって、完全に狼に変わる者と、毛や鋭い爪、鋭い牙が生える者がいる。こうした外見から、毛皮を被ったゲルマンの戦士たちが起源ともいわれる。

では、どのような人間が人狼と化すのだろう。

ひとつには、魔術や呪いによる方法である。狼になりたい者は、裸となり狼の皮でできたベルトを巻くというものだ。ほかにも魔女の作った軟膏を塗る、狼の足跡に溜まった雨水を飲む方法もある。

もうひとつが生まれついての運命によるものだ。スラヴでは、生まれた時に羊膜、赤痣、剛毛がある者や、7番目の子供が人狼になるとされた。コーカサス地方では年老いた人間が動物化する「オブル」という現象が報告されている。

また、森の世界ではドワーフも有名である。

彼らは人間より小柄で屈強な体躯をしている。地下の国に住み、優秀な鉱夫や金属細工師として働いている。そして沢山の貴金属を貯めこんでいるという。

山岳

天高くそびえる神々と死者の世界

真冬には生命を寄せ付けぬ死の世界と化したヨーロッパの山脈は、神々と祖霊の住む世界として敬われた。

厳しくも神聖なヨーロッパの山々

紀元前218年、カルタゴの将軍ハンニバルは、30頭の戦象を伴う軍隊を率いて9月のアルプス山脈を越え、イタリア半島に侵攻した。アルプス山脈は険しく、越えた時には象の数は3頭にまで減っていたという。

ヨーロッパの山の特徴は、木が生えていないということ。夏には羊を放牧できるほどの草は生えるが、冬には一面が雪に埋もれてしまう。そこは動物が生存を許されない死の世界なのだ。

ヨーロッパの山地は南部に集中し、東西に走っている。

山地の中でもっとも高く、一番有名なのがアルプス山脈だろう。フランスからスイスを通り、オーストリアのウィーンまで山が続き、西ヨーロッパ最高峰のモンブラン（4810・9m）を有している。

山脈は東部、南部、西部に区分され、東部には高い山や深い谷があり、ローマを異民族から守る天然の障害として機能した。しかし、南部及び西部には、低い峠が多く存在し、ハンニバルをはじめゲルマン民族などはここを通ってイタリア半島へと侵入した。

また、ヨーロッパにおいて天然の障害となった山地には、フランスとスペインの国境であるピレネー山脈がある。中世には、イベリア半島からイスラム教徒がフランスへ侵入する防壁としての役目を果たしたのだ。

人の侵入をかたくなに拒んできたヨーロッパの山岳であるが、人の住む平地より天に近いので、**昔から神が住むところだとも考えられていた。**

ギリシア神話の神々は、オリュンポス山に暮らすといわれた。また、ゲルマン民族は山を神聖視し、人は死後、山へ登るとの信仰を持ち、王墓や先祖の墓所をそこに作った。

ドイツにおいて、教会や礼拝堂が山にあるのは、以前には異教の礼拝地であったためである。

POINT

- ◆神聖視されたヨーロッパの山々
- ◆山上にある教会はゲルマン民族の信仰の名残

MONSTER FILE 03

山岳のモンスター

エルフ

美しき容姿と高いプライドを持つ山林の狩人

特徴

人間の容姿に近く、尖った耳を持つ。

性質

誇り高く、寿命が長いためたくさんの知識を持っている。また、狩人としても優れている。

住処

山林地帯。

山林に住むモンスターには、トロルやエルフが伝えられている。

トロルといえば、トーベ・ヤンソンの『ムーミン』を思い出す人は多いだろう。しかし、北欧に伝わるトロルは、人間をとって喰らう邪悪な巨人なのである。

トロルは北欧神話に登場する霜の巨人の末裔といわれる。

霜の巨人は、雷神トールに敗れたので、末裔であるトロルは雷の音を苦手としている。教会の鐘の音やドラムの音は、雷鳴に似ているのでこれも苦手としているという。

トロルは他の邪悪な妖精のように、人間の赤ん坊をさらい、代わりに自分が赤ん坊に化けて養ってもらう「取り替え子」を行なう。本当の赤ん坊を取り戻すには、トロルの赤ん坊を殺すと脅すか、その前で突飛な行動をとって驚かすとよい。

また、エルフもトロルと同じく亜人間の一種である。ただしこちらはファンタジーやゲームでは、男女ともに美しい容姿を持ち、寿命は人間にくらべ圧倒的に長いか不死であるとされている。

また、狩人として優れ、弓を手にした姿で表わされることが多い。

一般に人間とも交流を持つともされるが、稀に人間と恋に落ち、ハーフエルフと呼ばれる子供が生まれることもあるという。

中世の海

航海技術の未発達ゆえに広がっていた混沌の世界

航海技術が未発達な中世では、沿岸から離れることなく航海し、交通の難所には人魚をはじめとするモンスターの伝説が生まれた！

POINT

◆中世の航海は沿岸航海だった

◆地中海世界で用いられたガレー船

航海技術の発展と海のイメージ

11世紀に中国で羅針盤《らしんばん》が発明され、12世紀に伝わるまで、ヨーロッパでは**陸地のそばを、位置を確認しながら移動する沿岸航海が主流であった。**商船による交易路も、沿岸に沿って拓《ひら》かれている。

この沿岸航海でも波の荒い大西洋では、コグ船が用いられた。コグ船は、舷側が高く船幅が広いおかげで対波性は高く、一本マストの帆だけで航行できるラウンドシップである。

一方、波の穏やかな地中海では、古くからガレー船が用いられた。ガレー船は、オールと三角帆を持ったロングシップ（長い船）で、普段は帆を使って航行するが、速度が必要な場合にはオールと併用するのだ。

その速度はコグ船を上回り、1571年のレパントの海戦では、オスマン帝国軍、カトリック教国連合軍ともに主力艦船としてガレー船を活用している。

14世紀になると、羅針盤や海図を用い、陸標を基点として船の位置を類推する推測航海法が生み出された。とくに地中海を中心として、地図上に多数の方位線が描かれた「ポルトラーノ海図」は、羅針盤と併用すると極めて実用的なものであった。

それから15世紀になると、従来の船より広い甲板で、3本マストの三角帆を持つカラベル船が登場し貿易や海戦での主力となったのである。

航海において灯台の灯りは重要であった。夜間や霧で視界が閉ざされた時など、船を導く灯りは希望の光となった。だから船乗りは灯台を人格化し、崇敬したという。

中世における船の発展はここまでで、『パイレーツ・オブ・カリビアン』や、ゲームに登場するような大海原を航海する大型帆船の登場は15世紀以降の大航海時代のこととなる。この頃からヨーロッパの人々は危険な外洋へと漕ぎ出し、世界制覇への道を歩んでいく。

海のモンスター

クラーケン

MONSTER FILE 04

北海を漂い、船に襲いかかる巨大な海洋生物

特徴

巨大なタコかイカとされ、一見多数の小島が連なっているように見えるという。

性質

何か月も排泄ばかりするだけの期間を過ごす一方、捕食の際には獰猛で、船を丸飲みしてしまう。

住処

北海。

　中世にその存在が噂された謎の海洋生物にクラーケンがいる。クラーケンは北海に棲む怪物であり、ファンタジーやゲームでは巨大なイカやタコの姿で出てくることが多い。

　日本近海にも生息する、全長20mを超えるダイオウイカがその正体であると考える者もいる。

　1752年に、コペンハーゲン大学総長代理のエリック・ポントピダンが出版した『ノルウェー博物誌』に、クラーケンの記述がある。それによると、クラーケンの背中あるいは上部の周囲の大きさは2・5キロもあり、多数の小島が集まったような感じで全身を見ることが出来ない。さらにその姿は、丸く、扁平で、触手だらけとあった。

　また強力な臭いを海中に発し、魚を捕食するという。

　海には、人魚の伝説もある。ヨーロッパにおけるその姿は、上半身が人間で、腰から下が魚であると言われている。

　人魚は古今東西、世界各地に目撃例がある。1809年にもロンドンのタイムズ紙に、スコットランドの教師マンローが海岸で人魚と遭遇した話が掲載された。

　セイレンやローレライのように、中世でも、人魚の存在が根強く残っていたようで、海の生物の百科事典に、イルカやクジラなどの項目とともに、人魚が掲載されていた。

砂漠

激しい寒暖の差を持つ渇きの世界

生命の生存を拒む過酷な環境において、人間はどのように生活し、克服してきたのか？

水無く、寒暖激しい過酷な地

ヨーロッパには、砂漠はないが、ファンタジー世界に登場するケースは多い。雨が降らず、照りつける太陽を遮る草木の生えない一面の砂の山というイメージ。それが一般的な砂漠の認識ではないだろうか。

しかし、実際の砂漠は、降雨量が少ないが、砂よりも礫や岩が転がっている地形のほうが多い。地球上の砂漠の9割が岩石砂漠である。

また、灼熱のイメージも強いが、酷寒の世界でもある。乾燥した気候は放射冷却による効果を増大させるので、夜になると砂漠の気温は一気に下がる。昼間は40度を超える熱暑だが、夜には0度に近い酷寒の世界と化すのだ。緯度の高いゴビ砂漠などは、夜間の最低気温が零下40度を下回ることもある。

砂漠は、その生成要因により4種類に分類される。

亜熱帯砂漠　下降気流が発達しているために降雨量が少なく、砂漠化したもの。

雨陰砂漠　山地を越える際に雨が降ることによって、湿度を失い乾いてしまった風のため、山を越えた風下側が砂漠化してしまったもの。

大陸内部砂漠　海から内陸に吹く風が途中で湿度を失い、内陸が砂漠化したもの。

海岸冷涼砂漠　大陸西部を流れる寒流の近くでは空気が冷やされ降雨量が少なく砂漠したもの。

人が住んでいるのがオアシスで、そこには水が湧き、木々が茂り、バザールが開かれている。バザールはペルシア語で市場を意味する。また、砂漠をラクダで渡る貿易商が往来した。彼らは隊商を組んで砂漠を渡り、オアシスで商売する。こうした土地に暮らす人々は水場や牧地の確保のために部族として結集し、外部からの略奪や野獣の襲撃に備える必要があった。ベドウィンやナバテア人などが代表例である。

POINT

- 砂漠は極寒の世界でもある
- オアシスにおいてバザールが開かれた

MONSTER FILE 05

砂漠のモンスター

グリフォン

鷲の頭部とライオンの胴体を持ち、王者のシンボルともなったモンスター

特徴

鷲の頭部とライオンの胴体を持ち、大きさはライオンの4～8倍あるという。

性質

人や馬に対して恨みを抱く。また、金塊を集める習性を持つという。

住処

砂漠や山間の洞窟。

ヨーロッパの王家の紋章には、ライオンとともに、上半身が鷲で下半身がライオンの奇妙な動物が描かれていることがある。その動物が「グリフォン」。グリフォンは空の王者である鷲と、地の王者であるライオンのキメラであり、王の象徴とされる。

グリフォンが棲むのは、砂漠や山間の洞窟であり、黄金を好んだので金鉱などによく出現するという。獲得した黄金は巣に運ばれ、これを盗もうとする者に容赦なく襲い掛かる。こうした性質から、泥棒除けのシンボルともされた。

また、人と馬を目の敵にする傾向があり、騎士を見かけると、馬ごとさらっていくとされる。

1世紀の博物学者プリニウスは著書『博物誌』に、グリフォンがエチオピアに棲む、耳と恐ろしく曲がったくちばしを持つ鳥と解説している。ただし、プリニウス自身は存在に懐疑的であった。

砂漠には、バジリスクも生息していた。プリニウスによると、バジリスクは蛇の一種で頭に白い王冠のような模様があるという。

バジリスクの呼吸や身体、視線には死に至る猛毒があるとされ、ある騎士が馬上からバジリスクを槍で突き刺したところ、バジリスクの毒が槍から騎士、そして馬にまで伝わり、人馬ともに死亡したという。

湿地

森林のなかに突然現われる不毛の沼沢地帯

底なし沼にはまり、突然人が姿を消すことで、様々なモンスターの伝説が生まれた沼沢地帯。

利用価値が低かった沼地

ヨーロッパ北部には泥炭の堆積した沼地が数多くある。エジプトのナイル川河口にも沼地があったが、そこは肥沃な土地だったので耕作地として利用された。しかし、前者は泥炭地で不純物が多く、栄養も低かったので耕作地に不向きであった。

家畜を放牧することもできたけれど、気をつけないと沼にはまって沈んでしまうような土地であった。

泥炭の堆積した沼地は、湖沼の岸や河川の排水の悪い、水が氾濫しやすい場所にある。泥炭は、水中の微生物にも分解できない枯死した植物の堆積物である。ピートあるいは草炭とも呼ばれ、これが20センチ以上堆積した地を泥炭地と呼ぶ。

水温が低い状態だと、植物の分解は進まないので、寒いヨーロッパには泥炭地が多いのである。

ゲームのなかでは沼地に足を踏み入れてダメージを受けることがあるが、自然のなかで毒性を持つ沼は発生しない。近寄ると命に危険が及ぶ例としては、周囲に硫黄が発生している火山付近などがある。

沼地でもっとも注意しなければいけないのが、底なし沼の存在だろう。泥炭の堆積した沼に誤って足を踏み入れてしまうと、自分一人では抜け出られず、そのまま沈み込んで溺死してしまうのだ。

沼地にはまり、行方をくらます者が数多くいたことから、沼地に潜み人を襲うヒュドラや、ランプの灯で人を惑わせ、底なし沼へと引きずり込むジャック・オ・ランタンなどのモンスターの伝説が生まれた。

一方で湖となると、アーサー王伝説のような伝説が多い。円卓の騎士ランスロットはフランスの湖の乙女ギヴィネアによって育てられたので、湖の騎士のふたつ名がある。そしてアーサー王に聖剣エクスカリバーを与えたのも、湖の乙女という妖精であった。

POINT

- ◆ヨーロッパには泥炭地が多い
- ◆モンスターを生んだ不慮の事故

MONSTER FILE 06

湿地のモンスター

ヒュドラ

9つの頭を持ち、猛毒を最大の武器とする巨大蛇

特徴

9つ、または5～100の頭を持つヘビ。頭のひとつは不死で、ほかは再生する力を持つ。

性質

猛毒を持ち、人間や家畜を襲う。

住処

レルネー沼沢。

ヒュドラは、ギリシア神話に登場する9つの頭を持つ毒蛇である。9つの頭のうち、ひとつは不死である。

またヒュドラの吐く息や体液には強力な毒が含まれており、その毒に触れると肉は腐り落ち、死んでしまうとされた。

そのようなヒュドラがいつしか、アルゴス近くのレルネーの沼地に棲みつき、平地にやってきては家畜を襲い、毒により周囲の土地を汚染するようになった。

そこで英雄ヘラクレスがそのヒュドラを退治することとなったのである。ヘラクレスは、助っ人の甥イオラオスとともに沼地に向かい、ヒュドラの棲み家を発見した。ヘラクレスは毒対策に鼻と口を布で覆うと、ヒュドラの棲み家に火矢を放ち、あぶり出した。

そしてヒュドラに近づくと鉄の鎌で頭を撥ねた。しかし、斬られた頭が、すぐに再生してしまう。

そこでヘラクレスは一計を案じる。ヒュドラの頭を切り落とすと、イオラオス切り口を火で焼くよう命じて再生できなくしたのだ。

しかし最後の不死の頭だけがどうしても死なかった。

そこでヘラクレスは、この首を切り落とすや道の脇に埋め、上から石を置いて封じてしまった。

ヘラクレスはヒュドラの胆汁に矢先を浸し、強力な毒矢を作った。

洞窟

自然の力が造り出した神秘の世界

幻想的な景観が広がることから、原始時代から人類によって神聖視されてきた地中世界――。

洞窟3つの種類

ファンタジーやゲームの舞台で欠かせないのが、洞窟である。日本でも多くの洞窟が知られているが、ヨーロッパにも多くの洞窟が存在している。

洞窟には大きく分けて鍾乳洞、溶岩洞、海蝕洞の3種類がある。

鍾乳洞は、石灰岩が地下水の移動により溶解、拡大してできる洞窟である。竪穴や傾斜した洞が複雑に入り組み支洞や地上へ続く竪穴が接続していることも多い。**地底湖が形成されているところも**あり、鍾乳石とともに時として幻想的な景観を見せる。

溶岩洞は、火山から流れ出た粘着性の溶岩が固まってできる洞窟である。流れ出た溶岩の表面は固まるが、中心部が流れでてしまい空洞化するのである。その構造の特徴は、火山ガスの発生などもあるので、支洞が上に伸びていることもあり、形としては上下左右にいくつも分岐していることである。また溶岩洞を形成するのは溶岩なので、壁面の色は黒や赤茶けた色をしている。

最後に**海蝕洞**である。海蝕洞は、海に面した岸壁が、波の浸食作用によって穿《うが》たれた洞窟である。その生成過程ゆえに、水平に広がった洞窟に限られる。太陽光が海底に反射し水面が青く輝く。ナポリなどにある青の洞窟が有名だ。

こうした洞窟は古代から人間にとって、住居であり、墓であり、聖所であった。

洞窟は地母神や水神、生殖神の信仰の場所であった。原始時代にはラスコーやアルタミラのような洞窟に古代の人々が壁画を残して祭祀の場とした。また、マヤ文明においても同様に洞窟内に祭祀の場を設けた形跡がある。古代ローマやギリシアでは湧き水のある洞窟が崇敬された。邸宅の庭園内にも洞窟に見立てた祠や浴場を建設している。

POINT

- 洞窟の種類には鍾乳洞・溶岩洞・海蝕洞がある
- 古来人類は洞窟を祭祀の場としてきた

MONSTER FILE 07

洞窟のモンスター

ドラゴン

財宝を守る存在から、悪の化身とされた西洋の龍

特徴

翼を持った巨大なトカゲのような姿。

性質

多くが凶暴で、何らかの財宝を守る。

住処

洞窟や荒野、山岳など。

ドラゴンというと、ゲームではボスクラスのモンスターだ。ヨーロッパのドラゴンは、4足のトカゲのような巨体にコウモリの羽根を持った姿が一般的だ。

ドラゴンの多くが、財宝を守っており、不意打ちを受けにくく守りやすい洞窟に棲んでいる。これはギリシア神話におけるアルゴー号の伝説の影響が大きい。

勇者イアソンが献上を求められた金羊の毛皮は、眠らないドラゴンによって守られていたのである。

また、英雄シグルズに討たれたファフニールも洞窟内にあって財宝を守っている存在であった。

しかし、キリスト教が広く浸透すると、ドラゴンは悪魔の化身とみなされるようになった。聖書のなかで悪魔の王であるサタンが、龍にたとえられているためである。悪の化身となった龍はキリスト教の伝説のなかで、邪悪な化け物として、聖ゲオルギウス、聖マルガレータなどの前に現われては退治される存在となる。

それでも、銃で武装した騎兵「竜騎兵（ドラグーン）」の名や、ウェールズの国旗の赤い竜のように、力の象徴として王侯・騎士らに愛された。現代のファンタジー世界では人間を超える知能を持つ竜や、人間を乗せて飛ぶ竜など様々なバリエーションが生み出され、なくてはならない存在となっている。

廃墟

朽ち果ててたたずむ古代帝国の遺跡群

中世の人々は古代ギリシア・ローマの神殿や住居の跡を、なんと超古代文明の遺産と信じていた!?

古代人、繁栄の痕跡

ファンタジー世界に登場する廃墟というと、石柱や石像の残骸が転がる石造りの建築物群を思い浮かべるのが一般的であろう。

なぜならば、石造建築物にくらべ、木造建築物は耐久性が低く、人の手入れがなければすぐに朽ちてしまうからである。

たしかに材料の手に入りやすさと加工のしやすさという利点から、ローマ以前のゲルマン民族の家は木造であった。しかし、木造の建物は手入れを怠ると数十年後には倒壊し、そのまま朽ちて無くなってしまうのだ。法隆寺など、古くから残る木造建築は、皆、人が住み利用し手入れをするから、長期に渡って保存できているのだ。だから、ゲルマン人の木造の家は残っておらず、遺跡には石造りの墓所などが多いのである。

やがてローマがゲルマン人の土地へ進出を始めると、その影響でギリシア的な石造りの建築物がゲルマン世界に増えていった。

中世にはギリシア建築の技法が失われてしまい、人々は廃墟と化したローマ時代の巨大石造建築物を、神話的な巨人が建てたものとか、ノアの大洪水以前の建築物の遺構だと思ったのである。

ヨーロッパの代表的廃墟

シャトー・ガイヤール
フォロ・ロマーノ
ポンペイ
アテネのアクロポリス
ネムルト・ダア
カルタゴ
クノッソス宮殿
パルミラ
バールベック
ペトラ

POINT

- ◆石造建築は遺跡として残りやすい
- ◆中世の人々はローマの遺跡を超古代文明が築いたものと考えた

廃墟のモンスター

ヴァンパイア

MONSTER FILE 08

ブラム・ストーカーによって変質した吸血鬼像

特徴

見た目は人と変わらない

性質

古くは生者の血を吸い、衰弱させる死者と考えられた。

住処

墓・廃墟。

吸血鬼は人間の血を吸い自らの生命力とする生ける死人のことだ。魔力を持ち、体の大きさも変えられる。

吸血鬼は、人間が死後に化すものだ。教会から破門された者、洗礼を受けなかった者、自殺者、まともな葬儀をされなかった者などが吸血鬼になるとされた。

吸血鬼というと、古城に暮らす紳士風の男が夜な夜な街に現われては美女の生き血を吸う姿が思い浮かべられるが、これはブラム・ストーカーの小説『ドラキュラ』が定着させたもので、本来の吸血鬼はかなり異なるものであった。

1725年、ピーター・プロヨゴヴィッチがセルビアとルーマニアの国境の町で死んだ。すると1週間以内に合わせて9人が死亡。そこで、村人たちは怪しんでプロヨゴヴィッチの墓を暴いたところ、その遺体はまったく腐敗していなかった。村人たちが杭をその心臓に打ちこんだところ、大量の鮮血が胸からほとばしったという。

本来はこうした見えない存在が吸血鬼であり、吸血鬼の弱点と言われる、日光や十字架は、小説や映画などの影響によるものだ。

吸血鬼を斃《たお》すには、この事件のように心臓や口、腹を木の杭で貫くのである。ほかに首を斬り落とす、人間と吸血鬼のハーフであるダンピールによる殺傷などの方法がある。

墓

最後の審判の思想が育んだ死者の土葬

たとえ墓地が足りなくなろうとも、中世ヨーロッパの人々は火葬にされなかった！

自殺者は埋葬されない

日本の埋葬は、基本的に火葬であるが、ヨーロッパの埋葬は土葬である。

これはキリスト教の思想で、やがてくる最後の審判ですべての死者が蘇るのだが、その際に受肉する死体が必要であると考えられていたからだ。

ヨーロッパの墓は、1基につきひとりが埋葬され、墓碑銘には死者の名と生没年が記される。であるからペストのような流行病の時などに、墓地のスペースが足りなくなることもあった。

またカトリックでは、自殺が大罪とされるため、自殺者は墓に入ることができなかった。

墓地は古くから造られ、生者と死者を結ぶ役割を担ってきた。

ヨーロッパでは10万年前に、すでにネアンデルタール人に死者を埋葬する習慣があった。

古代ヨーロッパ人は、死者が墓地の中で生者同様に生活すると考えていた。

古代ギリシアの墓は住居を模し、ヴァイキングの墓は彼らの住居を模していたのだ。

墓は祖先崇拝の礼拝の場所でもあった。墓は聖域であり、中世の北欧では、ルーン文字や鉤十字を墓に刻み守りとした。

ゲルマン人は、墓を見晴らしの良い道路際や海や湖の近くに造った。これは祖先が生者を見守るためである。ただし、生前より共同体に対し悪事を働いていた者などの埋葬地は、山奥や岬などの僻地に造られたのである。

中世の王侯、騎士など支配階級の者たちは、豪華な棺を造り、さらに余裕があれば納棺堂を建て、死後に備えていた。とくに棺には生前の姿を彫り込んだものが数多く残されており、棺に眠る人物の生前の姿を偲ぶことができる。

POINT

- ◆火葬はされなかった中世の死者
- ◆古代ギリシアの墓は住居を模している

墓場のモンスター

アンデッド

MONSTER FILE 09

本能のままに、生きた人間の肉を求めてさまよい歩く死体

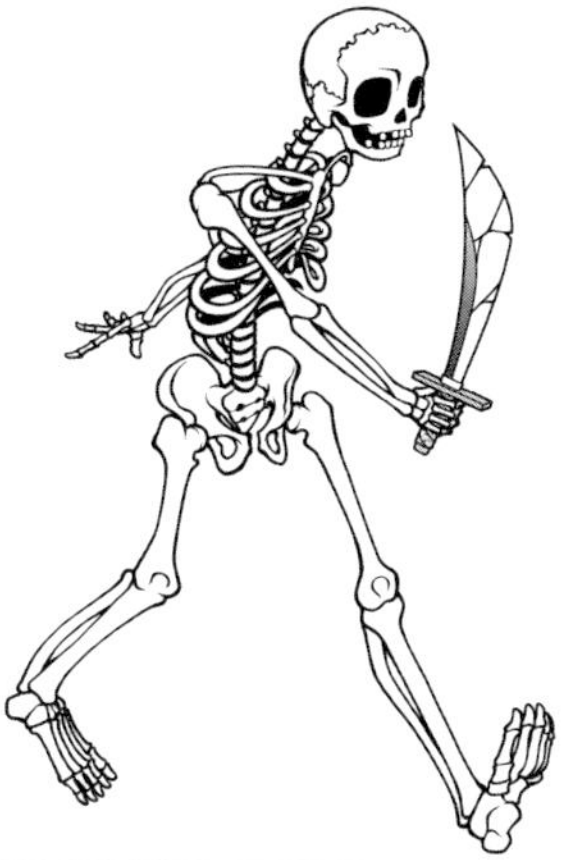

特徴

腐乱した死体、骸骨。

性質

人肉を喰らうべく、人間を襲う。労働に従事させられるものもある。

住処

墓場。

アンデッドというと、ファンタジーの世界では、スケルトンやゾンビがまず挙げられる。

まずゾンビといえば、墓場から甦って集団で生者を襲う身体の腐ったモンスターと誰もが考えるであろう。

本能のままに、生きた人間の肉を求めてさまよい歩き、人間を襲ってその肉を喰らうのだ。

しかし、それは映画やゲームで作られたイメージである。本来のゾンビは、ハイチのヴードゥー教の神官が、毒薬により生きている犯罪者を朦朧状態にし、労働に従事させたものである。

アラビアの食人鬼グールのほうが、映画『ナイト・オブ・ザ・リビングデッド』や『バイオハザード』に現われるゾンビのイメージに近いであろう。その正体は魔神の一種だという説がある。

グールは砂漠に住む悪霊とされ、墓を漁って人間の死体を食べたり、ときに人間にも襲いかかるという。

また、スケルトンは動く白骨死体である。その起源ははっきりしないが、ギリシア神話には龍の牙を蒔いたところ、戦士が現われる場面がある。

こうした伝説からスケルトンは考え出されたともいわれる。中世には、古戦場にスケルトンの騎士と馬が出現したという。

荒野

ヨーロッパ周辺に広がった不毛の地

キリストが苦行を行なった荒野は、ヨーロッパの都市周辺にも広がり、東からは異民族が押し寄せた。

人の手の入らぬ不毛の地

イエス・キリストが、40日間に渡り断食を行ない、悪魔の誘惑を撥《は》ね退《の》けた場所はパレスティナのユダの荒野であった。

中世キリスト教会の堕落に落胆した修道士にとって、不毛な荒野は世俗を離れ隠遁生活を送るのに最適な場所であった。修道士たちは、水の入手も農地の開墾もままならぬ荒地で研究と信仰に明け暮れたのである。

荒野は、耕作もままならない痩せた土地である。中世ヨーロッパには、至るところに存在した。

荒野が存在するには幾つかの理由があった。たとえば、土地に蚊や毒虫、毒草などが多く、人間が生活するに厳しい環境であった場合である。ほかの生物には快適でも人間には生きにくいのである。

土地の地質自体が耕作に向いていない場合も荒野となる。地質が石灰質土壌の場合、農業にはあまり適してはいない。フランスに至っては国土の5割強が石灰質土壌なのである。

ただし、ブドウ栽培は石灰質土壌と相性はいい。荒野にある修道院でブドウ栽培、ワイン醸造が盛んに行なわれたのはこのためである。

農地を開拓するには、人の手が必要であった。しかし、中世ヨーロッパでは荒野をすべて開墾するだけの人口はいなかった。

だから、条件の悪い場所は、人の手が加えられず放置されたままになっていた。

ヨーロッパの有名な荒野には、イギリスにある数多くのムーアや、イタリアとスロベニアの国境地帯にあるクラス地方などがある。

日本でも荒野はあった。ただし日本においては、開墾可能な荒地のことである。日本は山地が多く、平地が少ないので、荒野であろうと開墾せざるを得なかったのだ。

日本の荒野は開墾されてしまいほとんど消滅してしまったのである。

POINT

- ◆修道士たちは進んで荒野に出た
- ◆耕すことのできない土地が荒野となった

MONSTER FILE 10

異民族

東の荒野から、北の海から、ヨーロッパへ侵入した人々

特徴

ヨーロッパ文明圏外の民族。フン族やヴァイキング、アヴァール人、マジャール人、モンゴル人など。

性質

ヨーロッパの諸都市へ侵攻し、略奪を行なったが、定住しキリスト教文化圏に取り込まれた人々もいた。

住処

ユーラシアのステップ、スカンジナビア半島、ヨーロッパの森林地帯など。

古代ギリシア人は、ギリシア語を解しない異民族を「バルバロイ」と呼び蔑んだ。このバルバロイという言葉を語源として、英語の「バーバリアン（野蛮人）」が生まれた。

ヨーロッパの歴史を変えた主な異民族は以下のとおりである。

フン族　370年頃にヨーロッパへ移住した民族で、ゲルマン民族の大移動を誘発したといわれる。

ヴァイキング　8世紀から11世紀にかけて西ヨーロッパ沿海部を侵略したスカンジナビアの人々。

モンゴル人　13世紀、ユーラシア大陸にまたがる大帝国を建設し、ヨーロッパにも侵入。ワールシュタットの戦いで、ドイツ・ポーランド連合軍を壊滅させた。

ローマ帝国をはじめ、ヨーロッパを征服した民族は、異民族を蔑み、その侵攻を恐れた。一方で1世紀の古代ローマの博物学者プリニウスの著述した『博物誌』には、異形の異民族が載っている。

サハラ砂漠西部に暮らすブレムミュアエ人は、頭が無く、胸に両眼、鼻、口が付いた姿をしていたという。

インドには、巨大な1本足を持つスキアポデスという人々がいた。彼らは一本足ながら、跳び跳ねて素早く動く。また、インドの熱い日差しを、仰向けに寝ると足を高く上げて影を作り、日傘にして避けるという。

中・近世ヨーロッパ　年表

BC27年	アウグストゥスが皇帝になり、ローマ帝国が誕生する。
9年	トイトブルクの森の戦いでローマ軍がゲルマン人に敗北する。
43年	ローマ帝国、ブリタニアを併合し属州化する。
46年	ローマ帝国、トラキアを併合し属州化する。
395年	テオドシウス帝が没し、ローマ帝国が東西に分裂する。
434年	アッティラ、フン族の王となる。
451年	カタラウヌムの戦いでフン族が西ローマ帝国・ゲルマン諸族連合を破る。
476年	西ローマ帝国が滅亡する。
481年	フランク王国、クローヴィス1世が即位し、メロヴィング朝が成立する。
511年	クローヴィス1世が死去し、分割相続により王朝の衰退が始まる。
732年	トゥール・ポワティエ間の戦いで、カール・マルテルがウマイヤ朝を破る。
751年	ピピン3世が王位に就き、カロリング朝が始まる。
755年	ピピン3世、ラヴェンナを寄進する。
768年	カール大帝が即位する。
774年	カール大帝、ランゴバルド王国を征服する。
796年	カール大帝によるアヴァール王国を征服する。
800年	ヴァチカンでカール大帝がローマ皇帝の戴冠を受ける。
851年	ヴァイキング・デーン人がイングランド本土に侵攻する。

866年	イングランド北東部にデーンロウが成立する。
911年	ヴァイキングのロロを首長とするノルマンディー公国が成立する。
1066年	ノルマンディー公ギョーム2世がイングランド征服する。
1095年	クレルモン教会会議で、ウルバヌス2世が十字軍宣言を行なう。
1096年	ローマ教皇ウルバヌス2世による第1回十字軍運動が始まる。
1099年	十字軍がエルサレムを征服、エルサレム王国が誕生する。
1187年	サラディンが十字軍との戦いに勝利し、エルサレム王国を征服する。
1189年	第3回十字軍が始まる。
1191年	リチャード1世とフィリップ2世によってアッコンが征服される。
1272年	エドワード1世がイングランド王に即位する。
1282年	エドワード1世がウェールズ大公ルウェリン・アプ・グリフィズを下し、ウェールズを支配下に置く。
1297年	スコットランドのウィリアム・ウォレスがスターリングブリッジの戦いでイングランドを破る。
1306年	スコットランドのロバート・ブルースがジョン・カミンを殺害し、戴冠式を強行する。
1329年	ロバート・ステュアートがスコットランド王に即位
1337年	英仏百年戦争が始まる。
1346年	クレシーの戦いが起きる。
1356年	ポワティエの戦いでエドワード黒太子がフランス軍に勝利する。
1429年	ジャンヌ・ダルクの活躍によりオルレアンが解放される。
1453年	百年戦争が終結する。またこの年、コンスタンティノープルが陥落し、ビザンツ帝国が滅亡する。

近世

1516年	スペインにハプスブルク朝が成立する。
1538年	プレヴェザの海戦でスペインを中心とする連合艦隊がオスマン帝国に破れる。
1556年	スペインでフェリペ2世が即位する。
1558年	イングランドでエリザベス1世が即位する。
1562年	カトリックとプロテスタントの対立により、フランスでユグノー戦争が起こる。
1571年	レパントの海戦でスペイン率いる連合艦隊がオスマン帝国を破る。
1588年	アルマダの海戦でスペイン無敵艦隊がイングランド海軍に大敗を喫する。
1589年	アンリ4世が即位し、フランスでブルボン朝が成立する。
1598年	ナントの勅令、ユグノー戦争が終結する。
1618年	ベーメン＝ファルツ戦争を機に三十年戦争がはじまる。
1624年	ブルボン朝で宰相リシュリューが政治指導権を掌握する。
1625年	デンマークが三十年戦争に介入する。
1630年	スウェーデン王グスタフ＝アドルフが三十年戦争に介入する。
1632年	プロイセンのヴァレンシュタインがデンマーク軍を破る。
1632年	リュッツェンの戦いでグスタフ＝アドルフが戦死
1635年	リシュリューが三十年戦争に介入する。
1643年	ルイ14世が即位し、絶対王政が最盛期を迎える。
1701年	フリードリヒ3世が即位、プロイセン王国が誕生する。

【参考文献】 ※下記の文献等を参考とさせていただきました。

『ヨーロッパの出現―ビジュアル版世界の歴史⑦』樺山紘一、『ヨーロッパ封建都市』鯖田豊之、『中世ヨーロッパの社会観』甚野尚志、『中世ヨーロッパの城の生活』ジョゼフ・ギース、フランシス・ギース著、栗原泉訳、『中世ヨーロッパの都市の生活』ジョセフ・ギース、フランシス・ギース、青島淑子訳、『中世ヨーロッパの歴史』堀越孝一（以上、講談社）／『絵解き中世のヨーロッパ』フランソワ・イシェ、蔵持不三也訳、『図解ヨーロッパ中世文化誌百科［上］・［下］』ロバート・バートレット、樺山紘一監訳、『図説「最悪」の仕事の歴史』トニー・ロビンソン、日暮雅道、林啓志訳、『図説キリスト教聖人文化事典』マルコム・デイ、神保のぞみ訳、『図説中世ヨーロッパ武器・防具・戦術百科』マーティン・J・ドアティ、日暮雅通訳、『図説夜の中世史』ジャン・ヴェルドン、池上俊一監修、『戦闘技術の歴史1古代編 3000BC-AD500』サイモン・アングリム、天野淑子訳、『戦闘技術の歴史2中世編 AD500-AD1500』マシュー・ベネット、ジム・ブラッドベリー、ケリー・デヴリース、イアン・ディッキー、淺野明監修、野下祥子訳、『戦闘技術の歴史3 近世編 AD1500-AD1763』クリステル・ヨルゲンセン、マイケル・F・パヴコヴィック、ロブ・S・ライス、フレデリック・C・シュネイ、クリス・L・スコット、淺野明監修、竹内喜・徳永優子訳（以上、原書房）／『ヨーロッパ史における戦争』マイケル ハワード、奥村房夫・奥村大作訳、『海賊の世界史』フィリップ・ゴス、朝比奈一郎訳、『ヨーロッパ中世の城』野崎直治、『西ヨーロッパ世界の形成―世界の歴史⑩』佐藤彰一・池上俊一（以上、中央公論新社）／『中世のアウトサイダーたち』フランツ・イルジーグラー、アーノルド・ラゾッタ、藤代幸一訳、『中世ヨーロッパの生活』ジュヌヴィエーヴ・ドークール、大島誠訳（以上、白水社）／『星空の神々―全天88星座の神話伝承』長島晶裕、『中世騎士物語』『騎士団―Truth in Fantasy98』以上、須田武郎、『幻獣ドラゴン』苑崎透、『幻想世界の住人たち』健部伸明と怪兵隊、（以上、新紀元社）／『神曲　地獄篇』ダンテ、平川祐弘訳、『魔術の歴史』リチャード・キヴェンディッシュ、栂正行訳（河出書房新社）／『図説西洋騎士道大全』アンドレア・ホプキンス、松田英・都留久夫・山口惠里子訳（東洋書林）／『中世ヨーロッパ放浪芸人の文化史』マルギット バッハフィッシャー、森貴史、北原博訳（明石書店）／『ヨーロッパ―分化地域の形成と構造』T・G・ジョーダン＝ビチコフ、B・B・ジョーダン、山本正三・石井英也・三木一彦訳（二宮書房）／『ヨーロッパの中世③旅する人びと』関哲行（岩波書店）／『ヨーロッパ中世史』野崎直治（有斐閣）／『ヨーロッパ中世社会史事典』アニェス・ジェラール、ジャック・ル＝ゴフ、池田健二訳（藤原書店）／『ローマ教皇歴代誌』P・G・マックスウェル－スチュアート著、高橋正男監修、月森左知、菅沼裕乃訳（創元社）／『幻獣辞典』ホルヘ・ルイス・ホルヘス、マルガリーダ・ゲレロ著、柳瀬尚紀訳（晶文社）／『森と樹木と人間の物語―ヨーロッパなどに伝わる民話・神話を集めて』浅井治海（フロンティア出版）／『図解雑学これだけは知っておきたい三大宗教』武光誠（ナツメ社）／『西洋コスチューム大全』ジョン・ピーコック（グラフィック社）／『西洋職人図集―17世紀オランダの日常生活』ヤン・ライケン、小林頼子、池田みゆき訳（八坂書房）／『西洋中世史研究入門』佐藤彰一・高山博・池上俊一編（名古屋大学出版部）／『中世の裏社会―その虚像と実像』アンドルー・マッコール、鈴木利章、尾崎孝夫訳（人文書院）／『中世ヨーロッパの城塞』J・E・カウフマン、H・W・カウフマン著、ロバート・M・ジャーガ絵、中島智章訳（マール社）／『中世ヨーロッパの都市世界』河原温（山川出版）／『中世ヨーロッパを生きる』甚野尚志、堀越宏一編（東京大学出版会）／『中世ヨーロッパ騎士事典』クリストファー・グラヴェット、森岡敬一郎訳（あすなろ書房）／『天使の事典―バビロニアから現代まで』ジョン・ロナー著、鏡リュウジ、宇佐和直（柏書房）／『甦る中世ヨーロッパ』阿部謹也（日本エディタースクール出版部）

幻想世界史研究会

ファンタジーの世界をより楽しむことを目的として結成されたグループ。歴史・軍事・宗教など、それぞれの分野に長じたメンバーが、独自の視点から、人類が長い歴史のなかで生み出してきた幻想の世界を徹底分析する。

staff

本文イラスト　口絵イラスト：雄／本文イラスト：凪妖女、安孫子貞博、中村知史

本文デザイン　FROGRAPH（加藤敦之）

校正　華埜井三保子

装幀　仲亀 徹（ビー・ツー・ベアーズ）

ゲーム・映画《えいが》・マンガがもっと楽《たの》しくなる ファンタジー世界読本《せかいどくほん》

2013年2月8日　初版第1刷発行

編　者………………幻想世界史研究会

発行者………………村山秀夫

発行所………………実業之日本社

〒104-8233　東京都中央区京橋3-7-5　京橋スクエア

電話（編集）03-3535-3361（販売）03-3535-4441

ホームページ　http://www.j-n.co.jp/

印　刷………………大日本印刷㈱

製　本………………㈱ブックアート

ISBN978-4-408-45422-1